# DER WEG DES SEAL

## Mark Divine

### mit Allyson Edelhertz Machate

# DER WEG DES

# SEAL

## Werde charakterstark, belastbar und instinktsicher wie ein Elitesoldat

# MARK DIVINE

Commander, U.S. Navy SEALs

mit ALLYSON EDELHERTZ MACHATE

**Bibliografische Information der Deutschen Nationalbibliothek**
Die Deutsche Nationalbibliothek verzeichnet diese Publikation in der Deutschen Nationalbibliografie. Detaillierte bibliografische Daten sind im Internet·über http://dnb.d-nb.de abrufbar.

**Für Fragen und Anregungen:**
info@rivaverlag.de

3. Auflage 2016

© 2015 by riva Verlag,
ein Imprint der Münchner Verlagsgruppe GmbH
Nymphenburger Straße 86
D-80636 München
Tel.: 089 651285-0
Fax: 089 652096

© 2013 Mark Divine. This work is published by arrangement with *The Reader's Digest Association, Inc.*

Die amerikanische Originalausgabe erschien 2013 bei Reader's Digest unter dem Titel *The Way of the SEAL. Think Like an Elite Warrior to Lead and Succeed.*

Übersetzung: Stephan Gebauer-Lippert
Umschlaggestaltung und Umschlagabbildung: Laura Osswald (Cover wurde dem Original nachgebaut)
Satz: Daniel Förster, Belgern
Lektorat: Rainer Weber
Druck: GGP Media GmbH, Pößneck
Printed in Germany

ISBN Print: 978-3-86883-537-3
ISBN E-Book (PDF): 978-3-86413-729-7
ISBN E-Book (EPUB, Mobi): 978-3-86413-730-3

*Weitere Informationen zum Verlag finden Sie unter*

# www.rivaverlag.de

Beachten Sie auch unsere weiteren Verlage unter
www.muenchner-verlagsgruppe.de

# Inhalt

Stimmen zu *Der Weg des SEAL* . . . . . . . . . . . . . . . . . . . . . . . . . . . . . . . . . . . 7
Danksagungen . . . . . . . . . . . . . . . . . . . . . . . . . . . . . . . . . . . . . . . . . . . . . . . . . 9
Ein Hinweis an den Leser . . . . . . . . . . . . . . . . . . . . . . . . . . . . . . . . . . . . . . . 11

Einleitung: Führen im Feld . . . . . . . . . . . . . . . . . . . . . . . . . . . . . . . . . . . . . . **17**

Was ist die SEAL-Methode? . . . . . . . . . . . . . . . . . . . . . . . . . . . . . . . . . . . . . 20
Wie Sie dieses Buch verwenden sollten . . . . . . . . . . . . . . . . . . . . . . . . . . 26

**Prinzip 1: Finde deinen Angelpunkt** . . . . . . . . . . . . . . . . . . . . . . . . . . . . **29**

Beziehe Stellung . . . . . . . . . . . . . . . . . . . . . . . . . . . . . . . . . . . . . . . . . . . . . . 30
Finde deine Bestimmung . . . . . . . . . . . . . . . . . . . . . . . . . . . . . . . . . . . . . . . 37
Akzeptiere Risiken, Verluste und Fehlschläge . . . . . . . . . . . . . . . . . . . . . . 40
Übungen . . . . . . . . . . . . . . . . . . . . . . . . . . . . . . . . . . . . . . . . . . . . . . . . . . . . . 42

**Prinzip 2: Behalte das Ziel im Visier** . . . . . . . . . . . . . . . . . . . . . . . . . . . **51**

Bereite dein Bewusstsein vor . . . . . . . . . . . . . . . . . . . . . . . . . . . . . . . . . . . 54
Mach dir ein Bild von deinem Ziel . . . . . . . . . . . . . . . . . . . . . . . . . . . . . . . 63
Definiere deine Mission . . . . . . . . . . . . . . . . . . . . . . . . . . . . . . . . . . . . . . . . 68
Vereinfache das Schlachtfeld . . . . . . . . . . . . . . . . . . . . . . . . . . . . . . . . . . . 71
Übungen . . . . . . . . . . . . . . . . . . . . . . . . . . . . . . . . . . . . . . . . . . . . . . . . . . . . . 77

**Prinzip 3: Mach deine Mission wasserdicht** . . . . . . . . . . . . . . . . . . . . . **83**

Wähle hochwertige Ziele aus . . . . . . . . . . . . . . . . . . . . . . . . . . . . . . . . . . . 86
Studiere deine Optionen . . . . . . . . . . . . . . . . . . . . . . . . . . . . . . . . . . . . . . . 90
Vermittle deine Mission . . . . . . . . . . . . . . . . . . . . . . . . . . . . . . . . . . . . . . . 93
Spiele die Mission in allen Einzelheiten durch . . . . . . . . . . . . . . . . . . . . 95
Übungen . . . . . . . . . . . . . . . . . . . . . . . . . . . . . . . . . . . . . . . . . . . . . . . . . . . . . 97

**Prinzip 4: Tue heute, was andere nicht tun wollen** . . . . . . . . . . . . . . . **103**

Finde deinen »Faktor 20« . . . . . . . . . . . . . . . . . . . . . . . . . . . . . . . . . . . . . . 104
Finde dich mit Widrigkeiten ab . . . . . . . . . . . . . . . . . . . . . . . . . . . . . . . . . 111
Wie man DAE (Disziplin, Antrieb und Entschlossenheit) entwickelt . . . . . . 118
Übungen . . . . . . . . . . . . . . . . . . . . . . . . . . . . . . . . . . . . . . . . . . . . . . . . . . . . . 123

**Prinzip 5: Eigne dir mentale Härte an** . . . . . . . . . . . . . . . . . . . . . . . . . . **125**

Steuere deine Reaktion . . . . . . . . . . . . . . . . . . . . . . . . . . . . . . . . . . . . . . . . 126
Steuere deine Aufmerksamkeit . . . . . . . . . . . . . . . . . . . . . . . . . . . . . . . . . . 129
Eigne dir emotionale Widerstandskraft an . . . . . . . . . . . . . . . . . . . . . . . . 131

Definiere geeignete Ziele . . . . . . . . . . . . . . . . . . . . . . . . . . . . . . . . . . . . 137
Eindrückliche Visualisierung . . . . . . . . . . . . . . . . . . . . . . . . . . . . . . . 139
Übungen . . . . . . . . . . . . . . . . . . . . . . . . . . . . . . . . . . . . . . . . . . . . . . . . . . . 141

**Prinzip 6: Zerschlage es und baue es neu auf** . . . . . . . . . . . . . . . . . . . . . **145**

Lege ein Bekenntnis ab . . . . . . . . . . . . . . . . . . . . . . . . . . . . . . . . . . . . . 147
Rasche Fortschritte durch Fehlschläge . . . . . . . . . . . . . . . . . . . . . . . . 151
Suche nach Lücken, die Chancen eröffnen . . . . . . . . . . . . . . . . . . . . . 156
Entwickle Neuerungen und passe dich rasch an . . . . . . . . . . . . . . . . 160
Übungen . . . . . . . . . . . . . . . . . . . . . . . . . . . . . . . . . . . . . . . . . . . . . . . . . . . 168

**Prinzip 7: Entwickle deine Intuition** . . . . . . . . . . . . . . . . . . . . . . . . . . **171**

Erweitere deine Aufmerksamkeit . . . . . . . . . . . . . . . . . . . . . . . . . . . . . 173
Stärke deine Sinneswahrnehmung . . . . . . . . . . . . . . . . . . . . . . . . . . . . 178
Entdecke deine »offenkundige Vorgeschichte« . . . . . . . . . . . . . . . . . . 182
Öffne dich für deine innere Weisheit . . . . . . . . . . . . . . . . . . . . . . . . . . 185
Übungen . . . . . . . . . . . . . . . . . . . . . . . . . . . . . . . . . . . . . . . . . . . . . . . . . . . 188

**Prinzip 8: Denke offensiv – in jedem Augenblick** . . . . . . . . . . . . . . . . . **195**

Unerschütterliches Selbstvertrauen . . . . . . . . . . . . . . . . . . . . . . . . . . . 197
Schalte deinen Radar ein . . . . . . . . . . . . . . . . . . . . . . . . . . . . . . . . . . . . 202
Tue das Unerwartete . . . . . . . . . . . . . . . . . . . . . . . . . . . . . . . . . . . . . . . . 204
Rasche und flexible Umsetzung . . . . . . . . . . . . . . . . . . . . . . . . . . . . . . . 214
Übungen . . . . . . . . . . . . . . . . . . . . . . . . . . . . . . . . . . . . . . . . . . . . . . . . . . . 224

**Trainieren nach der SEAL-Methode** . . . . . . . . . . . . . . . . . . . . . . . . . . . **227**

Langsam ist fließend, fließend ist schnell . . . . . . . . . . . . . . . . . . . . . . 228
Das integrale Entwicklungsmodell für den Weg des SEAL . . . . . . . . . . . . . . 230
Bestimmung des Ausgangspunkts . . . . . . . . . . . . . . . . . . . . . . . . . . . . 233
Ihr Trainingsplan für den Weg des SEAL . . . . . . . . . . . . . . . . . . . . . . . 242
Den Kurs halten . . . . . . . . . . . . . . . . . . . . . . . . . . . . . . . . . . . . . . . . . . . . 258
Das »Ich« im Team . . . . . . . . . . . . . . . . . . . . . . . . . . . . . . . . . . . . . . . . . 261

**Nachwort: Mit dem Herzen führen** . . . . . . . . . . . . . . . . . . . . . . . . . . . . **267**

Anhang 1: Fokuspläne . . . . . . . . . . . . . . . . . . . . . . . . . . . . . . . . . . . . . . . 271
Anhang 2: Power-Rituale . . . . . . . . . . . . . . . . . . . . . . . . . . . . . . . . . . . . . 277
Anhang 3: Liste empfohlener Bücher . . . . . . . . . . . . . . . . . . . . . . . . . . 281
Verzeichnis der Werkzeuge und Übungen . . . . . . . . . . . . . . . . . . . . . . 284
Die Autoren . . . . . . . . . . . . . . . . . . . . . . . . . . . . . . . . . . . . . . . . . . . . . . . . 287

# Stimmen zu *Der Weg des SEAL*

»Dieses Buch ist eine Offenbarung. Es wird Sie in einen Menschen verwandeln, für den der Erfolg in allen Lebensbereichen so natürlich ist wie das Atmen. Jeder kann von Mark Divines brillanten Erkenntnissen profitieren, egal, ob er ein kleines Unternehmen leitet oder ein Titan der Finanzen ist.«

> Susan Solovic, preisgekrönte Unternehmensgründerin, Medienpersönlichkeit und Autorin des Bestsellers *The Girls' Guide to Power and Success*

»Gestützt auf seine Kenntnis der Kampfkünste, erläutert der Navy SEAL, Geschäftsmann und Trainer Mark Divine eine Reihe von Werkzeugen und Techniken, die nachweislich geeignet sind, um uns zielstrebiger, mental stärker und produktiver zu machen.«

> Robin Brown, Leiter des Scripps Green Hospital

»*Der Weg des SEAL* ist *Das Buch der fünf Ringe* für das 21. Jahrhundert. Mark Divine ist ein Meister.«

> Don Mann, ehemaliger U.S. Navy SEAL und Autor des *New York Times*-Bestsellers *Inside SEAL Team Six*

»Das hier ist nicht einfach ein weiteres Managementbuch. Es ist eine Kombination praktischer Anleitungen und Einsichten eines Mannes, der die wahre Bedeutung von Führung und herausragender Persönlichkeit versteht.«

> Carmine Di Sibio, Global Managing Partner-Client Services bei EY

»Wir waren vier Radfahrerinnen, die erst vor Kurzem begonnen hatten, gemeinsam für die Mannschaftsverfolgung bei den Olympischen Spielen 2012 zu trainieren. […] Mark Divine half uns mit außergewöhnlichen Ratschlagen, die Koordination unseres Teams deutlich zu verbessern.«

> Jennie Reed, Dotsie Bausch, Sarah Hammer und Lauren Tamayo, Mitglieder des amerikanischen Teams, das bei den Olympischen Spielen 2012 die Silbermedaille in der Mannschaftsverfolgung gewann

»Das Buch enthält eine verständliche, praxisnahe Anleitung samt Taktiken und Strategien, die uns auf dem Weg zum persönlichen Erfolg helfen, unsere Ziele zu erreichen und uns in die Person zu verwandeln, die wir sein möchten.«

Howard Love, Wagniskapitalgeber und Gründer von LovetoKnow.com und zahlreichen anderen Unternehmen

»Gleichgültig, ob Sie einen Großkonzern leiten, ein neues Unternehmen aufbauen, Student oder Sportler sind: In Commander Divines Buch finden Sie eine umfassende Anleitung dazu, wie Sie eine bessere Version von sich selbst entwickeln können. Eine Pflichtlektüre!«

Joe Stumpf, Immobiliencoach und Gründer von By Referral Only

»Mark ist mehr als ein Navy SEAL. Von ihm können wir alle lernen, wie man im Alltagsleben ein SEAL wird.«

Joe De Sena, Gründer von Spartan Race

»Commander Mark Divine hat sich als Führungskraft in der Eliteeinheit der SEALs und außerhalb dieser Gemeinschaft als Unternehmer und Berater von Zivilpersonen bewährt. Wenn Sie bereit sind, Stellung zu beziehen und Ihrem Leben einen Zweck zu geben, finden Sie in diesem Buch alles, was Sie brauchen.«

Brandon Webb, ehemaliger U.S. Navy SEAL und Autor des *New York Times*-Bestsellers *The Red Circle*

# Danksagungen

Dieses Buch ist eine lange Reise gewesen, aber es ist nur die erste Etappe einer sehr viel längeren Reise in eine Welt voller Abenteuer. Natürlich habe ich dieses Buch nicht allein geschrieben: Es enthält die Ideen und Gedanken vieler Mentoren, von denen ich im Lauf der Jahre gelernt habe. Meine Mitautorin Ally trieb mich an, es in jeder Phase zu verbessern; sie organisierte meine ungeordneten Gedanken und machte dies zu einem viel besseren Buch. Ich danke dir, Ally! Meine Lektorin bei Reader's Digest Books, Andrea Au Levitt, trug wesentlich zur Verbesserung der Struktur bei, während Kevin Moran, mein vertrauter Agent, weiter nach einem Verleger für das Buch suchte, als ich mich längst anderen Projekten zugewandt hatte. Andrea und Kevin, ich danke euch!

Ich möchte meinem ersten wirklichen Mentor Kaicho Tadashi Nakamura danken, dem Gründer von Seido-Karate. Kaicho und sein Stamm unglaublicher Schüler und Lehrer schufen das solide Fundament für meine mentale Stärke, emotionale Kontrolle und spirituelle Kraft. Ich danke Kaicho und dem Seido-Team!

Mein Yogalehrer Tim Miller verdient ebenfalls eine besondere Erwähnung. Tim ist eine Legende in der Yoga-Gemeinde und lebt zu meinem Glück in meiner Heimatstadt Encinitas in Kalifornien. Tim ist der erste amerikanische Yogalehrer, der von Pattabhi Jois, dem Begründer des modernen Aschtanga-Yoga, anerkannt wurde. Tim und Kaicho lehrten mich, dass das Training »der Weg« ist und dass man seinen Worten Taten folgen lassen muss.

Ich bin Ken Wilber dankbar dafür, dass er der Welt die integrale Theorie schenkte – der Weg des SEAL und Unbeatable Mind wurden von seiner Arbeit beeinflusst. Zu den Lehrern, Mentoren und Freunden, die ich erwähnen möchte, zählen auch Tom Brown von der Tracker School, Shane Phelps von Saito Ninjutsu, Greg Glassman, Gründer von CrossFit, Robb Wolf, Autor von *The Paleo Solution*, Jerry Peterson, Gründer von SCARS, und die Autoren Seth Godin, Roy Williams und Steven Pressfield, deren Arbeiten mich inspiriert haben.

In den SEAL-Teams hatte ich das Glück, mit einigen der zielstrebigsten, intelligentesten und leidenschaftlichsten Kriegern der Welt zusammenzuarbeiten. Sie führten mich in meiner Entwicklung zum SEAL, vor allem, wenn ich Fehler machte. Eine unvollständige Liste der Personen, die mich dort beeinflussten, umfasst die Admirale McRaven, Harward, Metz und Bonelli, die Captains McTighe, Paluso, Wilson und O'Connell, die Commander Zinke und Washabau, die Master Chiefs Crampton, Laskey, Naschek und Martin sowie meine Teamkameraden bei ST-3, SDVT-1, ST-17, NSWG-1 und SOCPAC.

Großen Dank schulde ich den Betreuerteams bei SEALFIT und CrossFit sowie allen Unterstützern und Mitarbeitern, darunter Lance Cummings, Glen Doherty, Chriss Smith, Dan Cerrillo, Brad McLeod, Charlie Moser, Shane Hiatt, Sean Lake, Dan Miller, Dave Castro, Rory McKernan, Greg Amundson, Tony Blauer, Erik Larson, Derek Price, Jeff Grant, Michael Ostrolenk, Stu Smith, Tommy Hackenbruk, Lindsey Valenzuela, Becca Voigt, Kati Hogan, Rich Vernetti, Cindy Chapman, Catherine Chapman, Melanie Sliwka, Dave Bork, Will Talbot und John Wornham. Ich danke ihnen für ihre Loyalität, ihren Kenntnisreichtum und ihren Humor.

Ich danke meinen Eltern Susie und Lees Divine, die immer für mich da sind und mir im Lauf meines Lebens so viel beigebracht haben. Ewigen Dank schulde ich meiner Frau Sandy, die während meiner unternehmerischen Achterbahnfahrt eine wunderbare Freundin war und mich bedingungslos unterstützte. Und ich danke meinem Sohn und Kumpel Devon, der mich zum Lachen bringt und mich zur Aufrichtigkeit anhält. Ich danke euch, Sandy und Devon!

Schließlich möchte ich all meinen Teamkameraden und ihren Familien danken, die so große Opfer für dieses Land gebracht haben.

**Mark Divine**

# Ein Hinweis an den Leser

Mit Sicherheit haben Sie keine Lust auf ein weiteres Buch, in dem Ihnen in neuer Verpackung altbekannte Ratschläge zu Entwicklung Ihrer Persönlichkeit und Ihrer Führungsfähigkeiten angeboten werden.

Vielleicht sind Sie ein Manager, der neue Anregungen dazu braucht, wie er sich im anspruchsvollen wirtschaftlichen und Unternehmensumfeld der Gegenwart behaupten oder weiterentwickeln kann. Vielleicht sind Sie ein Student, der sich fragt, welchen beruflichen Weg er einschlagen soll, wie er gute Beziehungen zu anderen Menschen aufbauen und bessere Entscheidungen fällen kann. Vielleicht sind Sie eine Mutter, die Beruf und Familie unter einen Hut bringen muss und sich fragt, wie sie angesichts der Vielzahl verschiedener Herausforderungen ihr gesamtes Potenzial ausschöpfen kann. Vielleicht haben Sie sich auch für eine militärische Spezialeinheit beworben und suchen nach einem Weg, um Ihre Chancen auf Aufnahme in diese Elitetruppe zu erhöhen.

Wie dem auch sei, Sie haben zum richtigen Zeitpunkt das richtige Buch zur Hand genommen. In diesem Buch werden wir Menschenführung und persönliche Leistungsfähigkeit mit neuen Augen betrachten – mit Augen, die bei verdeckten Spezialeinsätzen in Wüsten, Urwäldern, ausgebrannten Städten und Ozeanen geschult wurden. Ich habe meine Erfahrung in 20 Jahren als Navy SEAL mit den Kenntnissen verschmolzen, die ich in 25 Jahren als Kampfsportler und 15 Jahren als Yogaschüler erworben habe, sowie mit den Lehren, die ich aus der Gründung von sechs erfolgreichen Multi-Millionen-Dollar-Unternehmen gezogen habe. Das Ergebnis ist eine wirkungsvolle und leicht nachvollziehbare Anleitung, die jedermann nutzen kann, um Herausragendes zu leisten.

Sie haben sicher schon etwas über die SEALs gelesen oder in einem Film oder einer Fernsehreportage Berichte über das Leben und die Missionen solcher Männer gesehen. Es ist keine Neuigkeit, dass SEALs extreme körperliche Härte mitbringen und intelligent sind. Aber bedenken Sie Folgendes: Jedes Jahr werden weniger als 200 neue SEALs vereidigt. Tausende Kandidaten bleiben auf der Strecke. In den letzten sechs Jahren haben mehr als 90 Prozent der angehenden

SEALs, die wenigstens drei Wochen an den Ausbildungsprogrammen meiner SEALFIT Academy teilnahmen, die Aufnahmeprüfung für die Eliteeinheit geschafft.

Woran liegt das? Ich weiß, wie ein SEAL denkt, handelt und trainiert. In diesem Buch werde ich die Prinzipien und Praktiken beschreiben, die ein SEAL anwendet. Ich werde Ihnen beibringen, diese Lehren in Ihr Leben zu integrieren, damit Sie auf jedem beliebigen Gebiet besondere Leistungen vollbringen können.

Ich bekomme immer wieder E-Mails und Anrufe von Leuten, die fragen, ob mein Unternehmen nur SEAL-Anwärter ausbildet. Keineswegs! Es stimmt, dass wir in unserem weltweit angesehenen Kokoro-Camp Soldaten ausbilden, die sich bei den SEALs und anderen Spezialeinheiten bewerben wollen, aber mehr als 75 Prozent der Teilnehmer sind Manager oder Angehörige anderer Berufsgruppen. In meinen Augen bringt nicht jeder die körperliche Eignung oder auch den Willen mit, um sich in einen Navy SEAL zu verwandeln, aber jeder Mensch kann die mentale Stärke, die Führungsqualitäten und die Siegermentalität erwerben, die diese Elitesoldaten auszeichnet. Könnte ich ein in Flaschen abgefülltes Elixier verkaufen, das man nur zu trinken brauchte, um sich den Geist eines SEAL anzueignen, so würde ich es tun. Aber da ich bisher noch keinen solchen Zaubertrank habe, schreibe ich dieses Buch, um Ihnen den Geist des SEAL zu vermitteln.

Es ist kein Zeichen für mangelnde Demut, wenn ich behaupte, dass ich besonders gut qualifiziert bin, dieses Buch zu schreiben. Vor meiner Zeit bei den SEALs war ich als Wirtschaftsprüfer tätig. Meinen Abschluss hatte ich an der Leonard N. Stern School of Business an der New York University gemacht. Möglicherweise bin ich der einzige Wirtschaftsprüfer, der je SEAL wurde – was eigentlich nur bedeutet, dass ich in meinem ersten Beruf vollkommen fehl am Platz war. Im Alter von 25 Jahren zu erkennen, dass man sich den falschen Lebensplan zurechtgelegt hat, und seinen Beruf hinzuschmeißen und sich den Traum zu erfüllen, ein SEAL zu werden … es wäre erheblich untertrieben zu sagen, das sei schwierig gewesen. Meine Eltern erwarteten von mir, dass ich in das Familienunternehmen eintrete (die Firma Divine Brothers ist über 120 Jahre alt). Der Umstieg war sehr riskant, ich riskierte sowohl beruflich als auch persönlich viel. Ich wünschte, ich hätte mit 18 Jahren, als ich die Schule abschloss, eine Anleitung wie diese hier gehabt, um mich selbst richtig kennenzulernen und meine Ziele besser zu wählen. Vermutlich hätte ich meiner Familie Tausende Dollar und mir selbst viel Zeit und einiges Seelenleid ersparen können.

Ich absolvierte bei der Navy ein Spezialprogramm für Anwärter, die keinerlei militärische Erfahrung besaßen und nicht einmal ein militärisches Ausbildungsprogramm an der Universität vorweisen konnten. Schließlich wählte mich die Navy für die Officer Candidate School aus und ließ mich am berühmten BUD/S-Training (Basic Underwater Demolition/SEAL) teilnehmen. Ich schloss BUDS als Jahrgangsbester 1990 mit Auszeichnung ab. (Von den rund 180 Kandidaten, die den Kurs begonnen hatten, waren nur 19 übrig geblieben.) Ich verbrachte neun Jahre im aktiven Dienst und elf weitere in der Reserve. Die Navy entsandte mich zweimal als Reserveoffizier in den Nahen Osten, zum letzten Mal im Jahr 2004 nach Bagdad.

Aber wie sich herausstellte, lag mir das Unternehmertum am Ende doch im Blut.

Nach der ersten Phase im aktiven Dienst gründete ich ein Brauereirestaurant, übernahm die Leitung einer Softwarefirma und gründete NavySEALS.com, ein Unterstützungs- und Trainingsportal für angehende Elitesoldaten. Als ich im Jahr 2006 nach meinem letzten Einsatz in der Reserve aus dem Dienst ausschied, rief ich U.S. Tactical ins Leben, das vom Rekrutierungskommando der Navy beauftragt wurde, ein landesweites Beratungsprogramm für potenzielle SEAL-Anwärter einzurichten. Im ersten Jahr gelang es uns, den Anteil der erfolgreich bestandenen Auswahltests von 33 auf über 80 Prozent zu erhöhen. Im Jahr 2007 entschloss ich mich, meine Ausbildungsdienste der breiten Öffentlichkeit anzubieten, und gründete SEALFIT. Seit damals habe ich anhand der in diesem Buch beschriebenen Prinzipien Tausende Kandidaten ausgebildet. Diese Prinzipien beruhen auf der SEAL-Ausbildung und den Traditionen früherer Krieger, auf meinen Studien der somatischen Geist-Körper-Praktiken wie Yoga und Karate und meiner eigenen Erfahrung mit interdisziplinärem, ganzheitlichem Training (das ich als »integrales Training« bezeichne). Ich habe angehende SEALs und andere Elitesoldaten, Fachleute aus verschiedensten Berufen und Spitzenmanager trainiert. Mein Laboratorium ist die angesehene SEALFIT Academy, in der durch hartes körperliches und geistiges Training die mentale

Stärke gefördert wird. In der Unbeatable Mind Academy, meiner jüngsten Firmengründung, wende ich meine Techniken und philosophischen Grundsätze an und verfeinere sie. In dieser Akademie werden mentale, emotionale und spirituelle Prinzipien unterrichtet. Selbst ich bin fasziniert von dem Wandel, der in der Persönlichkeit einiger meiner Schüler zu beobachten ist.

Obwohl die Navy SEALs in Teams arbeiten, ist jeder einzelne von ihnen ein Inbegriff für die Art von Führungsfähigkeiten, die ich Ihnen in diesem Buch vermitteln möchte. Wie diese Elitesoldaten bringt jede Führungskraft, die den Weg des SEAL geht, ihre Gedanken, Emotionen, Instinkte und Fähigkeiten unter Kontrolle, erwirbt sich dadurch das Vertrauen und den Respekt anderer Menschen und verwandelt sich in einen natürlichen Führer. Es geht in diesem Buch also darum, Ihre individuellen Führungsfähigkeiten zu entwickeln. Dieser Zugang ist unerlässlich, selbst wenn Sie nicht das Gefühl haben, sich gegenwärtig in Ihrer Arbeit in einer Führungsposition zu befinden. Ein besonders leistungsfähiger Mensch besitzt immer herausragende Führungsfähigkeiten, die er braucht, um nicht nur andere, sondern auch sich selbst zu führen. Obwohl wir uns in meinen Unternehmen in erster Linie auf die Geschäftswelt konzentrieren, können Sie dank dieser Fähigkeiten in jedem Lebensbereich herausragende Ergebnisse erzielen.

Was bedeutet es, den Weg des SEAL zu gehen?

- Sie werden lernen, Ihr Leben zu vereinfachen und klarer zu gestalten, damit Sie zielstrebig, auf ihre Aufgaben konzentriert und auf Ihre Wertvorstellungen gestützt voranschreiten können. Diese Ziele und Vorstellungen werden keine bloßen Ideen sein, sondern Ihr Leben beherrschen. Ihr Dasein wird einen Sinn haben, und Sie werden nichts bedauern.
- Sie werden lernen, inmitten der schwersten Stürme, in die Sie in Ihrem Leben geraten können, gelassen und selbstbewusst zu bleiben.
- Sie werden eine mentale Stärke entwickeln, mit der Sie jede Aufgabe oder Herausforderung bewältigen können.
- Sie werden Ihre Fähigkeit zur intuitiven Entscheidungsfindung entwickeln und Chancen und Bedrohungen frühzeitig erkennen.
- Sie werden emotional ausgeglichener werden und verstehen, was andere Menschen antreibt, um ihre Bedürfnisse vorwegnehmen zu können.

- Sie werden ein besserer Führer werden, ein Führer, der authentischer, angesehener, vertrauenswürdiger und überzeugender ist.
- Sie werden ein besserer Mensch werden. Ihre Familie, die Teams, in denen Sie arbeiten, und Ihre Gemeinde werden von Ihrer Stärke profitieren. Ihre Beiträge werden die Welt zu einem besseren Ort machen.

Es ehrt mich, dass Sie sich entschlossen haben, gemeinsam mit mir zu dieser Reise aufzubrechen. Es ist nicht leicht, den Weg des SEAL einzuschlagen: Die Verwandlung erfolgt nicht über Nacht, obwohl Sie bemerken werden, wie sich Ihr Lebensgefühl und Ihre Einstellung zu den Dingen ändern, sobald Sie beginnen, diese Prinzipien anzuwenden. Der Schlüssel zu außergewöhnlichen Ergebnissen besteht darin, alte Gewohnheiten einschließlich fest verwurzelter Vorstellungen, Verhaltensweisen und Überzeugungen durch neue zu ersetzen. Wenn Sie bei der Stange bleiben und die SEAL-Prinzipien zu einem festen Bestandteil Ihres Lebens machen, werden Sie jedes Ziel erreichen, das Sie sich setzen, sei es eine Beförderung, die Gründung eines neuen Unternehmens, eine bessere körperliche Fitness, ein erfüllendes Familienleben, eine glücklichere Ehe oder einen Studienabschluss.

Sie werden einfache Techniken für die Bewältigung von Veränderungen erlernen, sodass Sie auf Ihr Gespür vertrauen und unter großem Druck chaotische Situationen bewältigen können. Die Beharrlichkeit wird Ihnen zur Gewohnheit werden, und Sie werden lernen, Risiken einzugehen und die lähmende Furcht vor dem Versagen zu überwinden. Sie werden sich eine »offensive Grundhaltung« aneignen und bewusster werden, womit jede Ihrer Entscheidungen zu einer wirkungsvollen Rechts-Links-Rechts-Schlagkombination wird. Sie werden unkonventionelles Denken erlernen und wissen, wie Sie innerhalb der Grenzen des ethisch Akzeptablen die Regeln brechen können.

Die Reise über tausend Kilometer beginnt mit einem kleinen Schritt, und diesen Schritt haben Sie bereits getan. Gehen wir gemeinsam den Weg des SEAL. Hooyah!

**Mark Divine**

*Encinitas, Kalifornien, 2013*

# EINLEITUNG

# Führen im Feld

»Du kannst nicht innen reisen und außen stillstehen.«

*James Allen (1864–1912), Schriftsteller der Neugeist-Bewegung*

An einem Tag im September 1990 stand ich mit meinen Kameraden vor 300 Gästen, Ausbildern und Schülern im Naval Special Warfare Training Center. Wir hatten uns zur Abschlussfeier versammelt. Ich hatte erreicht, wovon die meisten Männer nur träumen können: An diesem Tag wurde ich zu einem fallschirmspringenden, tieftauchenden, laufenden, schießenden Kampftaucher, zu einem echten Navy SEAL. Es war nur wenige Monate her, dass ich ein strebsamer konservativer Junge gewesen war, der in New York den amerikanischen Traum gelebt hatte. Als Kind hatte ich davon geträumt, gegen Bösewichte zu kämpfen und schöne Edelfrauen aus Gefahr zu retten. Irgendwann hatte ich diesen Traum aufgegeben, um zu tun, was mein Umfeld von mir erwartete. Ohne viel darüber nachzudenken, hatte ich mich in den Unternehmenskanal spülen lassen, wo ich Qualifikationen anhäufte und mich auf eine Zukunft im Wohlstand vorbereitete. Der Trommlerjunge der Gesellschaft schlug seine Trommel, und wie viele andere marschierte ich mit, ohne den leisen Trommelschlag zu hören, der in meinem Inneren pochte.

Mein Weg führte mich in die Wirtschaftsprüfung und Unternehmensberatung. Ihr Weg führte Sie vielleicht in Bereiche wie Medizin, Recht, Bankwesen, Informationstechnologie oder ein anderes herkömmliches Gebiet. Nach ein paar Jahren stellten Sie fest, dass Sie scheinbar für immer an eine Laufbahn gebunden waren. Vielleicht lieben Sie Ihre Arbeit immer noch, fragen sich jedoch, warum Ihnen der berufliche Erfolg nicht auch Frieden und Glück in anderen Lebensbereichen gebracht hat. Oder vielleicht haben Sie eines Tages festgestellt, dass Sie nicht wissen, wie Sie an diesen Punkt gelangt sind – oder schlimmer noch, dass Sie nicht wissen, was Sie hier tun. Vielleicht fragen Sie sich, wie ich damals, warum Sie nicht glücklich sind und ob Sie den falschen Lebensweg eingeschlagen haben.

Der sprichwörtliche Tropfen, der das Fass zum Überlaufen brachte, fiel zu dem Zeitpunkt, als ich mit der Frage rang, ob ich New York verlassen sollte. Ich war nicht glücklich in der alltäglichen Karrieremühle und fand am ehesten inneren Frieden, wenn ich im Dojo hart trainierte oder frühmorgens durch die Straßen lief. Bei einem dieser morgendlichen Läufe fiel mir ein Werbeposter der SEALs ins Auge, das vor einem Rekrutierungsbüro der Navy hing. »Werde jemand Besonderer«, hieß es dort. »Ja!«, dachte ich. »Ich will jemand Besonderer sein. Im Augenblick fühle ich mich, als wäre ich eine Schraube in einer riesigen, kalten Maschine.« Wie in den Tagträumen, denen ich als Junge nachgehangen hatte, fand ich die Vorstellung, selbstlos der Gemeinschaft zu dienen, sehr verlockend. Begeisterung stieg in mir auf, als ich mir vorstellte, jeden Tag Höchstleistungen zu vollbringen und mich in einem Team auf die Probe zu stellen, in dem es von Menschen wimmelte, die ähnliche Wertvorstellungen hatten wie ich. Aber die Entscheidung fiel erst, als ich bei meinem letzten Klienten Kane arbeitete.

Das Familienunternehmen Kane & Co. war im Jahr 1988 in einen Skandal verwickelt worden, in dem es um Vorteilsnahme in Zusammenhang mit der Vergabe von Aufträgen der Rüstungsindustrie in Long Island ging. Das Unternehmen erzeugte Verpackungen, die von Rüstungsunternehmen für den Transport großer Flugzeugteile verwendet wurden. Als herauskam, dass die großen Unternehmen Regierungsbeamte bestochen hatten, um an Aufträge heranzukommen, gerieten auch kleinere Zulieferer wie Kane in den Strudel der Ermittlungen. Die Steuerfahnder konzentrierten sich auf leichte Ziele und verlangten, dass die Datenströme dieser Unternehmen von Wirtschaftsprüfern durchleuchtet wurden. Mein Arbeitgeber, ein großes Wirtschaftsprüfungsunternehmen, beauftragte mich und einen weiteren jungen Kollegen, unter der Aufsicht eines Betreuers die Bücher von Kane zu prüfen.

Eines Tages hörte ich Joe Kanes im Nachbarbüro sagen: »Diese Leute werden nie fertig werden. Das Unternehmen und Dad werden das nicht überleben.« Der Sohn des Unternehmensgründers sprach am Telefon mit seinen Geschwistern, die verzweifelt versuchten, das Unternehmen über Wasser zu halten, während Kane Senior gegen eine plötzlich ausgebrochene Krebserkrankung kämpfte, die nach Ansicht der Familie eine Folge der extremen seelischen Belastung war, die mit dem Korruptionsverdacht und der Buchprüfung einherging. Einen Monat später war Kane tot.

Die Nachricht war ein schwerer Schlag für mich: Ich fühlte mich, als hätte ich selbst diesen Mann getötet. Und sein Sohn hatte Recht: Wir hätten unsere Arbeit in drei Monaten erledigen können, aber unsere Vorgesetzten schickten uns immer wieder hin und stellten Kane die Stunden in Rechnung, denn sie hatten die Steuerbehörde hinter sich. Es war furchtbar, wie wir dieses Unternehmen ausbluten ließen. Kane war nicht mehr unser Klient: Uns ging es nur darum, Stunden zu verrechnen.

Dieses Theater widerte mich an. Wie konnte ich weiter bei dieser Scharade mitmachen? Meine Entscheidung war rasch gefallen: Ich würde als SEAL in der Navy dienen und ein Kriegerführer werden. Ich fuhr ins Büro und kündigte augenblicklich. Um mich auf die SEAL-Ausbildung vorzubereiten, nahm ich einen Job als Personal Trainer an und konzentrierte mich auf Karatetraining und die Zen-Meditation. Nach einem Monat war ich pleite. Ich dachte viel darüber nach, ob meine Entscheidung richtig gewesen war. Da erhielt ich einen überraschenden Anruf von einem der Partner meiner früheren Beratungsfirma. Er sagte: »Mark, ich werde eine Firma gründen und möchte Sie dabeihaben.« Beim Gedanken an das viele Geld spürte ich das vertraute Kitzeln meines Egos. Dann sagte meine innere Stimme: »Halt!« Ich rief mir in Erinnerung, warum ich meinen Job aufgegeben hatte. Ich war sicher, dass ich einen besseren Weg eingeschlagen hatte, den richtigen Weg für mich. Also lehnte ich das Angebot höflich ab.

Ein Jahr später hatte ich mich in der SEAL-Ausbildung durchgesetzt und konnte die nächste Etappe der Reise meines Helden in Angriff nehmen. Ich war bereit, jede Herausforderung anzunehmen, mit der ich konfrontiert würde. Der

Redner beendete seinen Vortrag, und alle Blicke richteten sich auf mich, als ich die Honor-Man-Plakette für den Jahrgangsbesten entgegennahm. 180 Anwärter hatten sechs Monate früher die Ausbildung in Angriff genommen. Ich war der Beste von nur 19 Männern, die es geschafft hatten. Ich strahlte, als mir Captain Huth, der Leiter des BUDS-Kurses (BUDS steht für Basic Underwater Demolition SEAL) den begehrten Trident – das goldene Dreizack-Abzeichen der Navy SEALs – an die Uniformjacke steckte.

Der Trident kennzeichnet dich als einen besonderen Menschen, als einen jener seltenen modernen Spartaner, die härter trainieren, intelligenter arbeiten und jede Herausforderung mutig in Angriff nehmen. In meinen Augen steht dieses Abzeichen auch für den Weg des SEAL, für eine Geisteshaltung und Einstellung, die den Träger in die Lage versetzt, aus den inneren und äußeren Kämpfen des Lebens siegreich hervorzugehen.

Ich werde Ihnen zeigen, wie Sie sich Ihren eigenen Trident verdienen können.

## Was ist die SEAL-Methode?

»Schnell wie der Wind, still wie der Wald, kühn wie das Feuer, unerschütterlich wie der Berg.«
*Kampfmotto des japanischen Kriegers Takeda Shingen (1521–1573)*

Ich schätze mich glücklich, weil ich die Menschenführung sowohl studieren als auch persönlich aus nächster Nähe und verschiedenen Blickwinkeln beobachten konnte. Ich habe an Seminaren über Führung teilgenommen und selbst an einer großen Universität Vorträge gehalten. Ich habe in Unternehmen und im Militär geführt und bin geführt worden, und ich habe solche Erfahrungen in kleinen Betrieben und Teams gesammelt (als Team bezeichne ich jede Gruppe von Personen, die sich zusammentun, um eine Mission zu erfüllen oder bestimmte Ziele zu erreichen, sei es eine Sportmannschaft, ein Freiwilligenkomitee, eine Abteilung in einem Unternehmen, ein Ehepaar oder sogar ein ganzes Unternehmen oder eine Familie). Dabei habe ich Folgendes beobachtet: Da die Gesellschaft und das Bildungswesen zentralen Werten wie Ehre, Mut und Engagement keinen hohen Stellenwert mehr einräumen, fehlt die Grundlage für die Charakterentwicklung angehender Führungskräfte, denen in der Folge beim beruflichen Aufstieg die Mittel fehlen, die sie brauchen würden, um sich zu besseren Menschen zu entwickeln. In der Hoffnung, Führungsaufgaben zu bewältigen, stützen sie sich auf bestimmte Modelle aus Kursen oder Büchern. Sie denken: »Ich muss einfach nur diese Kenntnisse anwenden und die Anweisungen der Experten befolgen, und alles wird besser funktionieren.« Fallen die Ergebnisse schlechter aus, als das Modell versprach, verlieren die angehenden Führungskräfte den Glauben und machen sich auf die Suche nach dem nächsten Modell.

Dienende Führung, situative Führung, visionäre Führung, draufgängerische Führung ... in all diesen Modellen ist Führung einfach eine Fähigkeit. Aber was, wenn Führung in Wirklichkeit keine Fähigkeit oder Anhäufung von Verhaltensweisen ist? Was, wenn sie ein Charakterzug ist? Wir fragen uns, warum die Dinge nicht wie gewünscht funktionieren, oder fühlen uns weiter schlecht, während wir so viel Zeit mit der Suche nach dem Heiligen Gral der Führung verbringen, anstatt den Blick nach innen zu wenden und Führungscharakter zu entwickeln.

Wenn wir kein Bekenntnis zu Selbstbeherrschung und persönlichem Wachstum ablegen, wird uns auch die beste Theorie nicht helfen, uns selbst oder eine Gruppe von Menschen zum Erfolg zu führen.

## Ein neuer Zugang zu Führung

Authentische Führung muss sich auf das stützen, was ich als »integrales Entwicklungsmodell« bezeichne. Diese Art von Führung lehre ich bei SEALFIT durch das »Fünf Berge«-Kriegertraining. In meinem Programm stehen die »fünf Berge« für die Entwicklung von Fähigkeiten im körperlichen, mentalen, emotionalen, intuitiven und spirituellen Bereich. Die Integration dieser Fähigkeiten ermöglicht ein ausgewogeneres Wachstum der gesamten Persönlichkeit. In diesem Buch werden wir uns vor allem auf die mentale, die emotionale und die intuitive Sphäre konzentrieren. Aber Sie werden feststellen, dass Ihnen die hier beschriebenen Erkenntnisse die Erkundung der beiden anderen Bereiche erleichtern werden, und ich ermutige Sie, sich Ihrem Lebensstil und Ihren spirituellen Überzeugungen entsprechend mit diesen Bereichen auseinanderzusetzen. Zur Erkundung des körperlichen Bergs kann man so viele verschiedene Wege einschlagen, dass ein eigenes Buch nötig wäre, um sie zu beschreiben (mehr zum von mir empfohlenen Trainingsprogramm finden Sie in meinem Buch *SEALFIT in 8 Wochen*). Die Erkundung des spirituellen Bergs ist nicht von der Erkundung der anderen vier Berge zu trennen, weshalb Sie sich in diesem Bereich von allein entwickeln werden, während Sie die SEAL-Methode erlernen. (Eine zielgerichtete spirituelle Entwicklung ist eine zutiefst persönliche Reise, die ebenfalls den Rahmen dieses Buchs sprengt.)

Fortschritte in einzelnen Bereichen haben wenig Sinn, wenn die Entwicklung in anderen ausbleibt: Das Ergebnis wäre ein Tisch mit unterschiedlich langen Beinen. Sie müssen unbedingt alle fünf Berge gleichzeitig erklimmen, um Ihr Potenzial auszuschöpfen und sich die SEAL-Methode anzueignen. Gelingt Ihnen das, werden Sie sich in ein modernes Ebenbild der Krieger früherer Zeiten verwandeln, in einen Menschen, der mit Ehre und Demut Großes erreicht und sich auf natürliche Art den Respekt derer verdient, denen er als Führer dient.

Ich bin davon überzeugt, dass wahre Führerschaft ihren Ursprung im Herzen eines Menschen hat, ungeachtet (und manchmal trotz) seiner Rolle oder seiner Machtposition in einer Organisation. Daher werden Sie feststellen, dass Ihr Fortschritt auf dem Weg des SEAL von Ihrer Bereitschaft abhängt, sich persönliche Disziplin und eine ethische Grundhaltung anzueignen: Sie werden sich darauf konzentrieren, ein gutes Teammitglied zu werden, bevor Sie sich in einen Führer verwandeln. Sie werden Führungsrollen nie als Selbstzweck anstreben. Schließlich müssen Sie das entwickeln, was die Japaner als *kokoro* bezeichnen: Sie müssen Herz und Verstand im Handeln verschmelzen. Das bedeutet, dass Sie ausgeglichen und innerlich gefestigt sein müssen, damit Sie im Einklang mit Ihrem Wesen, Ihren Mitmenschen und der Natur handeln können. Wenn wir uns zur integralen Entwicklung bekennen und mit *kokoro* führen, werden wir vollkommen authentisch, präsent und unseres Lebens mächtig sein.

Die Welt braucht Führer, die sich an die Spitze setzen und die Nachhut antreiben, die sich stellen und vortreten, die Risiken eingehen, um auf allen Ebenen – bei sich selbst, im Team, in der Organisation – für Integrität zu sorgen. Das nenne ich den »Drei-Sphären-Ansatz«. In Kombination mit den anderen in diesem Buch beschriebenen Fähigkeiten, Taktiken und Strategien wird dieses einzigartige konzeptuelle Instrument Ihre Chancen, sich im wechselhaften und komplexen wirtschaftlichen Klima der Gegenwart auf ethische Art dauerhaft durchzusetzen, beträchtlich erhöhen. Und eine mehrdimensionale Perspektive wird Ihnen durchweg einen Vorsprung vor jenen sichern, die eine beschränkte oder kurzsichtige Vorgehensweise wählen. Auch Organisationen müssen sich dieses Konzept aneignen und die Entwicklung ihrer individuellen Mitglieder und Teams fördern, indem sie Spielraum für Risiko und Fehler schaffen, um wirkliches Lernen zu ermöglichen – jene Art von Lernen, die es Menschen ermöglicht, jenen Charakter zu entwickeln, der die Voraussetzung für authentische Führung ist.

Selbstverständlich kann ein einzelnes Buch, ein Kurs oder ein Ereignis keinen derart tief greifenden Wandel des Denkens und Verhaltens bewirken. Ein solcher Wandel ist nur möglich, indem jeder einzeln die Entwicklung zum authentischen Führer durchläuft. Dieser Wandel beginnt bei Ihnen und Ihrem Bekenntnis zur persönlichen Vervollkommnung. Wenn Sie den Weg des SEAL gehen, werden Sie nicht nur ein besserer Mensch werden, sondern auch dazu beitragen, eine bessere Welt zu schaffen.

## Uralte Werte für moderne Zeiten

Wie ein Navy SEAL zu denken und zu handeln bedeutet, die integrale Entwicklung und das ganzheitliche persönliche Wachstum in einem kriegerischen Kontext zu verfolgen. Das mag militaristisch klingen, aber so wie ich den Begriff »Krieger« verstehe, hat er eine umfassendere, figurative Bedeutung. Ein Krieger oder eine Kriegerin ist ein Mensch, der auf allen Ebenen die Herrschaft über sich selbst anstrebt, der den Mut entwickelt, vorzutreten und das Richtige zu tun und stets seiner Familie, seinem Team, seiner Gemeinde und letztlich der Menschheit in ihrer Gesamtheit zu dienen. Um Erfolge zu erringen, die eines SEAL würdig sind, müssen Sie:

- Ihren Angelpunkt finden und ein tiefes Bekenntnis zu Werten und Zielen zu einem Maßstab machen, der dafür sorgt, dass Sie stets festen Boden unter den Füßen haben und das Ziel nie aus den Augen verlieren
- den Blick stets nach vorne richten, damit nichts Sie vom Weg zum Erfolg abbringen kann
- Ihre Mission so stabil gestalten, dass ein Scheitern Ihrer Bemühungen ausgeschlossen ist
- heute tun, wozu andere nicht bereit sind, um morgen erreichen zu können, wozu andere nicht imstande sein werden
- mental und emotional stabil werden und die Option »aufgeben« aus Ihrem Unterbewusstsein löschen
- Dinge zerschlagen und neu zusammensetzen, um sie durch Innovation und Anpassung zu verbessern
- Ihre Intuition entwickeln, um Ihre angeborene Weisheit und Intelligenz voll ausschöpfen zu können
- in jedem Augenblick offensiv denken, um Ihre Widersacher zu überraschen und das Schlachtfeld zu beherrschen
- für das Leben trainieren, um die Herrschaft über Ihr körperliches, geistiges, emotionales, intuitives und spirituelles Selbst zu erlangen

Obwohl viele der in diesem Buch beschriebenen Techniken und Praktiken einzigartig sind, sind ihre wesentlichen Merkmale weder neu noch trendig. Vielmehr zeigt sich bei sorgfältiger Auseinandersetzung mit Kriegern früherer Zeiten – etwa mit den Spartanern, den Apachen oder den Samurai (diese Gruppen von Elitekämpfern waren die Vorläufer der SEALs und anderer Spezialeinheiten) –, dass sie ein ähnliches Verhalten und Denken an den Tag legten. Der kulturelle Kontext, in dem sich diese Krieger bewegten, war von anderen Werten als denen geprägt, die in der modernen Gesellschaft zur Norm geworden sind. Die heutige westliche Kultur ist narzisstisch. Unser wirtschaftlicher Mythos – die kollektive Geschichte, die wir über die Funktionsweise unseres Wirtschaftssystems und über die wünschenswerten Beziehungen zwischen den wirtschaftlichen Akteuren erzählen – beruht auf der Vorstellung von einem Menschen, der sich in dem Bemühen, einen schwindenden Lebensstandard zu erhalten, sein Stück vom Kuchen beschränkter und umkämpfter Ressourcen sichert. Die Finanzkrise des Jahres 2008 und die folgende Rezession zwangen viele Menschen, würdelose Arbeiten anzunehmen, von der Sozialhilfe zu leben, sich Geld zu leihen oder sogar betteln zu gehen oder zu stehlen. Die Verhaltensnormen werden in allen Wirtschaftssektoren sehr großzügig ausgelegt, und wenn es um die Frage geht, wie weit man gehen kann, um sich seinen Lebensunterhalt zu sichern (und wie man sich in vielen anderen Bereichen verhalten soll), verlieren die persönlichen Werte an Bedeutung.

Das Gewirr der alltäglichen Verpflichtungen sorgt dafür, dass sich das Hamsterrad des Überlebenskampfs weiter dreht, aber es verdeckt ein wachsendes Unwohlsein und lenkt die Aufmerksamkeit vom wirklich Wichtigen ab. Es drängt auch die traurige Wahrheit in den Hintergrund, dass wir immer noch für unser Denken und Handeln verantwortlich sind und dass uns das Universum schließlich zur Verantwortung ziehen wird. Wir alle müssen persönlich und als Gesellschaft für das Unvermögen bezahlen, uns an höheren Maßstäben zu messen.

Die SEAL-Methode ist nicht geeignet, im Handumdrehen Abhilfe zu schaffen. Der Weg des SEAL ist eine Reise, eine Art der Lebensführung. Ja, ich kann Ihnen Strategien und Taktiken anbieten, die Sie sofort anwenden können. Aber am Ende hängt alles davon ab, dass Sie sich zu einem Menschen entwickeln, der diese Werte und Prinzipien zur Grundlage seines Lebens machen kann, anstatt nur ein Lippenbekenntnis dazu abzulegen. Die Reise beginnt mit diesem Buch, aber Sie müssen sie fortsetzen, indem Sie die Prinzipien anwenden, die ich erläutern werde, um schließlich in die Arena hinauszugehen, Fehler zu riskieren, Urteile zu fällen – und ein umfassendes und nachhaltiges Wachstum zu erreichen.

# Wie Sie dieses Buch verwenden sollten

»Jene, die in der Nacht in den staubigen Winkeln ihres Geistes träumen, stellen beim Erwachen fest, dass es nur eine Einbildung war; die Tagträumer hingegen sind gefährliche Männer, denn es kann sein, dass sie ihren Traum mit offenen Augen leben, um ihn wahr zu machen.«

*T. E. Lawrence, genannt Lawrence von Arabien (1888–1935)*

Wenn Sie dieses Buch sorgfältig und gewissenhaft durcharbeiten, werden Sie rasch die Früchte Ihrer Mühe ernten. Aber es ist eine Lebensaufgabe, die hier beschriebenen Prinzipien wirklich zu meistern. Ich ermutige Sie, die Reise und die Siege auf dem Weg zu genießen. Sie werden feststellen, dass Sie immer schneller von Sieg zu Sieg eilen, je mehr Sie lernen und wachsen. Auch Zahl und Größe der Herausforderungen werden wachsen. Als jemand, der den Weg des SEAL geht, werden Sie nicht vor den Herausforderungen zurückschrecken, sondern lernen, sie als Chancen zu betrachten. Damit das gelingt, müssen Sie Zielstrebigkeit, Disziplin, Geduld und Demut entwickeln, wobei Ihnen dieses Buch helfen wird. Auf der Reise werden sie zu einer Person mit Ehre werden. Sie werden ein authentischer Führer für sich selbst und andere werden. Sie werden sich jeden Tag Ihren eigenen Trident verdienen.

In diesem Buch werden Sie immer wieder aufschlussreiche Beispiele aus meinen Tagen bei den SEALs und Episoden aus meiner persönlichen Reise durch die Wirtschaftswelt sowie eindrucksvolle Berichte meiner Schüler und berühmter Unternehmer finden. In jedem Kapitel werden wir eines der acht Prinzipien der SEAL-Methode behandeln und die zentralen Konzepte, die Sie sich aneignen müssen, genau analysieren. Einige werden vertraut klingen, während andere neu für Sie sein werden. Aber alle spielen eine Rolle im täglichen Leben eines Führers, der den Weg des SEAL geht, und werden Ihnen einen tief greifenden Wandel ermöglichen und Sie zum angestrebten Erfolg führen. Ich lebe diese Prinzipien, meine Schüler leben Sie, und jetzt können auch Sie davon profitieren.

Ich habe das Material folgendermaßen strukturiert: Zunächst werde ich Sie mit den Prinzipien bekannt machen. Sie finden im gesamten Abschnitt Beispiele und

am Ende Übungen, die Ihnen dabei helfen werden, die Prinzipien konkret anzuwenden, und ein unverzichtbarer Bestandteil Ihres Trainings sind. Während wir
die Prinzipien entwickeln, werden wir hin und wieder zu den zuvor erläuterten
Techniken und Fähigkeiten zurückkehren, um sie besser zu verstehen und wirklich anwenden zu können. Bedenken Sie, dass es Zeit dauert, dieses Material zu
einem Bestandteil Ihres Lebens und Ihres Wesen zu machen. Meinen Schülern
vermittle ich diese Prinzipien und Techniken in zwölf monatlichen Vorlesungen
an der Unbeatable Mind Academy und in einer intensiven Lernerfahrung im
dreiwöchigen Training an der SEALFIT Academy. Ich empfehle Ihnen, einmal
das ganze Buch durchzulesen und anschließend zum Anfang zurückzukehren,
um sich mit jedem einzelnen Prinzip einen Monat lang zu beschäftigen.

Es muss darauf hingewiesen werden, dass wir das Führen nicht aus Büchern
oder in Seminaren lernen können: Wir müssen die Lektionen durch Erfahrung
verinnerlichen. Sie können die SEAL-Methode nicht an Ihrem Schreibtisch
erlernen, und Sie werden es auch nicht schaffen, indem Sie am Status quo
festhalten. Es genügt nicht, einfach dieses Buch zu lesen, auch wenn es Sie mit
wichtigen neuen Methoden vertraut machen wird, die Sie anwenden können,
um Ihre Erfahrungen zu verarbeiten. Sie selbst müssen diese Prinzipien in die
Tat umsetzen, indem Sie die Übungen machen, sich in der Meditation mit
den Ideen auseinandersetzen und mit Ihrem Team darüber sprechen. Das letzte
Kapitel (»Trainieren nach der SEAL-Methode«) enthält eine Zusammenfassung
aller Lektionen und eine Anleitung dazu, wie Sie einen auf Ihre persönlichen
Bedürfnisse zugeschnittenen Trainingsplan entwickeln können. Sie müssen
sich Ihre Sporen als Führer im Feld verdienen. Im Klassenzimmer ist das nicht
möglich.

Sie werden Mentoren finden, die Sie auf dem Weg begleiten werden. Meine
Reise brachte mich zunächst mit dem Seido-Karate-Großmeister Nakamura
und anschließend mit meinen selbstlosen Mentoren in den SEAL-Teams und
weiteren Ratgebern in Kontakt. Ich musste meinen Weg zur Türschwelle jedes
dieser Mentoren finden, und dasselbe gilt für Sie. Aber der erste Schritt auf dem
Weg des SEAL besteht nicht darin, einen Mentor zu suchen. Zunächst müssen
Sie allein suchen. Lassen Sie uns also zum Ausgangspunkt zurückkehren und
einige Grundlagen behandeln.

# Finde deinen Angelpunkt

»Die größte Herausforderung besteht darin, in einer Welt, in der alle versuchen, dich zu jemand anderem zu machen, du selbst zu sein.«

*E. E. Cummings, Dichter (1894–1964)*

Es gibt mehr als sieben Milliarden Menschen auf der Erde, und keine zwei davon sind identisch. Was uns wirklich voneinander unterscheidet, ist nicht unsere Hautfarbe, unsere Sprache oder unser Körper, sondern unser Sinn dafür, wer wir sind. Manche nennen diesen Sinn die Seele oder den Geist. Wie auch immer man ihn nennt, er hat einen Angelpunkt, einen festen Punkt auf Ihrer inneren Realitätskarte, der Ihnen Orientierung geben wird, wenn nicht klar ist, wohin Ihr Weg führt, oder wenn Sie auf Hindernisse stoßen. Dies ist der innere Takt, jene Stimme, die Ihnen in wichtigen Augenblicken etwas zuflüstert. Wahrscheinlich fragen Sie sich jetzt: »Habe ich einen Angelpunkt?« Wenn Sie ihn nicht kennen: Sind Sie bereit, ihn jetzt zu entdecken und ein authentisches Leben zu beginnen?

Um Ihren Angelpunkt zu finden, müssen Sie:

- Stellung beziehen
- sich Ihrer Bestimmung bewusst werden
- bereit sein, Risiken, Verluste und Fehlschläge in Kauf zu nehmen

Wenn Sie Ihren Angelpunkt nicht finden und nicht imstande sind, Ihr gesamtes Handeln damit zu verknüpfen, sodass Sie auch angesichts großer persönlicher Risiken die Frage »Warum tue ich das?« beantworten können, werden Sie sich leicht von den Umständen oder von den Wünschen anderer Menschen aus der Bahn werfen lassen. Der unablässig blasende Wind der Annehmlichkeit treibt Sie in eine Richtung. Die Böen des Leids zerren Sie in eine andere. Das hindert Sie daran, Ihr ideales Leben zu führen. Sie werden hin- und hergetrieben. Indem Sie Stellung beziehen und Ihre Bestimmung finden, werden Sie ein inneres GPS entwickeln. Dann können die Winde des Leids und der Annehmlichkeit Sie nicht mehr vom Kurs abbringen.

# Beziehe Stellung

»Wenn wir nicht Stellung beziehen, werden wir uns von allem mitreißen lassen.«

*Peter Marshall, Kaplan des US-Senats (1902–1949)*

Gegen Ende meiner Ausbildung an der Officer Candidate School (OCS) kam der Kommandant vom Übungsplatz herein, um das Kandidateninterview mit mir zu führen. Der 1,85 Meter große, dunkelhäutige, durchtrainierte SEAL-Commander saß in seinem Büro auf der Schreibtischkante und sah mich durchdringend an. Es vergingen zehn Minuten, ohne dass er ein Wort sagte. Ich saß da und versuchte, mich nicht aus der Ruhe bringen zu lassen. Ich musste an die Starrwettkämpfe mit meinem Bruder Brad denken. Als ich dieses Kinderspiel gespielt hatte, hatte ich nicht geahnt, dass ich eine Fähigkeit trainierte, die unerlässlich war, wenn man Aufnahme in eine Bruderschaft von Elitesoldaten finden wollte. Das »Tausend-Meilen-Starren« ist ein wichtiges Kennzeichen eines SEAL, und ich kann Ihnen versichern, dass Commander Woody ein Meister darin war.

Nach einer Weile dämmerte es mir: Mein Verhalten in dieser kleinen Prüfung meiner Selbstbeherrschung würde ihm wichtige Aufschlüsse über meinen Charakter liefern. Würde ich das brutale BUDS-Training durchstehen? Würden mich die zermürbende Hitze des südostasiatischen Dschungels oder die eisige Kälte der arktischen Tundra zermürben? Würde ich in einem Verhör zusammenbrechen? »Was sieht er?«, fragte ich mich, während ich mich bemühte, seinen Blick gelassen zu erwidern. Plötzlich durchbrach er die Stille mit einer verblüffenden Frage.

»Wofür stehen Sie, Mark?«

Puh! Endlich. »Nun, also, ich stehe für Gerechtigkeit, Integrität und Führung«, antwortete ich.

»Ich habe nicht nach Ihren Schönwetterwerten gefragt, Junge! Ich will wissen, welches Ihre felsenfesten Überzeugungen sind. Wo ziehen Sie eine Grenze, die Sie nicht überschreiten werden? Ich will nicht hören, was Sie nach Meinung Ihrer Familie oder der Gesellschaft glauben sollten.«

Anscheinend machte mein fröhliches, manchmal etwas übermütiges Wesen (das bei einem jungen Mann oft mit Selbstvertrauen verwechselt wird) keinen großen Eindruck auf ihn. Also nahm ich mir einen Augenblick Zeit und dachte gründlicher über seine Frage nach. Ich dachte an meine Erziehung, an all die sportlichen Wettkämpfe, an meine Bildung, an die langen Wanderungen mit meinem Vater in den Adirondacks. Was hatten mich diese Erfahrungen über unverrückbare Überzeugungen gelehrt? Ich war nicht sicher. Ich nahm an, dass die unverrückbaren Positionen, die ein Mensch einnahm, auf seinen Charakter schließen ließen. Was für einen Charakter hatte ich? Ich dachte an die Schule zurück, in der ich in den letzten vier Jahren wirklich wichtige Dinge gelernt hatte: das Seido-Karate-Dojo. Mir wurde klar, dass mein reifendes Weltverständnis und meine ethische Grundhaltung in erster Linie von den Kriegerprinzipien geprägt worden waren, die ich mir unter Großmeister Nakamuras wachsamen Augen angeeignet hatte.

Während eines Wochenendes im Zen Mountain Monastery in Woodstock (New York) hatte uns Großmeister Nakamura nach einer Meditationsstunde und zwei Stunden körperlichem Training einen kurzen Vortrag gehalten, auf den ich mich im Offiziersanwärterinterview stützte. »Wenn Ihr eure ganze Aufmerksamkeit auf jeden einzelnen Augenblick richtet, wird ein Tag zu einem Leben voller Erlebnisse und Lernerfahrungen«, hatte er gesagt. »Wir trainieren nicht nur den Körper. Ihr müsst euren Verstand, euren Körper und euren Geist trainieren. Es ist leicht, durch Training beweglicher und körperlich stärker zu werden. Aber was ist mit eurem *kokoro*, eurem Geist? Mit diesem Training arbeitet Ihr hart, um auch die Steifheit des Geistes zu beseitigen. Genau das tun wir, tagein tagaus. So erlangt Ihr die Kontrolle über euer Schicksal.«

Als ich mir Nakamuras Worte in Erinnerung rief, fand ich meine Stimme und sagte zum Commander: »Das Schicksal begünstigt den, dessen Verstand, Körper und Geist vorbereitet sind.«

»Sehr gut!«, sagte er. Sein Gesichtsausdruck verlor ein wenig von seiner Strenge. »Jetzt kommen wir voran. Was noch?«

Ich sprach weiter und durchforstete mein Inneres nach den »Linien im Sand«. Es war eine schwierige Aufgabe. Später am Abend dachte ich über dieses schicksalhafte Gespräch nach und brachte meine persönliche Grundhaltung zu Papier:

- Das Schicksal wird mir gewogen sein, wenn mein Verstand, mein Körper und mein Geist gerüstet sind.
- Es wird mir nichts in den Schoß fallen. Ich muss härter arbeiten, als von mir erwartet wird, und ich muss geduldiger als andere sein.
- Niemand hat von vornherein ein Recht zu führen. Zu führen ist ein Privileg, das man sich durch sein Handeln verdienen muss.
- Als Krieger werde ich der Letzte sein, der das Schwert zieht, aber ich werde kämpfen, um mich, meine Familie, mein Land und meine Lebensart zu verteidigen.
- Ich werde mich bemühen, in der Gegenwart zu leben, mit der Vergangenheit im Reinen zu sein und meine ideale Zukunft aufzubauen.
- Ich werde Frieden und Glück finden, indem ich Wahrheit, Weisheit und Liebe suche, anstatt nach Reichtum, Titeln oder Ruhm zu streben.
- Ich werde mich jeden Tag bemühen, mich selbst, mein Team und die Welt zu verbessern.

Die meisten Menschen nehmen sich nicht genug Zeit, um sich gründlich mit ihrem persönlichen Ethos auseinanderzusetzen. Ich tat es erst, als ich von einem guten Vorgesetzten dazu gezwungen wurde. Aber als es mir gelungen war, meine Grundhaltung klar zu beschreiben, gab sie mir Orientierung. Wenn ich mit unklaren und schwierigen Entscheidungen konfrontiert wurde, stellte ich mir die Frage, ob eine bestimmte Wahl mit meiner Grundhaltung vereinbar war. Musste ich von meiner Grundhaltung abweichen, um diese Option wählen zu können, so verwarf ich sie. Ein gutes Beispiel dafür war meine Entscheidung, aus dem aktiven Dienst in der Navy auszuscheiden.

Kurz nach meiner Heirat im Dezember 1994 wurde ich dem SEAL Delivery Vehicle Team 1 in Hawaii zugeteilt. Meine frisch angetraute Frau Sandy begleitete mich, und wir richteten uns auf der Insel häuslich ein. Meine Vorgesetzten versicherten mir wiederholt, ich würde »in absehbarer Zukunft« nicht ins Ausland entsandt, aber nach nur zwei Wochen erhielt ich den Marschbefehl nach Korea. Sandy war plötzlich vollkommen allein – wir waren erst so kurze Zeit in Hawaii, dass wir noch kaum Kontakte geknüpft hatten. Nach zwei Monaten kehrte ich heim. Einmal mehr hieß es, ich würde eine Weile nicht versetzt, aber erneut dauerte es nur zwei Wochen, bis ich für sechs Wochen nach Kalifornien geschickt wurde.

Bei meiner Rückkehr sah ich die Zeichen an der Wand. »Ich schaffe das nicht«, gestand Sandy. »Es war mir klar, dass du manchmal fort sein würdest, aber das hier ist einfach zu viel. Wenn unser Leben so aussehen wird, glaube ich nicht, dass es funktionieren kann.« Wir liebten uns, aber es war klar, dass die Erfordernisse der Navy ungeachtet meiner Versprechen immer an erster Stelle stehen würden. Ich würde jedes Jahr zehn Monate fort sein. Plötzlich verstand ich den Sinn der alten Redensart der Seeleute: »Wenn die Marine wollte, dass du eine Ehefrau hast, hätte sie dir eine zugeteilt.« Ich war seit sechseinhalb Jahren bei den SEALs und liebte das Abenteuer, die Missionen, das Zusammensein mit meinen Kameraden. Aber ich liebte auch meine Frau und wollte eine Familie gründen. Es war eine extrem schwierige Entscheidung, aber ich besann mich auf meine Grundhaltung: »Ich werde mich bemühen, in der Gegenwart zu leben, mit der Vergangenheit im Reinen zu sein und meine ideale Zukunft aufzubauen.« Als entschied ich mich im Jahr 1996 für meine Ehe, schied aus dem aktiven

Dienst aus und ließ mich der Reserve zuteilen. Nach 20 wunderbaren Jahren mit Sandy, von denen wir 14 mit unserem Sohn Devon geteilt haben, kann ich mit Überzeugung sagen, dass es die richtige Entscheidung war.

Indem wir eine »Grundhaltung« entwickeln, schaffen wir ein Fundament für unser alltägliches Handeln. Ausgehend von diesem Fundament können wir unsere Lebensziele anstreben. Unsere Grundhaltung beantwortet die Frage »Was würde ich tun?«. Was würden Sie tun, wenn Sie in Ihrer Organisation beobachteten, dass gegen die ethische Integrität verstoßen wird? Wenn Ihr Teamkollege Hilfe braucht? Wenn die Schuld an einem Fehler, den Sie begangen haben, jemand anderem gegeben wird? Wenn Ihr Land, Ihre Gemeinde oder Ihre Familie Sie braucht? Was werden Sie tun? In Ihrer Grundhaltung kommt Ihr Charakter zum Ausdruck, der Ihr Verhalten leiten wird.

Ein ausgezeichnetes Beispiel dafür ist der SEAL-Ethos, der Einblick in die Denkweise eines Elitesoldaten gibt. Die SEAL-Teams gaben diese unerschütterliche Grundhaltung ursprünglich durch ihre Kultur und ihre Legenden weiter. Im Lauf der Zeit (die SEALs, die wir heute kennen, gingen im Jahr 1963 aus den legendenumwobenen Underwater Demolition Teams hervor) wurde der Führung der SEALs klar, dass der Ethos der Elitetruppe kodifiziert und schriftlich festgehalten werden sollte, um den kommenden Generationen von Kampfschwimmern Orientierung zu geben. Im Jahr 2006, 16 Jahre nach meinem Eintritt in die Truppe, entstand das Dokument, das heute als SEAL-Ethos bekannt ist (siehe Kasten auf Seite 35). Obwohl dies kein persönlicher, sondern ein Gruppenethos ist, eignet er sich auch hervorragend zur Festlegung der individuellen Grundhaltung. Ich habe immer wieder Bestandteile des SEAL-Ethos auf mein eigenes Leben angewandt. Hier eine abgekürzte Version:

- Sei loyal gegenüber deinem Land, deinem Team und deinem Kameraden.
- Diene auf dem Schlachtfeld und abseits davon mit Ehre.
- Sei bereit, zu führen und zu folgen, und gib niemals auf.
- Übernimm Verantwortung für dein Handeln und das Handeln deiner Teamkameraden.
- Erweise dich dank Disziplin und Innovation als herausragender Krieger.

- Bereite dich auf den Krieg vor, kämpfe für den Sieg, und besiege die Feinde unserer Nation.
- Verdiene dir deinen Trident jeden Tag.

Um im Feld führen zu können, müssen wir zunächst uns selbst kennen. Wir müssen unser wahres Wesen in- und auswendig kennen. Wenn wir im vollen Bewusstsein unserer Grundhaltung leben, können wir uns unserer Angst mutig stellen. Angst ist natürlich. Wir dürfen sie nicht meiden, sondern müssen uns ihr stellen, um sie zu verstehen. Den Weg des SEAL zu gehen bedeutet, angesichts der Angst den Mut zum Handeln zu finden.

# Das Ethos der Navy SEALs

## Dies ist die Grundhaltung, die jeder SEAL lernt:

In Zeiten des Kriegs oder der Unsicherheit steht eine besondere Art von Kriegern bereit, um sich in den Dienst der Nation zu stellen. Der SEAL ist ein gewöhnlicher Mann mit einem ungewöhnlichen Erfolgshunger. Im Kampf gegen Widrigkeiten gewachsen, steht er an der Seite der besten amerikanischen Elitesoldaten bereit, um seinem Land und dem amerikanischen Volk zu dienen und dessen Lebensart zu verteidigen. Ich bin dieser Mann.

Mein Trident-Abzeichen ist ein Symbol für Ehre und für das große Vermächtnis der Helden, die vor mir gedient haben. Es steht für das Vertrauen, das diejenigen, die zu schützen ich geschworen habe, in mich setzen. Als Träger des Trident nehme ich die Verantwortung an, die mit meinem Beruf und meiner Lebensführung einhergehen. Den Trident zu tragen, ist ein Privileg, das ich mir jeden Tag von Neuem verdienen muss. Meine Loyalität gegenüber meinem Land und meinem Team sind über alle Zweifel erhaben. Ich bin ein demütiger Hüter meiner amerikanischen Landsleute, stets bereit, jene zu verteidigen, die sich nicht selbst verteidigen können. Ich brüste mich meiner Tätigkeit nicht und strebe nicht nach Anerkennung für meine Taten. Ich akzeptiere aus freien Stücken die Gefahren, die mit meinem Beruf einhergehen. Ich stelle das Wohlergehen anderer über mein eigenes und die Sicherheit anderer über meine eigene. Ich diene auf dem und abseits des Schlachtfelds ehrenhaft. Meine Fähigkeit, meine Emotionen und mein Handeln ungeachtet der Umstände zu beherrschen, hebt mich von anderen Menschen ab. Unverbrüchliche Integrität ist mein Maßstab. Mein Charakter und meine Ehre sind unerschütterlich. Mein Wort bindet mich.

Wir erwarten, zu führen und geführt zu werden. In Ermangelung anderer Führer werde ich in die Bresche springen und meine Teamkameraden führen, um die Mission erfolgreich abzuschließen. Ich führe in allen Situationen durch mein Beispiel. Ich werde nie aufgeben. Ich bleibe beharrlich und wachse an Widerständen. Meine Nation erwartet von mir, körperlich härter und mental stärker zu sein als meine Feinde. Werde ich niedergeschlagen, so stehe ich wieder auf. Ich werde alle Kraft aufbringen, die mir bleibt, um meine Kameraden zu schützten und die Mission zu erfüllen. Ich werde nie aufhören zu kämpfen.

Wir fordern Disziplin. Wir erwarten Innovation. Das Leben meiner Kameraden und der Erfolg unserer Mission hängen von mir ab: von meinen technischen Kenntnissen, meinem taktischen Können und meiner Aufmerksamkeit für Details. Meine Ausbildung ist nie abgeschlossen. Wir trainieren für den Krieg und kämpfen, um zu siegen. Ich stehe bereit, die gesamte Kampfkraft einzusetzen, um meine Mission zu erfüllen und die Ziele zu erreichen, die mein Land mir gesteckt hat. Wenn es erforderlich ist, werde ich meine Pflicht kurzentschlossen und gewaltsam erfüllen, dabei jedoch stets die Prinzipien hochhalten, die ich verteidige. Tapfere Männer haben gekämpft und sind gestorben, um die stolze Tradition aufzubauen, die ich hochhalten werde, und um meiner gefürchteten Einheit zu großem Ansehen zu verhelfen. In der schlimmsten Lage wird das Vermächtnis meiner Teamkameraden meine Entschlossenheit festigen und jede meiner Handlungen lenken. Ich werde nicht versagen.

# Finde deine Bestimmung

**»Erkenne dich selbst.«**

*Griechisches Sprichwort am Eingang des Orakels von Delphi*

Im Interview mit Commander Woody sagte ich abschließend: »Ich glaube, dass wir alle eine gottgegebene Bestimmung haben und kein erfülltes Leben führen können, solange es uns nicht gelingt, diese Bestimmung auf sinnvolle Art zu erfüllen.«

»Und was ist Ihre Bestimmung?«, fragte er.

»Ein Krieger und Führer zu sein. Die Herrschaft über mich selbst zu erlangen, damit ich dieser Bestimmung gerecht werden kann.«

Dass dies meine Bestimmung war, mein Daseinszweck, war mir bewusst, seit ich jenes Werbeposter für die SEALs gesehen hatte, aber nie zuvor hatte ich sie so klar gesehen wie in jenem Augenblick, als ich meine Grundhaltung zum Ausdruck brachte. Es gibt einen wesentlichen Unterschied zwischen der Bestimmung und der Grundhaltung eines Menschen: Unsere Grundhaltung setzt sich aus unseren grundlegenden Überzeugungen zusammen. Zum Beispiel verließ ich nach der Episode bei Kane meine Beratungsfirma, weil ich nicht für ein Unternehmen arbeiten konnte, dem es einzig und allein ums Geld ging und das dafür das Wohlergehen von Menschen opferte. Diese Grundhaltung half mir, meine Bestimmung zu finden: Ich sah, dass die SEALs für diametral entgegengesetzte Werte standen: In ihrem Leben drehte sich alles um Integrität, Ehre, authentische Führung und das Handeln in einer auf dem Vertrauen aufbauenden interdependenten Gemeinschaft. Es ging ihnen darum, inspirierende und bedeutsame Ziele zu erreichen.

Unsere Grundhaltung gibt die Antwort auf die Frage: »Was würde ich tun?« Unsere Bestimmung gibt die Antwort auf die Frage: »Warum bin ich hier?« Diese bedeutsame Frage beruht auf der Annahme, dass jeder von uns einen ganz speziellen Daseinszweck hat und der Welt etwas Besonderes anbieten kann. Ich habe die Erfahrung gemacht, dass das tatsächlich für alle Menschen gilt, obwohl wir tief schürfen müssen, um unsere Bestimmung zu finden.

## Was ist dein »Warum«?

Meine SEAL-Ausbildung begann mit einem zweistündigen Training am Strand, das so brutal war, dass sich rasch Schlangen von Aussteigern bildeten. Aber die Sonne schien auf den Strand von Coronado in Kalifornien, und wir wurden dafür bezahlt, zu trainieren. Trotz der momentanen Unannehmlichkeiten hatte ich das Gefühl, dass mich das Leben gut behandelte. Leider war mein Freund Bush anderer Meinung. In der Grundausbildung war er ein wilder Draufgänger gewesen, mit dem ich an den meisten Tagen nicht mithalten konnte, aber während wir im Sand Liegestütze machten, sah er zu mir herüber und sagte: »Mark, ich schaffe das nicht.«

Ich brüllte ihm zu: »Bush, wir haben gerade erst angefangen. Halt den Mund und beiß dich durch.« Ein paar Minuten lang schien es zu funktionieren, aber dann schickte uns der Ausbilder, Lieutenant Zinke, ins Wasser. Wir sprangen auf und liefen zum Ufer. Bush lief in die andere Richtung und läutete die Glocke: Damit gab er seinen Versuch auf, ein SEAL zu werden.

Als ich ihn später fragte, was passiert sei, zuckte er mit den Schultern und sagte verlegen: »Na ja, in Wahrheit wollte ich sowieso Tierarzt werden.« Er wirkte ganz gelassen, aber ich war fassungslos. Bush hatte mehrere Jahre geglaubt, dass er ein SEAL sein wollte, und das hatte er auch aller Welt erzählt. Er hatte alles dafür getan, jeden Tag trainiert und alles aus sich herausgeholt, um einen der wenigen Ausbildungsplätze zu ergattern. Aber in diesem entscheidenden quälenden Augenblick der Herausforderung hatte er aufgegeben.

In meiner Kokoro-Ausbildung frage ich meine Schüler: »Was ist euer Warum?« Ich höre ihnen aufmerksam zu, weil ihre Beweggründe oft Hinweise darauf geben, wer es schaffen wird und wer nicht. Ein Teilnehmer, ein SEAL-Anwärter, antwortete: »Ich will meinem Vater beweisen, dass ich das Zeug dazu habe.« Falsch. Das ist eine extrinsische Motivation, das heißt eine, die auf den Wertvorstellungen eines anderen Menschen beruht, und eine solche Motivation ist kein ausreichend starker Antrieb, wenn es hart auf hart kommt. Ein anderer, ein 40-jähriger Inhaber eines Fitnesscenters, antwortete: »Ich will ein besserer Mann werden, um ein besserer Vater sein zu können.« Dieser Mann war ein aussichtsreicher Kandidat, denn er hatte eine starke intrinsische Motivation: sie entsprang persönlichen Werten, die ihm wirklich am Herzen lagen.

Es ist kein Zufall, dass wir die Teilnehmer des Kokoro-Camps gleich zu Anfang einem legendären Training unterziehen, das als CrossFit Hero bezeichnet wird und das wir zu Ehren meines SEAL-Kameraden Lieutenant Michael Murphy auch »Murph« nennen. Im Verlauf der Operation »Red Wings« in Afghanistan enttarnten ein Schäfer und sein Sohn versehentlich die Position von Murphys vierköpfigem Team von Scharfschützen und Beobachtern. Kurz darauf fielen zahlreiche Taliban über die SEALs her. Murphy und seine Kameraden kämpften sich über einen zerklüfteten Berghang bis ins Tal hinab, wobei sie mehrfach getroffen wurden. Ohne Rücksicht auf seine eigene Sicherheit verließ Murphy die Deckung, um eine Stelle zu erreichen, von der aus er über das Satellitentelefon Hilfe herbeirufen konnte. Während er die Verbindung herstellte und die Position durchgab, wurde er von den feindlichen Kämpfern tödlich verwundet.

Murphy hatte in diesem entscheidenden Augenblick nicht aufgegeben, sondern dem SEAL-Ethos die Treue gehalten. Als Kommandant der Einheit wusste er, dass es seine Mission war, sein Team zum Erfolg zu führen und anschließend sicher zum Stützpunkt zurückzubringen. Diese Mission war Teil seiner Bestimmung, sein Land zu beschützen und seiner Nation zu dienen. Er konnte die Frage »Warum?« mit Bestimmtheit beantworten und das Richtige tun, selbst wenn ihn das alles kosten würde.

Was war der Unterschied zwischen meinem Freund Bush und Lieutenant Murphy? Im entscheidenden Augenblick wusste Bush keine Antwort auf die Frage »Warum?«. Er hatte keine Grundhaltung, die es ihm erlaubt hätte, sich an jenem Tag aus dem Sand zu erheben. Es fehlte ihm ein Angelpunkt, ein Sinn, an den er sich klammern konnte, als es schmerzhaft wurde. Murphy hingegen kannte seine Bestimmung als SEAL genau, und in der Krise gab seine Grundhaltung seinem Verhalten eine klare Richtung. Hätte Bush ein gleichermaßen klares Gefühl seiner Bestimmung und eine klare Grundhaltung gehabt – vielleicht eine, die ein Bekenntnis zur persönlichen Reifung durch harte Arbeit und zum Durchhalten beinhaltete –, so hätte er wieder auf die Beine kommen können.

Um es deutlich zu sagen: Wenn zu den Dingen, die auf dem Spiel stehen, unser eigenes Leben zählt, ist den meisten von uns ziemlich klar, was wichtig ist. Bush stand nicht vor einer Entscheidung über Leben und Tod und hatte sich die Frage »Was würde ich tun, wenn dies meine letzte Entscheidung wäre?« noch nicht gestellt. Er hatte keine klare Vorstellung davon, was in seinem Leben wichtig war. Murphys Schicksal ist ein extremes Beispiel, aber es zeigt, was Menschen zu leisten vermögen, wenn sie eine klare Grundhaltung haben, ihre Bestimmung kennen und diese als Angelpunkt benutzen. Entscheidend ist, dass es ein ehrenhaftes Ende ist, wenn ein Mensch seiner Bestimmung treu bleibt und den Tod findet (oder entlassen wird, ausscheidet oder etwas Ähnliches). Der wahre Krieger akzeptiert das. Selbstverständlich ist es ausgesprochen unwahrscheinlich, dass man je mit einer derart weitreichenden Entscheidung konfrontiert wird wie Murphy, aber stellen Sie sich vor, welche Möglichkeiten bestehen, wenn man auf einer Ebene, auf der von jeder Entscheidung Leben und Tod abhängen, Klarheit entwickelt. Mit einem solchen Maß an Erkenntnis zu leben, speist jede Entscheidung, die man in seinem Leben fällt, und ermöglicht eine intensive neue Erfahrung: Man wird alles tun, um das Leben zu führen, das einem bestimmt ist.

# Akzeptiere Risiken, Verluste und Fehlschläge

»Große Erfolge sind nur jenen beschieden, die auch bereit sind, große Fehlschläge hinzunehmen.«
*Robert F. Kennedy, US-Senator und Justizminister (1925–1968)*

Eine Bemerkung, bevor wir weitergehen. Es ist mir klar, dass es nicht leicht ist, Verluste und Fehlschläge zu riskieren. Mir fiel das sehr schwer, als ich darüber nachdachte, einen gut bezahlten Job in einem großen Unternehmen für den Militärdienst aufzugeben. Diese Entscheidung würde die finanzielle Unabhängigkeit, die mir zu jener Zeit sehr wichtig war, unwahrscheinlich machen.

Meine Entscheidung wurde auch durch das Wissen erschwert, dass dieser Karriereschnitt eine große Enttäuschung für meine Familie sein würde. Es bestand die Möglichkeit, dass ich mein Ziel, ein SEAL zu werden, nicht erreichen würde – ganz zu schweigen von der Möglichkeit, in der Ausbildung oder im Kampf zu sterben! Ob ich manchmal Angst hatte? Und ob! Trotz alledem wusste ich tief in meinem Inneren, dass ich auf dem richtigen Weg war. Das Universum hat mich seither viele Male für meinen Mut belohnt. Meine Familie hat die Enttäuschung überwunden, und meine Mutter liebt mich weiterhin.

Während wir auf dem Weg des SEAL reisen, werden sich Türen öffnen, und uns wird eine frische Brise voll neuer Möglichkeiten entgegenwehen, die nach Vergnügen, Schmerz oder beidem duftet. Wir können die offenen Türen ignorieren oder hindurchgehen. Der Weg durch die Türen ist die Wahl, die erfüllender sein wird. Wenn Sie sich dazu entschließen, werden Sie sich bald Ihren eigenen Trident verdienen.

# Übungen

## Persönliche Einschätzung nach der SEAL-Methode

Die Reise der Selbstentdeckung beginnt mit dieser mehrteiligen Übung. Am Anfang dieses ausgesprochen persönlichen Prozesses steht eine Entspannungs- und Kontemplationsübung. Bei der Beschäftigung mit den Fragen sollten Sie darauf achten, welche Bilder und Gefühle auftauchen: Diese ursprünglichen Eindrücke kommen aus Ihrem Unterbewusstsein und sind noch nicht gefiltert, analysiert und kategorisiert. Sie liefern die deutlichsten Hinweise auf Ihre Bestimmung. Versuchen Sie nicht, diese Eindrücke zu beurteilen, selbst dann nicht (oder vor allem dann nicht!), wenn die Botschaft erschreckend ist.

Beginnen werden wir mit Ihrer Grundhaltung, bei der es sich um Ihre felsenfesten Überzeugungen handelt. Anschließend werden Sie Ihre Werte definieren, an denen sich Ihr zukünftiges Verhalten orientieren wird, da sie Sie zu manchen Handlungen bewegen und sie von anderen abhalten werden. Anschließend werden Sie herausfinden, welche Dinge Ihnen am meisten bedeuten, denn diese Anliegen fördern Ihre Zielstrebigkeit und zeigen Ihnen, worauf Sie in Zukunft Ihre Energie richten sollten. Schließlich werden Sie Ihre Bestimmung entdecken. Oft wird Ihre Bestimmung Ihrer gegenwärtigen Lebenssituation widersprechen – und genau deshalb müssen Sie sie zutage fördern.

## Teil 1: Definiere deine Grundhaltung

Ihre Grundhaltung ist die Antwort auf folgende Frage: »Was würde ich tun?« Suchen Sie sich einen angenehmen Ort, an dem Sie sich mit Ihrem Tagebuch niederlassen können. Sie können sich einen Stuhl nehmen oder sich auf den Boden setzen und sich an die Wand lehnen. Achten Sie darauf, gerade zu sitzen. Schließen Sie die Augen und atmen sie mindestens fünf Minuten lang tief und ruhig. Entspannen Sie sich. Auf diese Art kommen Sie zur Ruhe, Sie bekommen einen klaren Kopf und finden Zugang zu Ihrem Unterbewusstsein. In diesem Zustand werden Sie offener für Bilder und Gefühle.

Nachdem Sie mindestens fünf Minuten tief geatmet haben, öffnen Sie die Augen. Sehen Sie sich die folgenden Fragen an. Schreiben Sie Ihre Antworten rasch nieder und halten Sie die Bilder und Gefühle fest, die in Ihnen aufsteigen.

- Was würde ich tun, wenn ich wüsste, dass ich nur noch ein Jahr zu leben hätte?
- Was würde ich tun, wenn meine Heimatstadt von einer Naturkatastrophe heimgesucht oder von einem Terroranschlag getroffen würde?
- Was würde ich tun, wenn mich ein Freund bitten würde, ihm beim Umzug zu helfen, obwohl ich an diesem Abend ins Kino gehen will?
- Was würde ich tun, wenn sich herausstellte, dass ein Unternehmen, das eines meiner Lieblingsprodukte erzeugt, Arbeiter ausbeutet und Umweltzerstörung betreibt?
- Was würde ich tun, wenn ich in der Lotterie gewinnen würde?
- Was würde ich tun, wenn jemand ohne Grund eine Prügelei mit mir anfängt?
- Was würde ich tun, wenn sich mir eine Gelegenheit zu einem Insidergeschäft bieten würde, von dem nie jemand erfahren würde?
- Was würde ich tun, wenn sich Mitglieder meines Teams in meiner Gegenwart über einen abwesenden Kollegen beschweren?

Stellen Sie sich die Frage, was Ihre Antworten über Ihren Charakter verraten. Beispielsweise würde ich auf die letzte Frage folgende Antwort geben: »Ich würde den Mund halten und mich nach Möglichkeit zurückziehen.« Das bedeutet, dass ich folgende Grundhaltung einnehme: »Ich respektiere das Recht anderer Leute, ihre Meinung zu sagen, aber ich werde mich nicht an Tratsch oder übler Nachrede beteiligen.« Was bedeutet es, wenn Sie auf die Bitte eines Freundes, ihm beim Umzug zu helfen, folgende Antwort geben: »Es tut mir leid, aber ich habe etwas vor.«? Das könnte ein Hinweis darauf sein, dass Sie eigennützig sind, anstatt an Ihren »Nächsten« oder Ihr Team zu denken. Dies ist eine wichtige Erkenntnis, denn die Selbsterkenntnis ist eine Vorbedingung für die persönliche Weiterentwicklung. Wenn Sie sich mit den Fragen auseinandersetzen, werden

Sie mehr über sich selbst erfahren und Bereiche entdecken, in denen Sie an sich arbeiten können. Ihre Grundhaltung sollte jenen Charakter verraten, den Sie sich selbst zusprechen, selbst wenn Sie zum gegenwärtigen Zeitpunkt noch nicht so weit sind.

Im Lauf der Zeit werden Sie sich abhängig davon, was Ihnen wichtig ist, eigene Fragen ausdenken – denken Sie daran, dass es nicht um meine, sondern um Ihre Grundhaltung geht. Versuchen Sie, zwischen sechs und zehn Aussagen zu formulieren, die Ihnen bedeutsam und richtig erscheinen.

## Teil 2: Definiere deine Werte

Als Nächstes müssen Sie sich Ihrer Wertvorstellungen bewusst werden. Nur so können Sie sich in eine Person verwandeln, die jeden Tag ihren Grundsätzen treu bleibt. Wertvorstellungen geben eine Antwort auf die Frage: »Wovon will ich in meinem Leben mehr oder weniger haben?«

Oft werden Führungsexperten Sie dazu bewegen, Ihre Wertvorstellungen nach Bedeutung zu ordnen und auf höchstens fünf oder sechs zu beschränken. Die meisten Leute nennen Werte wie Führung, Teamarbeit, Familie und Glauben. Ich denke, dass diese Werte bei jedem, der den Weg des SEAL gehen will, selbstverständlich sind. Ich möchte, dass Sie sich in dieser Übung auf persönlichere Werte konzentrieren, die Sie zu einer besseren und stärkeren Person machen werden. Indem Sie diese Werte ermitteln und anwenden, werden Sie sich daran gewöhnen und sie in Tugenden verwandeln, die fest in Ihrem Charakter verwurzelt sind, statt nur Worte in einer Liste zu sein.

Halten Sie fest, in welchen Bereichen Sie sich weiterentwickeln wollen, und schreiben Sie ein paar Dinge auf, von denen Sie sich lösen wollen. Zur Orientierung finden Sie hier die Werte, auf die ich mich stütze, um ein gutes Leben zu führen. Ich habe sie so definiert, dass sie dem entsprechen, was ich sein möchte (Sie können auch einfach die Grundwerte selbst auflisten, zum Beispiel Gesundheit, positives Denken, Liebe, Leidenschaft usw.):

- gesund und positiv
- liebevoll und leidenschaftlich
- klug und authentisch
- dankbar und wahrhaftig
- verspielt und vergnügt
- lernend und wachsend
- kühn und entschlossen
- im Dienst anderer Menschen

Beispiele aus der Liste der »Werte«, von denen ich mich entfernen möchte, sind:

- negativ und ablehnend
- unbeweglich und durcheinander
- selbstsüchtig

Sie können Ihre Wandlung erheblich vorantreiben, indem sie kleine Handlungen auflisten, die sie den einzelnen Werten näher bringen oder davon entfernen. Ein Beispiel: Ich nähere mich dem Wert »Gesund und positiv« an, wann immer ich mich gut ernähre, mir genug Flüssigkeit zuführe, über meine Gesundheit nachdenke, meditiere oder trainiere. Solche kleinen Schritte machen es mir leicht, die Werte Gesundheit und positive Einstellung zu einer Gewohnheit zu machen und neue Charakterzüge anzunehmen.

## Teil 3: Entdecke deine Passion

Wenden wir uns einem vergnüglichen Gedankenspiel zu. Wenn Ihnen klar ist, was Sie leidenschaftlich gern machen, können Sie sich intensiver damit beschäftigen, und das wird Ihnen dabei helfen, positive Veränderungen anzustreben! In Ihren Vorlieben finden Sie die Antwort auf die Frage »Wer bin ich in meinem Innersten?« Mit einiger Sicherheit deuten Ihre Leidenschaften auf Ihre Bestimmung hin, die das Endziel dieser Übung ist. Das Ergebnis ist die Entschlossenheit, Ihr Engagement in einer Aktivität zu vertiefen, die Sie als sinnvoll und erfüllend empfinden. Außerdem wird es Ihnen helfen, Ihre Bestimmung zu finden, sodass Sie Ihre Aktivitäten darauf abstimmen können, um Zufriedenheit, Erfolg und etwas Bedeutsames zu erreichen.

Als Erstes sollten Sie sich die folgenden Fragen stellen. Stellen Sie sie eine nach der anderen und schreiben Sie alles auf, was Ihnen in den Sinn kommt. Und denken Sie daran: Konzentrieren Sie sich auf die ersten Gedanken und vermeiden Sie Urteile.

1. Welche Bücher, Filme, Kunstwerke oder Musikstücke begeistern Sie?
2. Wer inspiriert Sie und warum?
3. Welche Ihrer Eigenschaften geben Ihnen ein gutes Gefühl?
4. Welchen Aktivitäten würden Sie nachgehen, wenn Sie mehr Zeit hätten und durch nichts eingeschränkt würden?
5. Was an diesen Aktivitäten empfinden Sie als sinnvoll?
6. Welchen Nutzen hätten diese Aktivitäten für andere?
7. Könnten Sie die Welt verbessern – und sei es auch nur ein kleines bisschen –, indem Sie sich mehr auf diese Aktivitäten konzentrieren?
8. Was wäre nötig, um Sie dazu zu bewegen, einer dieser Aktivitäten nachzugehen?

So wie bei der Beschreibung Ihrer Grundhaltung werden Sie auf eine Chance zum tiefgründigen Nachdenken stoßen, wenn Sie entdecken, dass Ihre Antworten eher auf negative Auswirkungen hindeuten – zum Beispiel, wenn Ihre Aktivitäten keinen Nutzen für andere Menschen haben oder wenn Sie nicht die geringsten positiven Auswirkungen auf die Welt erkennen können. Was motiviert Sie wirklich im Leben?

## Teil 4: Entdecke deine Bestimmung

Dies ist der Schritt, der vielen meiner Schüler am schwersten fällt. Um eine möglichst große Wirkung zu erzielen, rate ich Ihnen, über eine Bestimmung nachzudenken, bei der es darum geht, »etwas zu sein«. In meinem Fall bestand das erste Lebensziel, das ich artikulierte, darin, ein Krieger-Führer zu sein und die Herrschaft über mich selbst zu erlangen, um dieser Bestimmung möglichst gut gerecht werden zu können. Während ich meiner Bestimmung folgte, setzte ich mir natürlich einige Ziele für externe Erfolge, darunter das Trident-Abzeichnen (mit dem jene ausgezeichnet werden, die die harte zweijährige SEAL-Ausbildung überstehen), die Führung eines SEAL-Zugs und die Verwandlung in einen ausgezeichneten Trainer. Aber diese Meilensteine waren nicht mein vorrangiges Ziel. Es ging mir nicht um den Erwerb eines Titels oder einer Position, sondern um den persönlichen Wandel. Es war nicht mein Ziel, »ein SEAL zu werden und den Admiralsrang zu erreichen«. Obwohl eine solche Zielsetzung technisch beinhaltet, »etwas zu sein«, rückt sie nicht den Inhalt, sondern nur das Etikett in den Mittelpunkt.

Warum ist eine klar definierte Bestimmung so wichtig? Weil Sie nicht wissen, auf welche Abzweigungen und Umwege sie im Verlauf Ihrer Reise stoßen werden. Die Formulierung einer Bestimmung, »etwas zu sein«, wird Ihnen Richtung und eine starke innere Motivation geben und gleichzeitig Raum für Flexibilität, Spontaneität und Veränderungen während der Reise schaffen. Wenn Sie sich nur »Leistungen« zum Ziel machen, beschränken Sie sich auf eine eng definierte Rolle, was Enttäuschungen zur Folge hat, wenn die Dinge nicht so laufen, wie Sie es sich vorgestellt hatten.

Gestützt auf die neue Selbsterkenntnis, die Sie dank der Übungen in Teil 1 und 3 gesammelt haben, können Sie alle Möglichkeiten erwägen, die anscheinend mit Ihrer Leidenschaft, Ihren Werten und Ihrer Grundhaltung in Einklang sind. Als ich Mitte zwanzig war, galt meine Leidenschaft der persönlichen Weiterentwicklung, der Fitness, dem Abenteuer, der Führung von Menschen und den Kampfkünsten. Als ich in mein Inneres blickte und nach meiner Bestimmung suchte, begann ich natürlich an Karrieren zu denken, die sich mit dem ersten Bild deckten, das vor meinem inneren Auge aufgetaucht war, als ich jenes SEAL-Poster mit dem Slogan »Werde jemand Besonderer« gesehen hatte. Ich sah mich als jemand, der abenteuerliche Missionen erfüllte, riskante und schwierige Führungsaufgaben übernahm und einer Tätigkeit nachging, die eine ausgezeichnete körperliche Vorbereitung erforderte und dem entsprach, was ein wahrer Krieger nach meiner Überzeugung tat. Es boten sich mehrere militärische und geschäftliche Optionen

an, aber am Ende hielt ich an den SEALs fest. Später, als ich mir zusehends meiner selbst bewusst wurde, entdeckte ich eine noch tiefere Bestimmung, die auf
einer inneren Motivation beruhte. Heute ist es mein Ziel, »die Herrschaft über
mich selbst zu erlangen, sodass mich Wahrheit, Weisheit und Liebe durchströmen können. Ich will ein Beispiel geben und andere inspirieren und unterweisen,
um zu einem positiven persönlichen und globalen Wandel beizutragen.«

Nehmen Sie sich Zeit und schreiben Sie einige Sätze oder Absätze nieder, die
Ihren Daseinszweck beschreiben. Greifen Sie oft darauf zurück und entwickeln
Sie diese Aussagen weiter, wenn Sie neue Erkenntnisse sammeln. Ich setze mich
jeden Tag mit meiner Bestimmung auseinander. Oft ändere ich eine geplante
Handlung oder auch ein Wort in meiner Erklärung. Die Grundhaltung, die
Werte, die Leidenschaft und sogar das Lebensziel reifen und verändern sich so
wie Sie selbst. Sie sollten sie also nicht in Stein meißeln, da Ihre Entwicklung
sonst zum Stillstand kommt!

## Stelle dir dein »zukünftiges Ich« vor

Wenn Sie mit den Ergebnissen der vorangegangenen Definitionen zufrieden
sind, ist der Zeitpunkt gekommen, sich ein Bild davon zu machen, wie Sie
in Ihrer vollkommensten Form aussehen würden, wenn Sie Ihre Bestimmung
erfüllen und ein leidenschaftliches Leben entsprechend Ihren Werten führen
ohne von Ihrer Grundhaltung abzuweichen. Diese Vorstellung wird Ihre Selbstentdeckung begünstigen und Ihnen eine anregende, motivierende Vorstellung
liefern, die Sie stets an den Grund dafür erinnern wird, warum Sie all diese
Mühe auf sich genommen haben! Außerdem wird Ihre Vorstellungskraft geschult, an deren Entwicklung wir in diesem Buch unablässig arbeiten werden.

Ich selbst machte Anfang zwanzig eine der eindrücklichsten Erfahrungen mit
der Visualisierung. Neun Monate, nachdem ich meinen Job in New York aufgegeben hatte – ich war zu diesem Zeitpunkt noch nicht in die SEAL-Ausbildung
aufgenommen worden – begann mein Erfolgshunger zu schwinden. Um nicht
von der Mutlosigkeit in die Niedergeschlagenheit abzurutschen und schließlich

aufzugeben, unterzog ich mich einer rigorosen Visualisierungspraxis, die mir eine konkrete mentale und emotionale Richtung auf dem Weg zu dem Mann wies, der würdig sein würde, den Trident zu tragen. Ich brauchte einen visuellen Ausgangspunkt. Also folgte ich ausgerüstet mit dem SEAL-Rekrutierungsvideo *Be Someone Special* den Anweisungen, die ich in Teil 1 der mehrteiligen Übung auf Seite 42 für Sie zusammengefasst habe: Ich ließ mich an einem angenehmen Ort nieder, atmete tief, schloss die Augen und tauchte in eine mentale Version des Videos ein. Ich sah mich, wie ich lief, tauchte, schoss, mich abseilte und ein kleines Schlauchboot durch die Brandung steuerte. Wann immer ich das tat, sah ich mich in jeder Aktivität ausgezeichnete Leistungen bringen. Ich führte sogar im Geist Gespräche mit anderen SEALs und Ausbildern. Mit jeder Übung wurde diese Geschichte realer für mich. Ich visualisierte sogar den Augenblick, in dem ich mein Trident-Abzeichen angesteckt bekam, einschließlich des warmen Sonnenlichts, des Jubels der versammelten Menschenmenge und der Gefühle, die mich durchströmten.

Nachdem ich etwa sechs Monate lang täglich geübt hatte, begann ich zu spüren, dass sich etwas änderte. Die Veränderung war zunächst subtil, wurde jedoch immer deutlicher spürbar, als ich mehr Energie in meine mentale Übung steckte. (Die Visualisierung zur Vertiefung von Fähigkeiten verbesserte auch meine körperliche Leistungsfähigkeit erheblich, aber damit werden wir uns bei Prinzip 3 befassen.) Ich hatte keinen Zweifel mehr daran, dass es mir gelingen würde, ein SEAL zu werden. Ich hoffte nicht mehr darauf, sondern hatte das Gefühl, dass dies mein Schicksal war! Diese Gewissheit trieb mich an, mich körperlich noch besser vorzubereiten, um andere Kandidaten zu überflügeln und dem Rekrutierungsoffizier zu beweisen, dass ich alles mitbrachte, was ein SEAL brauchte. Schon bald erzielte ich bei den Tests die besten Ergebnisse meiner Ausbildungsgruppe und wurde von meinem Rekrutierungsoffizier empfohlen. Obwohl ich mit 25 Jahren bereits relativ alt für einen SEAL-Anwärter war und keinerlei militärische Ausbildung besaß, gehörte ich zu der Handvoll Auserwählter, die in jenem Jahr mit einem SEAL-Vertrag zur OCS-Ausbildung zugelassen wurden.

Auch wenn Sie sich der Aufgabe im Augenblick nicht gewachsen fühlen oder sich tatsächlich nicht in der geeigneten Verfassung befinden, müssen Sie sich in Ihrer idealen Verfassung vorstellen, ihre persönliche Leistungsfähigkeit aktivieren und in Übereinstimmung mit Ihrer Grundhaltung und Ihrer Bestimmung leben. Bei den SEALs lernte ich, dass Vollkommenheit unmöglich ist. Aber eine vollkommene Bemühung ist möglich. Indem wir uns eine »vollkommene« Version von uns vorstellen, können wir uns dieser Version in der Realität langsam annähern.

**Schritt 1:** Suchen Sie sich einen angenehmen Ort, an dem Sie sich mit Ihrem Tagebuch niederlassen können (ich empfehle Ihnen den Ort, den Sie auch für Ihre SEAL-Einschätzung genutzt haben). Diesen Ort können Sie zu Ihrem »Sitzplatz« oder Meditationsraum machen. Schließen Sie die Augen und nehmen Sie sich mindestens fünf Minuten Zeit für die tiefe Zwerchfellatmung. Atmen Sie ruhig und entspannen Sie sich. Nachdem sie mindestens fünf Minuten tief durchgeatmet haben, beginnen Sie mit der folgenden Visualisierungsübung.

**Schritt 2:** Beschwören Sie vor Ihrem inneren Auge ein Bild herauf, das Sie in drei Monaten in Ihrem idealen Zustand zeigt. Sehen Sie sich, wie Sie bereits ihre Zwischenziele erreicht haben. Sie befinden sich in einem ausgezeichneten Gesundheitszustand und besitzen sämtliche Charakterzüge, die Ihrer Grundhaltung, Ihren Werten und Ihrer Bestimmung entsprechen. Wenn das Bild klar wird, fügen Sie Farben, Ton, Emotionen und Bewegung hinzu, so als würden Sie sich selbst in einem Film sehen. Dieser Vorgang sollte wenige Minuten dauern.

**Schritt 3:** Spulen Sie weiter und wiederholen Sie die Visualisierungsübung. Entwerfen Sie jetzt ein Bild von sich in einem Jahr. Wenn Sie wollen, können Sie sich anschließend vorstellen, an welchem Punkt Sie sich in drei Jahren befinden werden.

**Schritt 4:** Wenn Sie mit den Visualisierungen von Ihrem »zukünftigen Ich« zufrieden sind, müssen Sie sie alle auf den gegenwärtigen Augenblick übertragen und sich vorstellen, Sie wären jetzt diese Person. Sehen Sie sich als die Person, die sich bereits ihren persönlichen Trident verdient hat. Sie verdienen die Auszeichnung und versetzen sich vollkommen in diese Vision. Wenn Sie fertig sind, öffnen Sie einfach die Augen und setzen Sie Ihre heutigen Aktivitäten fort. Ihr Unterbewusstsein wird seine Arbeit machen.

# Behalte das Ziel im Visier

»Richte deine Augen über Kimme und Korn auf das Ziel.«

*SEAL-Ausbilder*

Der ohrenbetäubende Lärm der Hubschrauberrotoren erfüllte die Finsternis. Der Sprungtrainer drehte den Daumen nach oben, als die grüne Lampe aufleuchtete. Ich sprang hinaus in die Dunkelheit. Die Aufziehleine machte ihre Arbeit. Ich zählte: Eintausendeins, eintausendzwei, eintausenddrei. Ich sah hinauf, um den Schirm zu prüfen. *Puh. Scheint alles zu klappen.*

Über mir in der Dunkelheit konnte ich den Umriss des Schirms meines Kameraden Chris sehen. Da stimmte etwas nicht. Ich sah genauer hin: Tatsächlich, er kam auf mich zu. Die Standardanweisung bei einem drohenden Zusammenstoß in der Luft lautet, dass beide Springer an der rechten Steuerleine ziehen, um sich voneinander zu entfernen. Ich drehte nach rechts ab. Chris drehte nach links ab und stieß mit mir zusammen.

Mein Schirm fiel zu einem wabbligen Tuch zusammen. Ich stürzte ab und fiel immer schneller. Ich war 26 Jahre alt, und mein Leben würde noch etwa acht Sekunden dauern.

Mein Denken verlangsamte sich. Mein Atem verlangsamte sich. Die Zeit verlangsamte sich. Jede Sekunde schien eine Minute zu dauern, während ich die

Checkliste der Korrekturmaßnahmen durchging. An der Leine ziehen, um wieder Luft in den Schirm zu bekommen. Keine Reaktion. An der Leine des Reserveschirms ziehen, auf den Sack schlagen, den Schirm herausreißen und mit aller Kraft in den Wind schleudern. Es half nichts: Der Reserveschirm schoss in die Höhe und flatterte ein wenig um den Hauptschirm herum. *Ich bin erledigt.* Ich atmete erneut tief durch und zog noch einmal an den Leinen. Ich verabschiedete mich und betete darum, mein Leben möge so gut gewesen sein, dass ich in wenigen Augenblicken kein Feuer, sondern ein weißes Licht sehen würde.

Plötzlich füllte sich der Schirm mit ein bisschen Luft, die ihn verlangsamte, und im nächsten Augenblick schlug ich wie eine Ladung Ziegelsteine auf dem Boden auf. Der Schirm hatte sich nur teilweise gefüllt, aber es hatte genügt, um den Fall so zu verlangsamen, dass ich den Aufprall überlebte. Ich hielt einen Moment inne, atmete tief durch und stellte fest, dass ich tatsächlich noch lebte. Ich tastete meinen Körper auf der Suche nach gebrochenen Knochen ab. Zu meiner Verblüffung war ich unverletzt. Ich stand auf, klopfte mir den Staub vom Anzug und machte mich auf die Suche nach Chris, um ihm eine Abreibung zu verpassen.

Diese Erfahrung führte mir vor Augen, dass meine Ausbildung gegriffen hatte. So war ich in der Lage gewesen, unter extremer Belastung das Richtige zu tun. Ich hatte ein fast mystisches Erlebnis gehabt, als sich mein Verstand verlangsamt hatte, sodass mich eine größere Intelligenz und Ruhe durchströmen konnten. Mir war klar, dass ich gestorben wäre, wenn ich versucht hätte, eine Lösung zu finden. Mein Blick nach vorn und eine unbewusste Kompetenz, die sich in einem unablässigen und realistischen Training entwickelt hatte, hatten mir das Leben gerettet.

In meinen eigenen Trainingsprogrammen verwende ich das Schlagwort »frontsight focus«, was so viel bedeutet wie etwas ins Visier nehmen und die Fokussierung darauf nicht mehr aufzugeben. Es beschreibt die unglaubliche Konzentration und Zielstrebigkeit, auf die ein SEAL zurückgreift, wenn er ein Ziel verfolgt – sei es, dass er seine Waffe auf einen Terroristen richtet, einen Sturmangriff beginnt oder methodisch seine Möglichkeiten durchspielt, wenn etwas schiefläuft. Etwas in dieser Weise im Visier zu behalten bedeutet, sich vollkommen auf das Korn oder das Fadenkreuz zu konzentrieren, nachdem man das Ziel anvisiert hat. Der Schütze ist sich seiner Umgebung absolut bewusst und hat das Ziel im Sinn, aber seine Aufmerksamkeit ist auf das Stück Metall oder die Visiereinrichtung wenige Zentimeter vor seinen Augen gerichtet. Dieser völligen Konzentration kann man die »Schrotflinten-Methode« gegenüberstellen, bei der man seine Waffe in Richtung des Ziels hält und in der Hoffnung schießt, dass einige der breit gestreuten Kugeln treffen werden.

Ein Ziel fest im Visier zu behalten wirkt beruhigend und fördert die Selbstsicherheit. Ein SEAL weiß, dass er immer ein Ziel nach dem anderen angreifen muss und seine Aufmerksamkeit erst auf etwas anderes richten darf, wenn das vorhergehende Ziel ausgeschaltet ist. SEALs wollen keine Munition verschwenden – wir versuchen, jede Kugel zu nutzen. Das ist sehr viel wirksamer als der Versuch, mehrere Ziele gleichzeitig anzugreifen (oder sich gleichzeitig über sie alle Gedanken zu machen!). Es stimmt, dass wir das dank unserer Ausbildung sehr schnell und mit unglaublicher Präzision bewältigen können, weshalb der Eindruck entstehen kann, wir würden mehrere Ziele gleichzeitig anpeilen. Aber am Ende sind alle großen Erfolge das Ergebnis dieses Ablaufs: Man stellt sich eine Aufgabe und erreicht sie, indem man ein Ziel nach dem anderen erreicht, wobei jedes einzelne das geeignete Ziel für diesen Schuss sein muss. Wenn Sie lernen, das mit der Konzentration und Präzision eines SEAL zu tun, weil Ihnen klar ist, welche Ziele sie anpeilen müssen und wie Sie Ablenkungen vermeiden können, werden Sie spektakuläre Erfolge feiern.

Um es in der Sprache der SEALs zu sagen, lassen sich Ziele im Allgemeinen einer von zwei Gruppen zuordnen: Da sind zum einen die langfristigen, übergeordneten Ziele, die dem angestrebten Endzustand entsprechen. Sodann gibt es die kurzfristigen, untergeordneten Ziele, die den Weg zu den übergeordneten Zielen ebnen. Die übergeordneten Ziele bezeichnen wir als unsere Mission, während die untergeordneten Vorhaben die Etappenziele sind (die Bemühungen, die einzelnen Ziele zu erreichen, können auch als Teilmissionen bezeichnet werden). SEALs nehmen immer nur ein unmittelbares Ziel in Angriff, wobei möglicherweise zahlreiche solche Ziele erreicht werden müssen, um die übergeordnete Mission erfolgreich abzuschließen. Unabhängig davon, ob Sie mit unmittelbaren Herausforderungen konfrontiert sind oder eine langfristige Strategie verfolgen, können Sie mit einem scharf gestellten Visier jedes Hindernis überwinden und jedes Ziel erreichen, indem Sie einen viergeteilten Zugang wählen:

- Bereiten Sie Ihr Bewusstsein vor.
- Machen Sie sich ein Bild von Ihrem Ziel.
- Definieren Sie die Mission.
- Vereinfachen Sie das Schlachtfeld.

Die wenigsten werden mit dem Risiko konfrontiert, in einem nicht richtig ge-
öffneten Fallschirm vom Himmel zu fallen, aber wir alle müssen große Herausforderungen bewältigen. Wenn Sie Ihre Ziele wie über einen Gewehrlauf ins
Visier nehmen, wird es Ihnen nicht schwerfallen, die hochwertigen Ziele von
den niedrig hängenden Früchten zu unterscheiden und diese Ziele auch unter turbulenten Umständen voller Selbstbewusstsein anzustreben. Und es wird
Ihnen zur Gewohnheit werden, sich auf das Erforderliche zu beschränken, um
die Turbulenzen zu verringern und bei jedem Unterfangen optimale Ergebnisse
zu erzielen. Ohne scharf gestelltes Visier werden Sie unvermeidlich vom Weg
abkommen und sich in den gewöhnlichen, alltäglichen Aktivitäten und Denk-
schemen verlieren. Im Kampf kann Sie das übliche Denken das Leben kosten.
Im Alltag wird es Ihnen einfach jede Chance nehmen, sich auf dem extrem
hohen Niveau zu bewegen, das erforderlich ist, um den Weg des SEAL zu gehen.

# Bereite dein Bewusstsein vor

»Siegreiche Krieger gewinnen zuerst im Kopf und ziehen dann in den
Krieg. Unterlegene Krieger ziehen erst in den Krieg und versuchen
dann zu siegen.«
*Sun Tzu (544–496 v. Chr.), Autor von* Die Kunst des Krieges

Ich stand im Seido-Karate-Dojo auf der Matte. Großmeister Nakamura hatte
mich eingeladen, die Fähigkeiten zu testen, die ich brauchte, um den schwarzen
Gürtel zu erhalten. Es fing ganz harmlos an: Zwei Kameraden und ich mussten
die Katas und Selbstverteidigungsbewegungen vorführen, die wir erlernt hatten,
während wir vom weißen bis zum braunen Gürtel vorangeschritten waren. Kein

Problem. Dann überraschte uns Nakamura mit einer kniffligen Aufgabe: Er forderte uns auf, die Sparring-Ausrüstung anzulegen, während eine lange Reihe furchteinflößender Träger des schwarzen Gürtels aufmarschierte. Ich geriet in Panik und dachte: »Oje, das kann nicht gutgehen.« Anscheinend hatte es sich herumgesprochen, dass wir noch einige Lektionen lernen mussten, und es gab zahlreiche Meister, die bereit waren zu helfen.

Als ich mich in den ersten Kampf begab, versuchte ich mir all die Bewegungen in Erinnerung zu rufen, die ich in den vergangenen vier Jahren in Tausenden Trainingsstunden gelernt hatte. Aber ich hatte es mit Kämpfern zu tun, die viel mehr konnten als ich. Ich bekam eine furchtbare Tracht Prügel. Aber ich war hart im Nehmen, und zwei Stunden später kämpfte ich immer noch. Ich war der völligen Erschöpfung nahe. Ich erinnere mich noch an den Augenblick, in dem sich das Blatt wendete. Sensei Leyton, der als unerbittlicher Kämpfer bekannt war, war zum zweiten Mal an der Reihe, mir eine Abreibung zu geben. Er nutzte meine Schwächen und warf mich zweimal. Meine Kräfte schwanden, und ich dachte: Vielleicht geht es in dieser Prüfung weniger um meine körperliche Leistungsfähigkeit, sondern vielmehr um meine mentale, emotionale und spirituelle Kraft, die ich im »inneren« Training im Seido geschult hatte. Ich begriff, dass ich meine Fähigkeiten auf einer ganz anderen Ebene nutzen musste. Ich musste aufhören, einen körperlichen Kampf auszutragen.

Ich begann, tief durchzuatmen, und schrie meinem erschöpften Körper einen inneren Befehl zu: »Jetzt!« Ich öffnete die Augen und hörte auf, mir Gedanken über die Fäuste und Füße zu machen, die als Waffen gegen mich eingesetzt wurden. Stattdessen begann ich, mich der Reihe nach auf die vitalen Zonen meines Gegners zu konzentrieren, sobald ich auf diese Ziele aufmerksam wurde. Die tiefe Atmung verlangsamte meinen Puls und entspannte meine Muskeln. Mein Verstand trat in einen meditativen Zustand ein. Die Zeit verlangsamte sich, das Getuschel in meinem Kopf verstummte, und es gelang mir, mich meiner Furcht offen zu stellen. Tief in meinem Inneren wurde frische Energie wach, und mich durchströmte ein gelassener Mut. Ich begann, mit neuer Kraft und Selbstbeherrschung zu kämpfen. Es dauerte nicht lange, bis mein neu erwachter Kampfgeist, der sich tief aus meinem Inneren speiste, die Aufmerksamkeit von Großmeister Nakamura weckte. »Genug!«, rief er.

Nakamura hatte mich (anscheinend mit Unterstützung aller erfahrenen Träger des schwarzen Gürtels in New York) an die Grenze meiner physischen Leistungsfähigkeit getrieben, aber ich musste nur das ablenkende Getuschel meines »denkenden« Verstands, das mich lähmte, ignorieren und mich mit meinem ganzen Sein vollkommen auf den Sieg konzentrieren. Schließlich hörte ich auf, über die Prüfung nachzudenken und mir Sorgen darüber zu machen, wie gut ich mich schlug und was ich als Nächstes tun musste. Ich nahm immer nur ein Ziel ins Visier und beschränkte mich darauf, einen einzelnen Angriff vorzutragen oder eine Attacke meines Gegners abzuwehren – und stellte fest, dass ich leicht auf die mentale Härte und die spirituelle Stärke zugreifen konnte, die ich brauchte, um erfolgreich zu sein. Als ich mir meinen schwarzen Gürtel verdiente, stieß ich auf etwas, das schließlich der erste Grundsatz dafür sein sollte, etwas fest im Visier zu behalten: Um auf einem beliebigen Feld zu triumphieren, muss man zunächst die Kontrolle über sein eigenes Bewusstsein erlangen.

## Tiefe Atmung

Bevor Sie die Herrschaft über Ihr Bewusstsein erlangen können, müssen Sie es beruhigen. Der schnellste Weg, um Ihren Geist und Ihren Körper zu beruhigen, besteht in der langsamen und beherrschten Zwerchfellatmung. Die tiefe Zwerchfellatmung in einem der Situation angepassten Rhythmus ist ein einfaches, aber wirksames Werkzeug zur Kontrolle Ihrer physiologischen Reaktion. Indem Sie sich auf Ihren Atem konzentrieren, reduzieren Sie die Konzentration auf das, was Sie anvisieren, das heißt auf den gegenwärtigen Augenblick. Diese Bündelungsmethode erleichtert es Ihnen, das mentale Getuschel zu reduzieren, und hindert Ihren Verstand daran, abzuschweifen. Diese Praktik hilft Ihnen sehr im Bemühen um Selbstbeherrschung. Sie bringt auch Ihr Nervensystem wieder ins Gleichgewicht und wirkt schädlichen physiologischen Auswirkungen von Furcht und Stress entgegen.

Beim Prinzip 5 werden wir uns mit der Frage beschäftigen, wie man diese Fähigkeit trainieren kann, die einer der fünf unverzichtbaren Bestandteile der mentalen Härte ist. Aber an dieser Stelle sollten wir uns einen Augenblick Zeit nehmen, um uns anhand einer kurzen Übung ein Bild von ihrer Wirkung zu machen.

## TRAINING NACH DER SEAL-METHODE

# Tiefe Zwerchfellatmung

Lassen Sie sich an einem ruhigen Ort nieder, an dem Sie ungestört sein werden, machen Sie es sich gemütlich und schließen Sie die Augen. Atmen Sie langsam durch die Nase ein. Füllen Sie Ihre Lunge von unten nach oben, sodass Ihr Zwerchfell den Magen herausdrückt. Atmen Sie nun durch die Nase aus, sodass Bauch und Brust flach werden. Wiederholen Sie diese Übung mindestens viermal: Dann sollte Ihnen der Ablauf angenehmer sein, und Sie sollten sich entspannt und gelassen fühlen. Sie können die Zwerchfellatmung in jeder beliebigen Situation anwenden, um sich zu beruhigen und einen klaren Kopf zu bekommen. Probieren Sie es aus, wenn Sie das nächste Mal nervös oder wütend sind.

## Die »heilige Stille«

Im Training im Seido-Karate lernte ich eine weitere Lektion, die ich bei den SEALs viele Male vertiefte: Die Stille half mir, meinen Geist für den Sieg zu rüsten. Die Stille erreicht man durch Meditation, wie bei Zen, oder man sitzt an einem zurückgezogenen Ort und beobachtet 24 Stunden lang sein Ziel. Als ich nach meiner Dienstzeit bei den SEALs in die Wirtschaft zurückkehrte, fand ich sehr viel weniger Gelegenheiten vor, mich der Stille zu widmen. Als ich aus dem aktiven Dienst ausschied und unternehmerisch tätig wurde, gab ich den Kampfsport und die Übungen in Stille vollkommen auf. Es fiel mir schwer, mein Bewusstsein und meine Emotionen zu beherrschen. Die Folge war, dass ich leicht abzulenken war, oft das Ziel aus dem Visier verlor und nicht imstande war, meinem Gespür zu folgen und Kurskorrekturen vorzunehmen.

Ich wollte unbedingt als Unternehmer tätig werden und gründete zur selben Zeit, als ich mich bereit erklärte, mit meinem Schwager ein Brauerei-Restaurant aufzubauen, die Website NavySEALS.com. Da der Gastbetrieb meine ganze Zeit in Anspruch nahm, konnte ich NavySEALs.com nicht die nötige Aufmerksamkeit widmen und entschied mich übereilt, einem Webentwickler, der die Site aufbauen und den Betrieb leiten sollte, 50 Prozent der Anteile zu überlassen. Ich nahm mir keine Zeit für die Stille und ignorierte meine Bedenken: Mein Geschäftspartner war ein guter Mann und hatte die besten Absichten, aber sein geschäftlicher Scharfblick konnte nicht mit seinem Talent für das Webdesign mithalten. Die Website sah toll aus, aber Geld verdienten wir nicht damit.

Ich kaufte ihm seine Anteile ab, ignorierte dann jedoch erneut mein Gespür: Da ich mich der Aufgabe nicht gewachsen fühlte, überließ ich den Betrieb der Website einem Unternehmen, das ich nicht sorgfältig geprüft hatte. Die Sache ließ sich gut an, aber die Kommunikation brach zusammen, als ich entdeckte, dass sie versuchten, meine Domain zu entführen. Ich beendete die Geschäftsbeziehung unverzüglich, aber die Reaktion meiner Geschäftspartner bestand darin, den gesamten Aufbau und das geistige Eigentum von NavySEALs.com zu stehlen und eine exakte Kopie meines Unternehmens ins Leben zu rufen. Ich kam mir sehr dumm vor, vor allem, da der Brauerei-Pub in der Zwischenzeit im Chaos versunken war. Hätte ich mir in diesen Monaten Zeit für die Meditation genommen, wäre mir sicher klar geworden, wie mein Übereifer mich ablenkte und meine Entscheidungen negativ beeinflusste. Dann hätte ich mich darauf konzentrieren können, meine Nervosität zu verringern, sodass ich in der Lage gewesen wäre, mich auf die richtigen Ziele zu konzentrieren und sie nacheinander zu erreichen. Stattdessen musste ich auf Fehler reagieren und Korrekturen vornehmen, während ich immer weiter vom Kurs abkam.

Als mir klar wurde, was mich in diesen Monaten in die Irre geführt hatte, schwor ich mir, mein Training nie wieder zu vernachlässigen. Ich bin fest davon überzeugt, dass Führer, die den Weg des SEAL gehen, für sich selbst und ihr Team jeden Tag Zeit für die »heilige Stille« einplanen müssen.

Die Stille gibt uns die Möglichkeit, nachzudenken und die Wirklichkeit klarer zu sehen. Das ist unverzichtbar, um zu lernen, unsere Ziele im Visier zu behalten und unsere Mission weiter zu verfolgen. Mit ausreichender Übung können wir vollkommene Kontrolle über den »kritischen Verstand« erlangen (damit ist der Verstand gemeint, der unser Selbstbewusstsein fälschlich erhöht oder verringert) und unsere geistige Kraft besser ausschöpfen. Abgesehen davon, dass wir unser wahres Ich besser erkennen, werden wir auch die Realität mit einem klaren, ruhigen Verstand besser sehen, und das wird uns in die Lage versetzen, bessere Entscheidungen zu fällen und die Welt besser zu verstehen. Als ich begann, unter Nakamuras Anleitung zu meditieren, konnte ich kaum zwei Atemzyklen lang einen stillen Verstand bewahren. Ich musste an mein unglückliches Arbeitsleben, mein MBA-Studium, meine Freundin und eine Vielzahl anderer Dinge denken. Erst nach sechsmonatigem Training gelang es mir, meinen Verstand für vier oder fünf Atemzyklen zu beruhigen. Für diesen Fortschritt wurde ich mit neuen Einsichten belohnt, von denen mich einige – darunter die Erkenntnis, dass mich meine Arbeit unglücklich machte und abgesehen von Geld und Ansehen keinen Sinn für mich hatte – dazu bewegten, den eingeschlagenen Weg zu hinterfragen. Nachdem ich mehr als ein Jahr jede Woche die Stille geübt hatte, bewältigte ich zehn Atemzyklen, und mir wurde klar, dass die Ursache meiner Unzufriedenheit nicht mein unglückliches Berufsleben, sondern meine Unfähigkeit war, meine Bestimmung im Leben zu verwirklichen.

Ein weiteres Beispiel liefert einer meiner Schüler. Zach war Mitte zwanzig. Nach dem Tod seines Bruders war er in einer tiefen Depression versunken und befand sich in einer verzweifelten Lage, als er auf SEALFIT stieß und sich im Unbeatable-Mind-Programm einschrieb. Zach und sein Bruder Chris waren unzertrennlich gewesen. Sie hatten viel Zeit miteinander verbracht und hatten gemeinsame Wanderungen und lange Motorradtouren unternommen. Bei einem dieser Ausflüge war Chris tödlich verunglückt. Zach konnte den Verlust nicht überwinden und machte sich Selbstvorwürfe, weil er nicht imstande gewesen war, seinen Bruder zu schützen. Schuldgefühle bei Hinterbliebenen sind nichts Ungewöhnliches, aber Zach litt besonders darunter, weil er keine Unterstützung hatte und nicht über Werkzeuge für den Umgang mit dem Schicksalsschlag verfügte. Eine Psychotherapie blieb ohne Wirkung, und die Psychopharmaka trieben ihn nur noch tiefer in die Depression. Der ehemalige Spitzensportler verlor seine Trainingsziele aus den Augen und wurde lethargisch – an manchen Tagen kam er kaum aus dem Bett. Seine Lage wurde so aussichtslos, dass er Selbstmordgedanken hegte.

Ein Freund, der sich Sorgen um ihn machte, wies ihn auf SEALFIT und mein kostenloses Online-Videotraining hin. Zach war verzweifelt auf der Suche nach Antworten und hörte sich die Motivationsbotschaften in den Videos an. Bald spürte er, dass sich sein mentaler Zustand allein dadurch besserte, dass er sich diese positiven Botschaften anhörte, die auf Phrasendrescherei verzichteten. Er probierte eines der kostenlosen Trainingsvideos aus und fühlte sich nach der körperlichen Aktivität so wohl, dass er augenblicklich davon überzeugt war. Er schrieb sich in mein Online-Programm Unbeatable Mind ein und tat den nächsten Schritt zur Heilung.

Voraussetzung für ein scharf gestelltes Visier ist, dass man seine Mission mit Zuversicht und Klarheit in Angriff nimmt. Daher handelt die erste Lektion im Unbeatable-Mind-Kurs von der Kontrolle über den eigenen Verstand. Sie beinhaltet eine Übung in Stille, die ich als »Stille Wasser gründen tief« bezeichne. Diese Praktik, die Meditation und Visualisierung miteinander verbindet, ist nach einem Zen-Kurs von Großmeister Nakamura benannt, den ich jeden Donnerstagabend vor den Meditationssitzungen im Seido-Karate besuchte. Das stille Wasser ist eine Metapher für die tiefe, allgegenwärtige Seele, die normalerweise von den tosenden Stromschnellen des »kritischen Verstands« übertönt wird. Zach nahm diese Übung in Angriff und kam zum ersten Mal mit der »heiligen Stille« in Kontakt. Anfangs hatte er ebenso große Schwierigkeiten wie ich damals im Dojo in New York: Vor allem tatendurstigen Menschen fällt es schwer, still dazusitzen und den denkenden Verstand zum Schweigen zu bringen.

# Stille Wasser gründen tief

Lassen Sie sich auf einem Stuhl nieder oder setzen Sie sich mit dem Rücken an der Wand auf den Boden. Achten Sie darauf, sich gerade zu halten, mit leicht angezogenem Kinn. Die Position sollte Ihnen angenehm sein. Schließen Sie nun die Augen und richten Sie Ihre Aufmerksamkeit auf Ihre Atmung. Absolvieren Sie fünf Zyklen der Zwerchfellatmung wie zuvor beschrieben und visualisieren Sie Ihren Körper, wie er vom Kopf bis zu den Füßen zur Ruhe kommt. Gehen Sie anschließend zu einem natürlichen Atemmuster über, wobei Sie sich jedoch weiter auf Ihre Atmung konzentrieren müssen.

Beschwören Sie vor Ihrem inneren Auge folgendes Bild von sich herauf: Sie sitzen auf dem Grund eines tiefen Teichs. Fühlen Sie die Klarheit und Stille, während Sie sich umschauen und durch das klare Wasser zur Oberfläche hinaufblicken. Alle Gedanken, die Ihnen durch den Kopf gehen, sind nichts als kleine Wellen. Wenn Sie möchten, können Sie nach einer Weile zulassen, dass sich dieses Bild auflöst, sodass Sie sich wieder auf Ihre Atmung konzentrieren können. Beginnen Sie nun, die Atemzyklen zu zählen. Wenn Sie, nachdem Sie zwei Zyklen gezählt haben, plötzlich bemerken, dass Sie an ein wichtiges berufliches Projekt denken, müssen Sie sich keine Sorgen machen. Lassen Sie diesen Gedanken einfach zur Oberfläche aufsteigen, wo er sich auflösen wird, und beginnen Sie erneut zu zählen. Das Ziel ist, bis zehn zu kommen, ohne dass ein bewusster Gedanke auftaucht. Das ist sehr viel schwieriger, als es klingt! Sie sollten einen Monat lang mindestens einmal täglich fünf Minuten lang üben. Sobald Sie sehen, dass es Ihnen immer besser gelingt, Ihren Verstand zu beruhigen, können Sie diese Übung mit einigen anderen mischen, die ich in diesem Buch beschreibe.

Nachdem er ein paar Monate lang täglich 15 Minuten geübt hatte, gelang es ihm langsam, sein Bewusstsein zu beruhigen und unter Kontrolle zu bringen. Er wurde bedächtiger und einsichtiger und befreite sich von dem negativen geistigen Getuschel und den quälenden Emotionen, die ihn in einem Kreislauf von Schuld und Trauer gefangen gehalten hatten. Er erkannte, dass er sich nicht erlaubt hatte, die normale Trauer zu durchleben, weil er sich die Schuld am Tod seines Bruders gegeben hatte. In seinen »Stille Wasser«-Sitzungen wurde er sich erstmals der Tatsache bewusst, dass er ein guter Mensch und ein guter Bruder war. So erlangte er die Fähigkeit wieder, sich zu lieben und zu verzeihen. Der neuen Verbindung mit seinem Geist, die er in diesen Trainingssitzungen pflegte, verdankte er auch wesentliche Erkenntnisse: Beispielsweise verstand und akzeptierte er, dass er nichts hatte tun können, um seinen Bruder zu retten, und dass er das Andenken an seinen Bruder am besten ehren konnte, indem er ein gesundes, glückliches Leben führte, anstatt an seinem Schicksal zu zerbrechen. Mit dieser einfachen, aber wirksamen Praktik begann Zach, sich von innen heraus zu heilen.

Nach mehreren Monaten des Trainings begann er mit einer Übung zur positiven Einstellung und ordnete sein Unterbewusstsein mit einem wirkungsvollen Mantra neu: »Mir geht es Tag für Tag und in jeder Hinsicht besser und besser.« (Dieses klassische Mantra empfehle ich im Unbeatable-Mind-Programm.) Ein weiteres Mantra lautete: »Ich bin ein guter Mensch, und mein Bruder liebt mich.« Diese Mantras ergänzte er durch positive Vorstellungen, in denen er sich als hilfreichen und liebevollen Bruder sah und seinen Bruder an einem guten Ort vorfand, an dem es Vergebung gab. Schon bald verspürte er genug Energie und Motivation, um sein körperliches Training zu intensivieren und zu SEAL-FIT-Yoga und funktionalem Fitnesstraining überzugehen.

Zwei Jahre später trat Zach nach der Abschlussfeier einer meiner Faktor-20-Challenge-Veranstaltungen an mich heran und eröffnete mir, das Unbeatable-Mind-Training und insbesondere die »Stille Wasser«-Übung hätten ihm das Leben gerettet. Als er die Herrschaft über sein Bewusstsein wiedererlangt hatte, war er in der Lage gewesen, Energie, die zuvor von den »schwarzen Löchern« des negativen Denkens und Verhaltens aufgesaugt worden war, umzulenken und auf positive Ziele wie die Verbesserung seines Gesundheitszustands zu richten.

Das breite Lächeln in seinem Gesicht sprach Bände. Mittlerweile war Zach ausgeglichen und in ausgezeichneter körperlicher Verfassung. Er hatte die Schuldgefühle wegen des Tods seines Bruders überwunden und fühlte sich so gut wie seit Jahren nicht mehr. Als er mir seine Geschichte erzählte, durchströmte mich ein Gefühl der Dankbarkeit. Zach hatte lediglich jemanden gebraucht, der ihm zeigte, wie er seinen Geist beruhigen und Zugang zu seiner inneren Natur finden konnte, wo Güte und Liebe schlummerten. In Gegenwart der Liebe können Furcht und Negativität nicht existieren. Jeder von uns hat diese innere Natur: Wir müssen nur zur Ruhe kommen und sie entdecken!

Im Übungsteil dieses Kapitels finden Sie einige hochentwickelte Werkzeuge, mit denen Sie die Kontrolle über Ihr Bewusstsein erlangen und Ihre Gedanken umschulen können, aber es ist wichtig, dass Sie sofort beginnen, die »heilige Stille« zu praktizieren. Was auch immer Ihnen im Leben zu schaffen macht, Sie können diese schnelle und einfache Übung nutzen, um die Basis für den geistigen Sieg zu schaffen.

## Mach dir ein Bild von deinem Ziel

»Was sich der menschliche Geist vorstellen kann, das kann er auch erreichen.«
*Napoleon Hill (1883–1970), Autor des Bestsellers* Think and Grow Rich

Wenn Sie Ihr Etappenziel fest ins Visier genommen haben, sind Sie auf dem besten Weg, dieses Ziel auf dem Weg zur Erfüllung Ihrer Mission zu erreichen, vor allem, wenn Sie einen stabilen und klaren Angelpunkt haben. Aber worauf genau sollen Sie sich konzentrieren? Wie kann man beispielsweise das Ziel »sehen«, eine Zertifizierung abzuschließen, von deren Ergebnis die nächste Beförderung abhängt? Wie kann man die Mission »sehen«, eine liebevolle Partnerin oder einen Partner zu finden und eine Familie zu gründen? Der Schlüssel ist, sich eine Vorstellung von dem Ziel zu machen – sei es ein nahe liegendes Vorhaben oder eine übergeordnete Mission –, indem man eine als »mentale Projektion« bezeichnete Visualisierungstechnik anwendet. Im Kapitel über Prinzip 1 habe ich eine Visualisierungspraxis namens »Mein zukünftiges Ich« beschrieben. Dies ist eine Art von mentaler Projektion. Der Zweck dieser Visualisierung ist es, im Unterbewusstsein und im Nervensystem die Saat für einen angestrebten zukünftigen Zustand auszubringen, der zum Beispiel darin bestehen könnte, die Leitung Ihres Unternehmens zu übernehmen. Während Sie sich in der »realen Welt« bewegen, werden Sie emotional und mental auf dieses innere Bild geeicht, sodass Ihre Anstrengungen auf den erwünschten Zustand gerichtet werden. In Verbindung mit dem realen Verhalten sorgen mentale Projektionen dafür, dass wir unsere Ziele sehen, daran glauben und sie verwirklichen können. Dieses gleichermaßen einfache und tiefgreifende Konzept hat mir und meinen Schülern so manchen bedeutsamen Durchbruch ermöglicht.

## Sieh es, glaub es, mach es wahr

Jim, der sich im Jahr 2011 in der SEALFIT Academy anmeldete, bewies mir einmal mehr, dass die mentale Projektion Berge versetzen kann. Er war gerade 40 Jahre alt geworden und arbeitete als Vertreter für ein Industrieunternehmen. Obwohl er einen guten Job, finanzielle Sicherheit und eine wunderbare Familie hatte, war Jim nicht zufrieden mit seinem Leben. Ich höre diese Geschichte so oft, dass ich den Eindruck habe, es handle sich um eine nationale »Krankheit«. Ein Freund hatte Jim von SEALFIT erzählt, und er hoffte, unser Training würde ihm dabei helfen, sich aus seinem eintönigen Leben zu befreien und seinem Dasein einen neuen Sinn zu geben.

Meine Mitarbeiter und ich zwangen Jim, sich still hinzusetzen, sich seiner Grundhaltung bewusst zu werden und seine Bestimmung und seine Leidenschaft zu definieren. Innerhalb weniger Tage wurde ihm klar, dass er so wie ich in meinen Zwanzigern auf dem falschen Weg war. Er war in einem Verkäuferjob gefangen, der nichts mit seiner Liebe zum Unterrichten und zur Menschenführung zu tun hatte. Er wollte anderen die SEALFIT-Methode vermitteln, da ihm der zupackende Zugang zur Lebensführung eines Krieger-Athleten zusagte. Aber Jim erlernte gerade erst die Grundlagen der Methode. Er verstand, dass er, wie Gandhi es ausgedrückt hatte, »die Veränderung sein musste, die er in der Welt sehen wollte«. Also entschloss er sich, hart zu arbeiten, um zuerst sich selbst zu ändern. Aber er fragte mich, wie und wo er über die externen SEAL-FIT-Fähigkeiten hinaus mit dem Training beginnen sollte.

Ich riet ihm, zunächst seine Bestimmung zu klären und schriftlich festzuhalten und anschließend sein Ziel, sein Leben auf seine neue Bestimmung auszurichten, fest im Visier zu behalten. Am nächsten Tag kehrte er zurück und sagte mir, seine Bestimmung sei es, andere zu größeren Leistungen zu inspirieren, das Leben zu lieben und ein anständiges Leben zu führen. Er hatte auch eine Mission gefunden: Er wollte in seiner Heimatstadt ein Trainingszentrum aufbauen, um dort die Methoden und Werte von SEALFIT zu unterrichten (der wichtigste Wert war in seinen Augen die Ehre). Das Großartige war, dass es ihm nicht darum ging, sich aus einer beruflichen Sackgasse zu befreien. Vielmehr wollte Jim weiter seiner Arbeit nachgehen, um seine Familie erhalten zu können, während er versuchte, seinen neuen Traum zu verwirklichen. Es ging ihm darum, außerhalb seines Jobs etwas in der Welt zu bewegen. Seine neue Mission musste neben seinem Broterwerb Platz haben. Hier haben wir ein ausgezeichnetes Beispiel dafür, wie ein reifer Familienmensch die Prinzipien von Veränderung und Anpassung anwenden kann, die für ihn ein viel höheres Risiko bedeuten als für einen 24-jährigen Wirtschaftsprüfer, der darüber nachdenkt, ein SEAL zu werden.

Ich wusste, dass Jim nur persönlich triumphieren konnte, wenn es ihm gelang, sich vor seinem inneren Auge ein klares Bild vom Ergebnis seiner Bemühungen zu machen. Ich wies ihn an, lebhafte Bilder von dem Zustand zu entwerfen, den er in zwei Jahren erreichen würde. Er nahm sich meine Empfehlung zu Herzen und machte sich sehr konzentriert daran, anhand der »Verstandesgymnastik« (die Sie im Übungsteil dieses Kapitel kennenlernen werden) tägliche Visualisierungsübungen zu machen. Er stellte sich vor, wie seine ideale Trainingseinrichtung aussehen und welche Mitglieder sie haben würde, welche Kurse er anbieten würde, wie er den Betrieb finanzieren und abwickeln würde und wie sich diese Tätigkeit auf seine Familie und insbesondere auf seine Kinder auswirken würde. Er entschloss sich, die Einrichtung selbst zu leiten, anstatt seine Frau, die sehr an einer Beteiligung interessiert war, mit dem Management zu betrauen. In seinen Visualisierungsübungen arbeiteten die beiden Seite an Seite und bezogen sogar die Kinder nach Möglichkeit ein, und die Zusammenarbeit schweißte die Familie zusammen. Als die mentale Saat ausgebracht war, verließ er SEALFIT und kehrte in den Berufsalltag zurück, wobei er jedoch die täglichen Visualisierungsübungen fortsetzte. (Er hielt auch an vielen weiteren Dingen fest, die er gelernt hatte, so etwa an den Fokusplänen, die Sie in Anhang 1 finden). Und er ließ nicht zu, dass sich seine Vision wieder in der unklaren Gedankenwelt verlor, der sie entsprungen war.

Bald trug die fortgesetzte innere Arbeit Früchte: In Jim reifte die feste Überzeugung, dass die Einrichtung, von der er träumte, kein Fantasiegebilde, sondern bereits Realität war. Er musste nur noch zur Tat schreiten, um sie zu verwirklichen. Obwohl er einen Ganztagsjob hatte, viel reisen musste und eine Familie zu ernähren hatte, verlor Jim sein Ziel nie aus den Augen und setzte den Plan, den er bei SEALFIT entwickelt hatte, methodisch um. Er erreichte weitere Zertifizierungen, sparte Betriebskapital an, fand einen geeigneten Standort und tat alles, was nötig war, um seine Vision zu verwirklichen. Zwei Jahre, nachdem wir uns kennengelernt hatten, lud er mich ein, bei CrossFit Honor, seinem neuen Trainingszentrum in Allentown (Pennsylvania), ein Unbeatable-Mind-Seminar zu leiten.

Als ich die Mitglieder von CrossFit Honor kennen lernte, sah ich voller Demut, was Jim geleistet hatte. Diese Leute hatten wirklich eine Passion für die Kultur, für die Gemeinschaft, die sie aufbauten, und für das Training. Jim hatte genau das geschaffen, was ihm vorgeschwebt hatte, und er hatte die Energie seiner Vision einer Gruppe von 130 Kriegern vermittelt, die die SEALFIT-Werte lebten. Seine reizende Frau führte das Fitnesszentrum, und sein 12-jähriger Sohn beteiligte sich voller Begeisterung am Training der erwachsenen Athleten – samt Klimmzügen und Liegestützen. Es war unübersehbar, dass Jim tatsächlich an seine Vision glaubte, seine Leidenschaft und seine Bestimmung daran festmachte, sie täglich visualisierte und anschließend auf die beste mögliche Art verwirklichte, nämlich indem er anderen half.

## TRAINING NACH DER SEAL-METHODE

# Zielgerichtet fantasieren

- **Schritt 1: »Sehen« Sie es.** Sie müssen ein klares Bild vom angestrebten Ergebnis gewinnen. Im nächsten Kapitel werden wir uns mit der Frage befassen, wie man eine Mission plant. An diesem Punkt geht es nur darum, zu definieren, wohin wir kommen wollen.
- **Schritt 2: Stellen Sie es sich vor.** Wie Jim müssen Sie sich das Ergebnis so vorstellen, als hätten Sie es schon erzielt. Fantasieren können die meisten, aber indem Sie es sich ausmalen, erzeugen Sie eine zielgerichtete Fantasievorstellung. Voraussetzung für diesen Schritt ist ein Bezugspunkt, der ihn in der Realität verankert: Definieren Sie einen visuellen Bezugspunkt (um Ihre Fantasievorstellung zu konkretisieren) und versetzen Sie sich in diese Vorstellung hinein. Solche Bezugspunkte können tatsächliche Erfahrungen, Fotos oder Filme sein (so wie mein Video *Be Someone Special*).
- **Schritt 3: Praktizieren Sie es.** Spielen Sie die zukünftige Realität, die Sie sich ausmalen, täglich im Geist durch. Ich empfehle Ihnen, das im Rahmen eines wirkungsvollen Morgen- oder Abendrituals zu tun (siehe Anhang 2). Damit die Visualisierung ihre maximale Wirkung entfalten kann, müssen Sie fest davon überzeugt und erwartungsvoll sein und eine starke Sehnsucht nach Verwirklichung des visualisierten Zustands empfinden.

Die bisher in diesem Kapitel beschriebenen Konzepte sind nur der Ausgangspunkt. Indem Sie im Geist geeignete Bedingungen schaffen, werden Sie besser in der Lage sein, ein wichtiges Lebensziel zu erreichen. Um mit dem scharf gestellten Visier eines SEAL voranschreiten zu können, müssen Sie wissen, wohin Sie gehen. Aber wie können Sie Fallen umgehen und Ablenkungen auf dem Weg von Punkt A zu Punkt B vermeiden? Sie müssen dafür sorgen, dass Ihre Mission klar definiert ist und anschließend das Aktionsgebiet säubern, um nicht auf Hindernisse zu stoßen.

# Definiere deine Mission

»Eine Kette ist nur so stark wie ihr schwächstes Glied.«

*Sprichwort*

Wenn Sie ein Ziel anstreben (das heißt, wenn Sie zu einer Mission aufbrechen), müssen Sie zunächst die expliziten und impliziten Erwartungen klären und definieren. Möglicherweise sind Sie sich über die expliziten Erwartungen im Klaren, zum Beispiel: »Das Unternehmen muss innerhalb dieser Frist und mit dem verfügbaren Budget den Betrieb aufnehmen.« Aber jede Mission ist auch mit impliziten Erwartungen verbunden.

Beispielsweise kann ein SEAL die ausdrückliche Mission definieren, ein feindliches Schiff zu versenken. Aber diese Mission beinhaltet möglicherweise die implizite Erwartung seiner Vorgesetzten, dass dieses Schiff für mindestens sechs Monate aus dem Verkehr gezogen werden soll, dass die Mission heimlich durchgeführt werden soll und dass es keine Verluste geben darf. Decken sich die impliziten Ziele nicht mit den Kompetenzen, den Ressourcen oder der Risikotoleranz des SEAL-Teams oder sind sie nicht im vorgegebenen Zeitrahmen zu erreichen, wird die Mission scheitern.

Nehmen wir an, die explizite Aufgabe bestünde darin, eine neue Produktlinie einzuführen. Klingt ganz einfach. Aber die implizite Erwartung ist, dass wir verstehen, was der Markt fordert, wie sich die Käufer verhalten, wie wir das Produkt entwickeln müssen und wie wir eine geeignete Marktnische für unsere neue Linie finden können. Manchmal übersteigen die impliziten Aufgaben unsere Kenntnisse oder zwingen uns, den Bereich zu verlassen, in dem wir uns wohlfühlen. Also müssen wir uns vollkommen neue Kenntnisse aneignen oder die Arbeitsweise unseres Unternehmens umgestalten, um die übergeordnete Mission erfüllen zu können. Indem wir die richtigen Fragen stellen, können wir vermeiden, uns auf Missionen einzulassen, die wir nicht in Angriff nehmen sollten oder nicht bewältigen können, denn solche Missionen erlauben uns naturgemäß nicht, ein Ziel im Visier zu behalten. Eine geeignete Planung von Anfang an wird Ihnen helfen, plötzliche und unvorhersehbare Konsequenzen zu vermeiden, die Ihre Fähigkeit, die übernommenen oder gewählten Missionen fest im Visier zu behalten, beeinträchtigen können.

Ein Beispiel: Kurz nachdem ich mein Unbeatable-Mind-Training entwickelt hatte, entschloss ich mich, ein digitales Format im Internet anzubieten. Ich definierte meine Mission: Ich wollte Video- und Audio-Versionen des Programms entwickeln und innerhalb von 60 Tagen beginnen, auf einer neuen Abonnementswebsite die erste Lektion zu verkaufen. Ich war überzeugt, dass diese Mission der übergeordneten Vision unseres Unternehmens entsprach, und dass sie, da sie höchste Priorität für mich hatte, meine ganze Aufmerksamkeit erforderte. Die expliziten Aufgaben waren zu bewältigen, aber im Verlauf des Frageprozesses entdeckte ich einige implizite Aufgaben, die mich dazu bewegten, die Mission neu zu definieren. Erstens erforderte der Plan spezifische Werbetexte für eine Internetkampagne, etwas, worauf sich meine Marketingabteilung nicht verstand. Um die Mission zu bewältigen, würde ich einen professionellen Werbetexter beauftragen müssen, und wie ich bald herausfand, war ein solcher Experte teuer und schwer zu finden. Außerdem musste ich den Absatzprozess, die Vermarktungsbotschaft und ein E-Mail-Vermarktungsverfahren festlegen. Mir wurde klar, dass mein Team und ich dafür eine Schulung in Partner- und Affiliate-Marketing brauchten, und es konnte Monate dauern, diese vollkommen neuen Fähigkeiten zu erwerben. Obendrein warf der Verkauf digitaler Inhalte mittels Abonnements rechtliche Fragen auf, die den Start weiter verzögern würden, während wir einen Rechtsberater suchten, der auf diesem Gebiet zu Hause war. All diese impliziten Aufgaben erforderten, dass ich mein ursprüngliches Vorhaben und den Zeitrahmen neu definierte, die übergeordnete Mission neu formulierte und vorübergehend die Vorbereitungsarbeiten ins Visier nahm, die erforderlich waren, um das Endziel zu erreichen.

# Hinterfrage die Mission

Um sich der impliziten Aufgaben bewusst zu werden, die Ihre Vorgesetzten an Sie herantragen (oder die Sie sich selbst stellen), müssen Sie tiefer gehende Fragen wie die folgenden stellen:

- Warum tue ich das hier? Entspricht es unserer übergeordneten Mission als Unternehmen/Team?
- Gibt es ein Projekt mit höherer Priorität, das zwischenzeitlich in den Vordergrund rücken und mich vom richtigen Weg abbringen könnte?
- Sind weitere Personen an der Durchführung dieses Projekts beteiligt?
- Was genau wird von mir und etwaigen anderen Beteiligten erwartet?
- Wie und wann werden sie ihre Verpflichtungen erfüllen?
- Welche sonstigen Teilaufgaben sind zu bewältigen, bevor ich in Angriff nehmen kann, was von mir erwartet wird?
- Welche anderen Aufgaben muss ich bewältigen, um diese Mission erfolgreich abschließen zu können?

# Vereinfache das Schlachtfeld

»Einfachheit kann schwieriger sein als Komplexität: Man muss hart
arbeiten, um klar und einfach zu denken. Aber es lohnt sich, denn hat
man es einmal geschafft, kann man Berge versetzen.«
*Steve Jobs, amerikanischer Entrepreneur und Mitgründer von Apple (1955–2011)*

Wenn ein SEAL sagt, dass er »das Schlachtfeld vereinfacht«, will er damit sagen, dass er Ablenkungen beseitigt. Wenn wir Ablenkungen beseitigen, wird es leichter für uns, eine einfache und elegante Lösung zu finden und den richtigen Weg im Visier zu behalten. Selbst Eliteteams lassen sich ablenken und zu komplizierten Lösungen verleiten. Steve Jobs war berühmt dafür, dass er seinen Entwicklungsteams immer wieder sagte: »Nicht einfach genug.« Zum Beispiel bestand er darauf, dass das bahnbrechende iPhone mit einem einzigen Knopf zu bedienen sein müsse. Sämtliche Funktionen sollten über Icons gesteuert werden können. Vor der Einführung des iPhone musste man bei Smartphones wie dem BlackBerry eine Vielzahl von Knöpfen drücken, um unzählige Funktionen zu nutzen. Jobs ging in die andere Richtung und drängte unablässig auf Einfachheit. Die Ergebnisse sprechen für sich selbst. Der Legende nach drückte er einem afrikanischen Vorschulkind, das nie zuvor ein Telefon, geschweige denn ein Tablet mit zahlreichen Funktionen bedient hatte, ein iPad in die Hand. Es gelang dem Kind, das Gerät einzuschalten, und nachdem es eine Weile damit herumgespielt hatte, konnte es ohne jede Hilfe sämtliche Funktionen nutzen.

Damit Sie das Schlachtfeld vereinfachen können, müssen zwei Voraussetzungen erfüllt sein. Erstens müssen Sie wissen, welches Ihr besonderes Angebot als Person, Team oder Unternehmen ist, damit Sie feststellen können, wie Sie vorgehen müssen und welche Aufgaben Sie anderen übertragen können. Sodann müssen Sie die interne und externe Umgebung aufräumen, damit die einfachen Lösungen leichter zu finden sind.

## Stelle fest, was dein einzigartiges Angebot ist

Wenn Sie Ihre Bestimmung und Ihre Grundhaltung definiert haben, ist es nicht schwer zu sehen, worin Ihr besonderes Angebot besteht. Wenn Sie gegenwärtig eine Führungsposition einnehmen, müssen Sie auch Klarheit darüber gewinnen, welches besondere Angebot Ihr Team oder Unternehmen der Welt machen kann. Worin besteht Ihre besondere Fähigkeit?

Das Repertoire des SEAL beinhaltet zahlreiche Fähigkeiten, darunter nachrichtendienstliche Aktivitäten, Verteidigung der inneren Sicherheit im Ausland, Antiterroreinsätze, Personenschutz, militärisch-diplomatische Verbindungsaktivitäten und so weiter. Aber die SEAL-Teams wissen, worin ihre besondere Fähigkeit besteht, und tun alles, um sich darauf zu konzentrieren: Sie sind imstande, den Feind durch direkte Aktionen zu neutralisieren (also: hineingehen, Aufgabe erledigen, herausgehen). Worin besteht Ihr besonderes Angebot? Ähnlich wie bei der Festlegung Ihrer Bestimmung beginnt die Definition Ihres Angebots mit zielgerichteten Fragen:

- Worin bin ich außergewöhnlich gut? Was tue ich mit großer Leidenschaft?
- Was kann ich (oder was können mein Team oder meine Organisation) besser als jeder andere?
- Auf welche Eigenschaften stützt sich diese besondere Fähigkeit?
- Wer profitiert am meisten von dieser Fähigkeit?
- Was würde es mir oder uns nutzen, mehr von diesem einzigartigen Wert anzubieten? Wäre das von Vorteil für mich/uns?
- Was kann ich jetzt sofort tun, um die Dinge zu eliminieren, die mich davon abhalten, mein besonderes Angebot zu liefern?

Diese Fragen dienen nur als Orientierungshilfe. Passen Sie sie Ihrer Situation an. Entscheidend ist, dass Sie Klarheit darüber gewinnen, wer Sie sind und was Sie tun. Ein Beispiel: Eine meiner besonderen Fähigkeiten besteht darin, dass ich ein guter Lehrer bin. Zu den Eigenschaften, auf die sich meine Fähigkeit zum Unterrichten stützt, zählen meine Leidenschaft für Beratung und Kommunikation und ein Talent dafür, mir die Zukunft auszumalen. Meine Schüler profitieren direkt von meinem Unterricht, aber je mehr Kontakt ich zu Menschen habe, die meine Stärken und Schwächen widerspiegeln, desto mehr lerne ich selbst. Auf der anderen Seite bin ich nicht allzu gut darin, den alltäglichen Betrieb von Webentwicklung und Internet-Marketing zu führen. Um zu vermeiden, dass mich diese Aktivitäten ablenken, brauche ich gute Manager und technische Unterstützungsteams, die eine besondere Fähigkeit besitzen, diese Aufgaben zu erfüllen.

Sobald Sie Klarheit darüber haben, worin Ihr besonderes Angebot besteht, ist der Zeitpunkt gekommen, das Schlachtfeld zu vereinfachen, indem Sie alles beseitigen (oder gegebenenfalls delegieren), was Sie ablenken kann. Indem Sie die Dinge vereinfachen, können Sie die verfügbaren Mittel gezielt für einen Zweck einsetzen – und das ist entscheidend, um ausgezeichnete Ergebnisse zu erzielen.

## Räume in deiner Umgebung auf

Wenn keine lähmende Unordnung herrscht, haben Sie mehr Platz für die Dinge, die Sie wirklich tun müssen. Indem Sie Verpflichtungen, Überzeugungen und sogar Beziehungen, die nicht länger zu Ihren Aufgaben passen, beseitigen, auslagern und delegieren, können Sie Ressourcen für Ihre Schlüsselaufgaben frei machen. Als Steve Jobs im Jahr 1996 nach einer erzwungen Abwesenheit von elf Jahren zu Apple zurückkehrte, stellte er sofort fest, dass Apples besonderes Angebot darin bestand, Verbrauchern, die genug von komplizierten, langweiligen PCs hatten, leistungsfähige, einfache und elegante Computerlösungen anzubieten. Unter seiner Führung trennte sich Apple von zahlreichen Produkten, Projekten und ganzen Geschäftsbereichen, um sich auf den neuen iMac zu konzentrieren, der zum Flaggschiff einer neuen reduzierten und viel versprechenden Produktfamilie wurde. Innerhalb von sechs Monaten war das Unternehmen wieder auf Erfolgskurs. Ich ging ähnlich vor, als ich mich entschlossen hatte, dieses Buch zu schreiben: Ich delegierte 90 Prozent meiner täglichen Aufgaben im Unternehmen an mein Team, um mich auf mein besonderes Angebot zu konzentrieren, das darin bestand, meine Ideen und Methoden zu vermitteln. So gelang es mir, mich auf das Buch zu konzentrieren, und meine Mitarbeiter bekamen die Möglichkeit, sich auf das zu konzentrieren, was sie am besten können, nämlich den Alltagsbetrieb von SEALFIT zu leiten.

Die Bereinigung der Umgebung wird Sie auch innerlich befreien und Sie in die Lage versetzen, besser zu steuern, wo, wann und wie Sie etwas bewirken. (Und Sie können steuern, welcher Art diese Wirkung sein wird!) Als ich im Jahr 2004 als Reserveoffizier in den Irak geschickt wurde, gab ich den lang gehegten Traum auf, einen Doktortitel zu erwerben, um meine eigentlichen Ziele im Visier zu behalten. Ich war immer der Meinung gewesen, dass ich mit einem Doktortitel und der Qualifikation für einen Lehrstuhl mehr Menschen mit meiner Führungsphilosophie erreichen könnte. Aber jetzt musste ich mich auf etwas anderes konzentrieren. Außerdem wusste ich, dass ich mich bei meiner Heimkehr auf mein neu gegründetes Unternehmen U.S. Tactical konzentrieren müsste, und es war mir klar geworden, dass meine spezielle Methode der Führungsentwicklung nicht für die akademische Welt geeignet war. Es fiel mir schwer, den Traum von einem Doktortitel aufzugeben, aber mir wurde klar, dass dieses Ziel nicht länger zu meiner Bestimmung im Leben passte.

Ich unterrichte ein dreiteiliges System zur Vereinfachung des Schlachtfelds: Man muss zunächst seine materielle Umgebung, anschließend seine Aufgaben und schließlich seinen inneren Zustand entwirren. Ich nenne das die KISS-Methode (Keep It Simple, Smarty). Am Ende des Kapitels werde ich Ihnen erklären, wie Sie KISS anwenden können, aber zunächst möchte ich Ihnen einen Überblick über die Funktionsweise der Methode geben.

Die erste Aufgabe besteht darin, Ordnung in Ihrer räumlichen Umgebung zu schaffen: Räumen Sie die Schränke, die Garage, den Kofferraum des Autos, den Schreibtisch auf. Indem Sie die Unordnung beseitigen und einen übersichtlichen Raum schaffen, können Sie auch Klarheit in Ihrem Kopf schaffen und aufgestaute Energie freisetzen, die Ihren kreativen Prozess behindert. Es ist, als würde Ihr Verstand frische Luft bekommen.

Als Nächstes müssen Sie Ihre Aufgaben und Verpflichtungen entwirren, indem Sie die 80/20-Regel anwenden. Diese Regel besagt, dass Sie 80 Prozent der Ergebnisse mit 20 Prozent Ihrer Aktionen erzielen. Wenn Sie diese sehr wirksamen 20 Prozent Ihrer Aktionen identifizieren und alle anderen beseitigen, delegieren oder auslagern, können Sie mehr Ressourcen für Ihr besonderes Angebot und Ihre produktivsten Aktionen aufwenden.

Haben Sie erst einmal Ordnung in der externen Umgebung geschaffen, wird es leichter, auch die interne Umgebung zu vereinfachen. Dies ist die vielleicht schwierigste Aufgabe, die bewältigt werden muss, um das Ziel immer im Visier zu haben. Sie müssen sich von emotionalen Fesseln oder verhärteten Überzeugungen lösen, die Sie zurückhalten. Sehen Sie sich genau an, welche emotionale Lasten Sie mit sich herumtragen – zum Beispiel eine Beziehung, die nicht funktioniert. Suchen Sie anschließend nach Überzeugungen, die nicht mit Ihrer Realität vereinbar sind. Ein Beispiel: Sie lieben die Musik und sind außergewöhnlich begabt dafür, glauben jedoch, dass es Ihnen nicht gelingen wird, Ihren Lebensunterhalt damit zu verdienen, weil Ihr Vater Ihnen eingeschärft hat, Musiker sei kein richtiger Beruf. Viele Menschen gelangen an diesen Punkt und sind außerstande zu handeln, weil sie nicht bereit sind, schwierige Entscheidungen zu fällen oder das Boot zum Schaukeln zu bringen. Aber was, wenn Sie im falschen Boot sitzen? Wenn ja, sollten Sie es zum Schaukeln bringen, bis es kentert. Schlagen Sie einem Hai auf die Nase und schwimmen Sie zum nächsten Boot.

Ich begegne jedes Jahr Berufseinsteigern, die denselben geistigen und emotionalen Kampf ausfechten wie ich vor 25 Jahren. Trotz ihrer Verzweiflung können sich viele von ihnen nach dem Gespräch mit mir nicht durchringen, auf ihre innere Stimme zu hören. Sie können die Macht der Gewohnheit und die Furcht vor tief greifenden Veränderungen nicht überwinden. Ganz anders Joel. Er arbeitete in einer Investmentbank, als er sich im Kokoro-Camp mit dem SEAL-Virus infizierte. Er begann mit dem von mir entwickelten Training und befolgte meinen Rat gewissenhaft. Schließlich entschloss er sich, sich bei den SEALs zu bewerben. Als ich sein ungewöhnliches Engagement sah, bot ich ihm an, ein Praktikum im SEALFIT-Trainingszentrum im kalifornischen Encinitas zu machen. Er brach seine Zelte in Chicago ab, gab seinen hochbezahlten Job, sein Haus und fast seinen ganzen Besitz auf, ließ seine große Familie zurück und zog mit seiner Frau nach San Diego um, um seine ganze Energie auf sein neues Ziel zu richten. Neun Monate später nahm die Navy Joel in die Officer Candidate School auf und gab ihm einen Platz im BUDS-Kurs. Indem er sein Leben aufgeräumt und alles bis auf das Wesentliche aussortiert hatte, hatte er es geschafft, eine Aufgabe zu bewältigen, an der so viele scheitern.

Ein weiteres gutes Beispiel für die Funktionsweise dieses Konzepts ist meine Freundin Michelle. Vor etwa fünf Jahren eröffnete sie ein Vertriebsunternehmen für Nahrungsergänzungsmittel, musste jedoch bald feststellen, dass sie dieses komplexe Geschäft mit ihrer geringen Erfahrung und ihrem begrenzten Kapital kaum bewältigen konnte. Dazu kam, dass ihre Aufmerksamkeit eingeschränkt war, weil sie zur selben Zeit eine Ausbildung bei der Feuerwehr machte. Als sie sich genauer mit ihrer Bestimmung auseinandersetzte, wurde ihr klar, dass sie ihre Nebenbeschäftigung zu ihrer vorrangigen Aufgabe machen musste. Also vereinfachte Sie das Schlachtfeld, indem sie ihr Unternehmen an den Hersteller verkaufte und nur einen kleinen Anteil behielt. Sie machte dieses Geschäft zu einer Nebenbeschäftigung und richtete ihre Aufmerksamkeit auf ihr großes Ziel, ihr Leben als Feuerwehrfrau in den Dienst der Gemeinschaft zu stellen.

Viele Menschen wollen ihre Aufgabengebiete tatsächlich aufräumen und neue Aufgaben in Angriff nehmen, geraten jedoch aus der Spur, weil ihnen ihre Überzeugungen im Weg stehen. Sie fürchten sich davor, Verpflichtungen abzulehnen, oder lassen sich von anderen von ihren Vorhaben abbringen. Natürlich müssen Sie Rücksicht auf die Menschen in Ihrer Umgebung nehmen, aber bedenken Sie, dass Sie sich mit Zuversicht und Klarheit vollkommen auf Ihre Mission einlassen müssen, um ein Ziel in jedem Augenblick im Visier zu haben. Möglicherweise können Sie Ihre Ziele auch erreichen, ohne zu jener Art von extremer Vereinfachung und Neuordnung gezwungen zu sein, die Joel an den Tag legte, aber das Prinzip bleibt dasselbe. Ich kann Ihnen keinen leichten Ausweg anbieten. Sie müssen akzeptieren, dass Ihre Entscheidungen unter Umständen emotionale Auswirkungen haben werden: Es kann sein, dass sie Menschen, die Ihnen nahestehen, verärgern. Vielleicht werden Sie sich schuldig fühlen oder unter starken Stress geraten, wenn Sie sich zu schwierigen Entscheidungen durchringen. Das ist die natürliche Folge des Entschlusses, Ihr Leben neu zu ordnen, aber die Krise wird vorübergehen. Stellen Sie sich dem Leiden und wagen Sie den Sprung.

# Übungen

## Siegen im Kopf

Diese Übung wird Ihnen dabei helfen, sich mental zu rüsten, damit Sie Ablenkungen widerstehen können. Sie brauchen einen klaren Kopf, wenn Sie Ihre Ziele richtig wählen und Ihre Mission erfolgreich abschließen wollen. Lassen Sie uns die Voraussetzungen für Ihren Sieg im Kopf schaffen, damit Sie das Ziel stets im Visier haben und im Leben siegen können.

## Teil 1: Der Torwächter

In dieser Übung werden Sie einen mentalen Wachposten einrichten, um zu kontrollieren, was in Ihrem Gehirn vorgeht. Der Torwächter wird alle negativen und unnötigen Gedanken beobachten und melden – und es werden viele davon auftauchen!

Begeben Sie sich an Ihren ruhigen Ort. (Im Idealfall sollten Sie einen Ort finden, an dem Sie alle mentalen Übungen machen können.) Setzen Sie sich auf einen Stuhl, legen Sie sich auf den Rücken oder nehmen Sie eine andere stabile Position ein, die Ihnen erlaubt, den Rücken gerade zu halten. Beginnen Sie diese Übung, indem Sie die Augen schließen und fünf Minuten tief und gleichmäßig atmen. Konzentrieren Sie sich vollkommen auf Ihren Atem.

Nun lösen Sie sich von Ihrem Atem und achten Sie auf die Gedanken, die Ihnen durch den Kopf gehen. Das ist nicht ganz einfach, aber Sie werden sich rasch daran gewöhnen. Der Teil Ihres Bewusstseins, der Ihre Gedanken registriert oder beobachtet, ist Ihr Torwächter. Wenn es Ihnen hilft, können Sie sich einen Wächter oder Soldaten vorstellen, der an der Steuertafel Ihres Bewusstseins sitzt und die ein- und ausgehenden Informationen verfolgt. Wenn Ihr Torwärter meldet, dass Sie an etwas denken, sollten Sie nicht dagegen ankämpfen: Registrieren Sie den Gedanken, lassen Sie ihn durch und wenden Sie sich wieder der Beobachtung zu. Sind die Gedanken positiv oder negativ? Tauchen sie willkürlich auf oder haben sie eine Richtung? Diese Fragen sind wichtig für das weitere Vorgehen. Sie können diesen Teil der Übung mehrfach wiederholen, bevor Sie zu Teil 2 übergehen.

## Teil 2: Mentale Neuausrichtung

Dies ist der schnellste Weg zur Kontrolle über Ihr Denken. Nun, da Sie die Fähigkeit entwickeln, die Abläufe in Ihrem Verstand zu beobachten, muss Ihr Torwächter beginnen, den Gedankenverkehr zu lenken. Kehren Sie an Ihren ruhigen Ort zurück. Diesmal sollten Sie, wenn willkürliche Gedanken auftauchen, die unten beschriebene Umleitungstechnik anwenden. Wenn Sie das Gefühl haben, diese wirksame Methode zu beherrschen, versuchen Sie, Ihre Gedanken im Lauf des Tages zu leiten – und zwar insbesondere jene Gedanken, die Ihr Wohlbefinden und Ihre Fokussierung auf ein Ziel beeinträchtigen.

**Aufspüren.** Ihr Torwächter wird alle Gedanken bemerken, die in Ihr Bewusstsein eindringen. Wir möchten gerne glauben, dass wir die Kontrolle über unsere Gedanken haben, aber das ist ein Irrtum. Es tauchen unentwegt Gedanken auf, von denen viele nichts in unserem Verstand verloren haben und keinen positiven Zweck in unserem Leben erfüllen. Die wütenden Gedanken, die uns durch den Kopf gehen, wenn uns auf der Straße jemand die Vorfahrt nimmt, sind ein gutes Beispiel für Gedanken, die ihren Ursprung in Emotionen haben. Das passiert uns allen, aber jeder Gedanke, der uns davon ablenkt, das Ziel im Visier zu behalten, raubt uns Energie und muss beseitigt werden.

**Abriegeln.** Wenn der Torwächter einen negativen oder nutzlosen Gedanken bemerkt, müssen Sie diesen mit einem einfachen Befehl wie »Halt!« oder »Nein!« anhalten. Was passiert, wenn Sie sich selbst befehlen, einen bestimmten Gedanken zu unterbinden? Nun, er wird unterbunden … wenn auch nur für einen Augenblick.

**Umleiten.** Haben Sie einen negativen Gedanken einmal angehalten, müssen Sie Ihren Verstand zu neuen, positiven Gedanken umleiten. Wenn ein andere Autofahrer Sie schneidet und Revanchegedanken bei Ihnen auslöst, bemerkt Ihr Torwächter diese Gedanken und hält sie an: »Halt!« Die Umleitung erfolgt mittels eines kurzen Gesprächs, etwa so: »Der Arme hat einen schlechten Tag, aber ich werde nicht zulassen, dass er auch mir den Tag verdirbt. Ich werde mich jetzt auf das Positive konzentrieren.« Ihr Verstand wird die neue positive Richtung begrüßen.

**Ansporn.** Stabilisieren Sie den neuen Gedanken, indem Sie ihn mit aller Kraft unterstützen und in einen physiologischen Zustand eintreten, der Ihrem mentalen Richtungswechsel entspricht. Sie können zum Beispiel vor Ihrem inneren Auge Bilder heraufbeschwören, auf denen Sie sich als starke, zuversichtliche und positive Person sehen. Und nun müssen Sie sich auch so fühlen! Setzen Sie sich aufrecht, lächeln Sie breit, und lachen Sie. Atmen Sie tief und spüren Sie, wie Kraft, Zuversicht und positive Energie durch Ihren Körper strömen. Niemand kann Ihnen die gute Stimmung verderben!

**Kommunikation.** Dieser Schritt ist eine Sicherheitsmaßnahme: Sie müssen mit sich selbst sprechen, um alle schlechten Gefühle, die möglicherweise noch im Hintergrund schlummern, zu überwinden und um zu verhindern, dass sich neue destruktive Gedanken in Ihren Kopf schleichen. Im SEAL-Training verwendete ich folgendes Mantra: »Feeling good, looking good, ought to be in Hollywood!« Auf diese Art hielt ich während der Schinderei meine Energie und Zielstrebigkeit aufrecht. Oder ich sagte zu mir: »Ich werde Tag für Tag in jeder Hinsicht besser und besser.«

**Training.** Ihr Verstand kann ein starker Verbündeter oder ein heimtückischer Gegner sein. Wenn Sie die Umleitungstechnik täglich trainieren (wie das geht, werde ich im Kapitel »Trainieren nach der SEAL-Methode« erklären), werden Sie nicht nur in diesem Moment die Kontrolle über Ihre Gedanken erlangen, sondern Ihren Verstand darauf trainieren, permanent auf höchstem Niveau zu arbeiten.

## Baue dir ein geistiges Fitnesscenter

Um Ihre Visualisierungsfähigkeiten zu entwickeln und Ihrem Vorgehen Struktur, einen Fokus und Dynamik zu verleihen, werden wir nun ein Fitnesscenter in Ihrem

Geist errichten, einen besonderen Raum, in dem Sie Ihr geistiges Training absolvieren können. Im Lauf der Zeit werden Ihnen die Besuche in Ihrem geistigen Fitnesscenter zur Gewohnheit werden und Ihnen dabei helfen, sich rasch zu sammeln, das Ziel im Visier zu behalten und Ihre ganze Willenskraft und Energie auf das angestrebte Ziel zu richten. Das geistige Fitnesscenter eignet sich insbesondere als Rahmen für die mentale Projektion.

Nehmen Sie eine angenehme Position ein, schließen Sie die Augen und sehen Sie zu, wie die Welt in den Hintergrund tritt. Atmen Sie einige Male tief durch, um sich zu sammeln. Konzentrieren Sie sich darauf, wie die Luft in Ihre Lungen strömt und Ihren Körper wieder verlässt. Herein und hinaus, herein und hinaus … Folgen Sie Ihrem Atem in die Stille. Richten Sie Ihre Aufmerksamkeit auf das Hier und Jetzt und lassen Sie alle Gedanken und Sorgen des Tags, alle lärmenden Ablenkungen rund um Sie durch Ihren Geist fließen, ohne sie festzuhalten. Sehen Sie zu, wie sich diese Gedanken verlieren.

Stellen Sie sich jetzt vor, dass Sie auf einem Weg entlanggehen. Sie haben keine Eile. Zu Ihrer Rechten sehen Sie in einiger Entfernung eine Treppe und gehen hinüber. Es gibt zehn Stufen, die nach unten führen. Sie steigen langsam hinab und atmen bei jedem Schritt tief ein. Zehn, neun, acht … Am Ende der Treppe sehen Sie einen Torbogen. Dies ist der Eingang zu dem Raum, in dem Sie Ihr geistiges Fitnesscenter einrichten werden. Sie atmen erneut tief durch und gehen durch das Tor.

Jetzt befinden Sie sich in Ihrem besonderen Trainingsbereich. Möglicherweise ist Ihnen der Ort vertraut. Sehen Sie sich um und genießen Sie den Anblick der schönen Umgebung. Was auch immer in Ihrer Vorstellung auftaucht, ist in Ordnung. Es kann ein Strand, ein Berg oder ein Tal sein. Vielleicht sieht der Ort nicht einmal aus wie von dieser Welt. An diesem besonderen Ort ist die Schwerkraft aufgehoben, und Sie können alles tun, was Sie wollen, um sich selbst oder der Menschheit zu dienen. Ohne Ihre Einladung kann niemand an diesen Ort kommen. Hierher werden Sie von nun an kommen, um zu meditieren, Visualisierungsübungen zu machen, Fähigkeiten zu trainieren und Heilung zu suchen. Beginnen wir nun, an diesem Ort Ihr geistiges Fitnesscenter einzurichten.

Das geistige Fitnesscenter kann jede beliebige Gestalt annehmen, die Sie sich vorstellen können. Meines liegt an einem Berghang. Es hat einen Holzboden und keine Decke, einen Yogaraum und einen für das Nahkampftraining, und da ist auch eine Matte, auf der ich mich zum Meditieren niederlasse. Es hat ein wenig Ähnlichkeit mit einem Yogastudio oder einem Kampfsportzentrum. Bauen Sie Ihre Anlage selbst. Hat sie Fenster oder werden Sie unter freiem Himmel trainieren? Sind die Böden aus Holz oder liegen dort Teppiche? Welche Farbe haben die Wände, wie sieht die Dekoration aus? Welche Ausrüstung brauchen Sie? Lassen Sie eine Wand frei, auf die Sie Bilder projizieren können. Ansonsten können Sie Ihr Fitnesscenter mit allem füllen, was Ihnen inneren Frieden gibt und was Sie brauchen, um im Geist zu trainieren. Bei diesem ersten Besuch werden wir nichts anderes tun, als diesen Ort zu gestalten.

Wenn Sie fertig und mit Ihrer Arbeit zufrieden sind, sollten Sie Ihren Dank für diesen sicheren, unberührten Ort aussprechen. Verlassen Sie jetzt Ihr geistiges Fitnesscenter und gehen Sie zum Tor. Werfen Sie einen Blick zurück und begutachten Sie noch einmal das Ergebnis Ihrer Arbeit. Dann machen Sie kehrt und gehen Sie durch den Torbogen. Steigen Sie über die Treppe hinauf zu Ihrem äußeren bewussten Ich. Jeder Schritt bringt Sie Ihrem normalen Wachzustand näher. Wenn Sie oben angekommen sind, folgen Sie dem Weg zurück in die aktive Welt. Werden Sie sich langsam jedes Teils Ihres Körpers bewusst. Öffnen Sie die Augen: Sie sind hellwach und fühlen sich gestärkt. Die Übung ist beendet.

# KISS (Keep It Simple, Smarty)

Weniger Ablenkungen und ungeteilte Ressourcen sind gleichbedeutend mit einem schärfer gestellten Visier und besseren Ergebnissen. Daher müssen Sie für Einfachheit sorgen. Dieses Werkzeug wird überall unterrichtet, von Grundschulen bis zu Managementseminaren. Der Grund dafür ist, dass es funktioniert! Hier ist die Anwendung für den Weg des SEAL.

**Schritt 1:** Schaffen Sie zunächst Ordnung in den Räumen, die Sie täglich nutzen. Beginnen Sie bei den kleinen Orten (wie Ihrem Schreibtisch) und arbeiten Sie sich durch bis zu den großen (etwa der Garage). Sie müssen nicht alles auf einmal aufräumen; nehmen Sie sich jeden Tag einen Bereich vor.

**Schritt 2:** Als Nächstes sollten Sie Ihr besonderes Angebot entsprechend der Erläuterung auf Seite 72 analysieren und beginnen, Ihre täglichen Tätigkeiten aufzugliedern, um die 20 Prozent zu finden, die wirklich wichtig sind. Halten Sie in der kommenden Woche alle Ihre Aktivitäten in 30-Minuten-Blöcken fest – von der Zeit, die Sie mit Facebook, im Pendlerzug, am Arbeitsplatz, im Fitnesscenter und im Bett verbringen. Sehen Sie sich die einzelnen Blöcke anschließend genauer an und halten Sie fest, was genau Sie in dieser Zeit tun. Ein Beispiel: Kontrollieren Sie Ihre E-Mail im Büro zweimal täglich oder alle zehn Minuten? Analysieren Sie Ihre Aktivitäten am Ende der Woche genau, um sich ein Bild davon zu machen, was Sie im Lauf eines Tages wirklich tun. Nun, da Sie es wissen, können Sie die nutzlosen Aktivitäten oder Zeitvertreibe aussortieren, damit Sie sich darauf konzentrieren können, die Ergebnisse zu erzielen, die Ihnen wirklich wichtig sind.

**Schritt 3:** Nun ist es an der Zeit, den internen Abfall zu entsorgen, indem Sie nicht wünschenswerte oder anderweitig ablenkende Verpflichtungen, Ärgernisse, seit Langem an Ihnen nagenden Groll und nicht geklärte emotionale Probleme beseitigen. Bereiten Sie sich darauf vor und finden Sie sich damit ab, dass schwierige Entscheidungen nötig sein werden. Versuchen Sie, Ihren inneren Weg ohne Ballast zu gehen, etwas Positives zu bewirken und in der Welt behutsam aufzutreten. Das ist der Weg des SEAL.

Wenn Sie diese drei Schritte befolgen, wird die Klarheit zu einer Baucherfahrung werden. Man kann etwas intellektuell verarbeiten, aber an einem bestimmten Punkt muss man ein Konzept verkörpern oder erfahren, um es wirklich verstehen zu können. Deshalb beginnen wir damit, dass wir in unserer materiellen Umgebung aufräumen. Wenn Sie alle drei Schritte gewissenhaft nachvollziehen, werden Sie die Wirkung von KISS zwangsläufig auf einer grundlegenden Ebene erfahren. Und da KISS auf alles anwendbar ist, was Sie tun, können Sie das Konzept in sämtliche Lebensbereiche integrieren. Es gibt keine bessere Möglichkeit zu Erhöhung der Effektivität, als die Dinge zu vereinfachen.

## PRINZIP 3

# Mach deine Mission wasserdicht

>»Wenn Sie losgehen, müssen Sie eine Vorstellung vom Ziel haben.«
>*Stephen R. Covey (1932–2012), Autor des Bestsellers* Die 7 Wege zur Effektivität

Es hat einen Grund, dass mehr als 95 Prozent aller neu gegründeten Unternehmen innerhalb von fünf Jahren zugrunde gehen: Die Gründer sind nicht in der Lage, die Ungewissheit zu beseitigen und die Risiken zu verringern. Obwohl ich es dank meiner Erfahrung als SEAL besser hätte wissen müssen, hatte ich das Ziel nicht wirklich im Visier, als ich nach meinem Ausscheiden aus dem aktiven Dienst im Jahr 1996 gemeinsam mit meinen Schwagern die Coronado Brewing Company gründete, kurz CBC.

CBC war ein schöner Brauereigasthof im kalifonischen Coronado, wo sich der Westküstenstützpunkt der SEALs befindet. Mein Schwager hatte mir angeboten, mich an einer kleinen Bar zu beteiligen, die selbst gebrautes Bier anbieten würde, aber ich hatte eine größere Vision und glaubte, meine Partner dächten genauso. Bald arbeitete ich an einem Businessplan für einen sehr viel anspruchsvolleren Brauerei-Restaurant-Betrieb. Der Plan enthielt Detailangaben zu den Kapitalerfordernissen, zum Management des Betriebs, zum Menü und anderen Dingen, die rückblickend kaum Aussichten hatten, so zu funktionieren, wie wir es uns vorstellten. Heute weiß ich, dass das Visier nur funktioniert, wenn man die Mission gegen Fehler absichert.

Innerhalb meines begrenzten Gesichtsfelds war mir klar, worin die Mission von CBC bestehen sollte: Wir wollten einen erfolgreichen Brauereipub gründen und betreiben. Ich unterließ es jedoch, diese Mission richtig zu definieren, und übersah die impliziten Erwartungen, die Dinge wie eine angemessene Kapitalisierung (ich sorgte nicht dafür), den Aufbau eines erstklassigen, für die Mission geeigneten Teams (Fehlanzeige) und die sorgfältige Auswahl hochwertiger Etappenziele beinhaltete (ich unterließ es).

Anfangs konzentrierte ich mich auf die naheliegenden Vorhaben, zum Beispiel auf die Kapitalbeschaffung, den Bau der Anlage, Rekrutierung und Schulung des Personals und die Einholung der behördlichen Genehmigungen. Doch als wir uns der Eröffnung näherten, verschob sich mein Fokus: Ich wollte vor allem so rasch wie möglich den Betrieb aufnehmen, weil uns das Geld ausging und wir unbedingt Cashflow brauchten. Während ich mich verzweifelt bemühte, das Überleben des Unternehmens zu sichern, verlor ich die übergeordnete Mission aus den Augen, die darin bestand, das Geschäft auf ein solides Fundament zu stellen, das mehrere Betriebseinheiten tragen würde. Und ich verlor die Ziele aus den Augen, die unerlässlich waren, um den Erfolg der Mission zu gewährleisten: Die verschiedenen Mitglieder des Teams hätten ihre Visionen abstimmen müssen (meine sah die Eröffnung weiterer Filialen vor, während meine Partner kein Interesse an einer Expansion hatten), wir hätten eine effektive Kommunikation und ein stabiles Vertrauen entwickeln müssen (stattdessen führten wir kein einziges wirklich schonungslos offenes Gespräch, das unerlässlich ist, wie Sie im Kapitel »Trainieren nach der SEAL-Methode« erfahren werden), und wir hätten die finanziellen Kontrollmechanismen und den Prozessablauf verbessern müssen, um unserem Unternehmen Wachstum zu ermöglichen (dafür hätte es einer Fähigkeit bedurft, die mir vollkommen fremd war).

Ich war mit Herz und Seele bei der Sache und machte mich mit großem Elan daran, die offensichtlichen kurzfristigen Ziele zu erreichen. Die Folge war, dass mich die höherwertigen Ziele, die ich vernachlässigt hatte, und die impliziten Erwartungen an ein solches Geschäft überwältigten. Zwar gelang es uns zu eröffnen, nur neun Monate nach Gewährung unseres Gründerkredits durch die Small Business Administration, und eine rasch wachsende Stammkundschaft zu gewinnen, aber als die ersten Schwierigkeiten auftauchten, zerbrach die Partnerschaft.

Erschwerend kam hinzu, dass ich weder mental noch emotional für die folgende familiäre Achterbahnfahrt gerüstet war. Sowohl meine Frau als auch meine Schwiegereltern wurden in das Drama verwickelt. Rückblickend bin ich durchaus stolz auf das, was ich damals aufbaute – das Unternehmen erfreut sich bis zum heutigen Tag einer guten Gesundheit –, aber ich bedaure zutiefst, dass die Gründung dieses Betriebs die Familie meiner Frau zerriss. Sie begannen darüber zu streiten, ob ich gegenüber den Investoren loyaler sei als gegenüber meinen Schwagern und ob mein Schwiegervater mir größere Loyalität entgegenbringe als seinen Söhnen. Die unvereinbaren Standpunkte und mein Unvermögen, die Mission wasserdicht zu machen, trugen zweifellos zu diesen Folgekonflikten bei. Ich bemühte mich sehr, mir den angestrebten Zustand des Unternehmens auszumalen, aber da dieses Ziel nicht mit unserer Realität übereinstimmte, zeitigte meine mentale Arbeit nicht die gewünschten Ergebnisse.

Rückblickend ist mir klar, dass mein unternehmerisches Abenteuer ohne angemessene Planung und gut gestaltete Durchführungsstrategien ein Glücksspiel war, das nicht auf Gewissheiten, sondern ausschließlich auf Hoffnungen und Erwartungen beruhte. Um kostspielige Fehler wie die, die ich damals beging, zu vermeiden, müssen Sie Ihre Mission absichern. Sie müssen:

- ausschließlich hochwertige Ziele auswählen
- Ihre Optionen studieren
- Ihre Vision Ihrer Umgebung vermitteln
- Ihre Mission in allen Einzelheiten durchspielen

Bei CBC berücksichtigte unser Team viele dieser Aspekte nicht, und wie Sie gesehen haben, führte das rasch zu Zerwürfnissen zwischen meinen Partnern und mir. Nachdem sie ihre Zusage zurückgezogen hatten, gemeinsam mit mir zu investieren oder auch nur täglich im Unternehmen zu arbeiten, wurde mir klar, dass wir nicht dieselbe Ethik hatten. Die Folge war, dass wir uns in verfeindete Fraktionen aufspalteten. Bald war ich in einen Rechtsstreit über die Kontrolle des Unternehmens verwickelt und steckte obendrein bis zum Hals in einem familiären Albtraum. Der Verkauf des Restaurants scheiterte in letzter Sekunde, als der potenzielle Käufer von der chaotischen Situation erfuhr. Die dreijährige Quälerei hatte schlimme Folgen für die Familie meiner Frau: ihre beiden Brüder (meine Geschäftspartner) überwarfen sich, und ihre Eltern trennten sich, weil sie der Belastung anscheinend nicht gewachsen waren.

In dieser ganzen Zeit konzentrierte ich mich darauf, Sandy dabei zu helfen, die Krise möglichst unbeschadet zu überstehen und unsere Ehe zu retten, während ich gleichzeitig versuchte, das Richtige für die Teilhaber zu tun. Schließlich waren sie es, die ihr Geld riskiert hatten, um gemeinsam mit mir in meine Vision von einem größeren Unternehmen zu investieren. Schließlich gelang es mir, ihnen ihr Kapital mit einer Rendite zurückzuzahlen, aber bis dahin machten wir ein paar schlimme Jahre durch. Ich brauchte noch einige weitere Jahre, um die ganze Tragweite der Fehlentwicklungen zu verstehen und einen Hoffnungsschimmer am Horizont zu erkennen. Ich schwor mir, diese Fehler nie wieder zu begehen, und hüte mich seither vor der Zusammenarbeit mit Partnern und Investoren (allerdings arbeiten Sandy und meine Stieftöchter für SEALFIT, und wir kommen durchaus gut miteinander aus). Diese schmerzhafte Erfahrung öffnete mir in mehrerlei Hinsicht die Augen, und ich bin dankbar für die Lehren, die ich daraus zog. Und ich bin meinen Partnern dankbar dafür, dass sie meine Lehrer gewesen sind, obwohl ich zugeben muss, dass ich lange brauchte, um dieses Gefühl zu entwickeln. Im Rückblick wird alles klarer, und mittlerweile weiß ich, wie ich die CBC-Mission wasserdicht hätte machen können, um einen Erfolg auf höchster Ebene zu gewährleisten. Werfen wir einen genaueren Blick auf die vier zuvor angesprochenen Prinzipien, die dafür sorgen werden, dass Ihre Missionen jedes Mal erfolgreicher enden.

# Wähle hochwertige Ziele aus

»Der Erfolg wird nicht zu dir kommen ... du musst ihn suchen.«
*Marva Collins (geb. 1936), amerikanische Pädagogin und Gründerin der Westside Preparatory School*

Indem Sie von Anfang an die richtigen Ziele auswählen, können Sie viel tun, um den Erfolg Ihrer Mission zu gewährleisten, denn auf diese Art gewinnen Sie eine

genaue Vorstellung davon, wo Ihre Ressourcen besonders nutzbringend eingesetzt werden können. So können Sie Ablenkungen entlang des Weges ignorieren
oder delegieren und das Ziel im Visier behalten, wodurch Ihre Erfolgsaussich-
ten deutlich steigen werden. Hätte ich meine damalige Mission besser geplant,
hätte ich präzise Ziele für CBC festgelegt, um auch über die Eröffnung des
Restaurants und ein Guthaben auf dem Firmenkonto hinaus die Gesundheit des
Unternehmens zu gewährleisten. Seit damals habe ich einen Planungsprozess
entwickelt und in der Praxis erprobt.

Es handelt sich um eine vereinfachte Version der von den SEALs angewandten
Zielbeurteilung. Dieser wirkungsvolle Prozess ist eine Gewähr dafür, dass das
Ziel der Mission entspricht und uns davon abhält, die falschen Ziele anzupeilen.
Vielleicht kennen Sie bereits ein Analysewerkzeug namens SWOT (Strengths,
Weaknesses, Opportunities, Threats). Die SWOT-Analyse, das heißt die Ana-
lyse von Stärken, Schwächen, Chancen und Bedrohungen, hilft Ihnen dabei,
Ihre Stärken und Schwächen im Vergleich zu denen der Konkurrenten zu be-
urteilen, um Ihre Mission auf den Markt abzustimmen. Das FITS-Verfahren(-
Fit, Importance, Timing, Simplicity – Entsprechung, Bedeutsamkeit, Timing,
Einfachheit) weist gewisse Ähnlichkeiten zur SWOT-Analyse auf, aber ich habe
dieses Verfahren eigens entwickelt, um zu bestimmen, welche Zielsetzungen am
besten zur gewählten Mission passen, die sich ihrerseits mit der Bestimmung
(Prinzip 1) decken sollten. Wenn Sie bereits mit der SWOT-Analyse vertraut
sind und davon profitieren, können Sie sie problemlos mit dem FITS-Verfahren
kombinieren, um noch bessere Ergebnisse zu erzielen.

Im Übungsteil werde ich Ihnen zeigen, wie Sie bei der Gestaltung Ihrer Mission
FITS nutzen können. Im Rahmen dieses Verfahrens werden Sie jedes mögliche
Ziel mit Blick auf vier Kriterien beurteilen:

- **Entspricht** dieses Ziel Ihren Fähigkeiten und denen Ihres Teams und
  verspricht es eine gute Investitionsrendite? **(Fit – Entsprechung)**
- Wie **wichtig** ist diese Zielsetzung für den Erfolg der Mission **(Importance
  – Bedeutsamkeit)**
- Ist dies der **geeignete Zeitpunkt**, um dieses Ziel zu verfolgen? **(Timing)**
- Ist die Zielsetzung **einfach** und klar? **(Simplicity – Einfachheit)**

Sie können dieses Verfahren anwenden, um ein ausgewähltes Ziel zu beurteilen oder jede untersuchte Zielsetzung anhand der vier Fragen einzustufen und auf einer Skala von 1 bis 5 zu bewerten. Wenn Sie die Werte zusammenrechnen, zeigt sich, welche Ziele höherwertig sind.

Ein Beispiel: Rick, mein ursprünglicher Partner bei CBC, hatte ursprünglich vorgeschlagen, eine Bar zu eröffnen. Nach einer Analyse der möglichen Kapitalrendite, der Opportunitätskosten meines Zeitaufwands und des Talents, das uns in Person eines befreundeten Braumeisters zur Verfügung stand, sprach ich mich dafür aus, das ehrgeizigere und passendere Ziel einer Brauereigaststätte anzustreben, in der wir unser Bier selbst erzeugen und in Verbindung mit Speisen verkaufen konnten. In meinen Augen sollte die Mission darin bestehen, statt eines einzigen Gastbetriebs ein nachhaltiges Einzelhandelsgeschäft aufzubauen, das großes Wachstumspotenzial besaß. Daher war ich der Meinung, dass ein Brauereipub eher Chancen für den Aufbau eines Franchising-Unternehmens bot als eine Bar.

Was das Ertragspotenzial des Brauereipubs betraf, lag ich richtig. Aber wie sich herausstellte, hatten Rick (und sein Bruder, der später als Partner einstieg) nicht dieselbe Vorstellung von der übergeordneten Mission, weshalb diese Zielsetzung nicht zu unserem Team passte.

Nachdem wir beschlossen hatten, es mit einer Brauereigaststätte zu versuchen, hatte ich bald nichts anderes mehr im Kopf als die Eröffnung von CBC. In diesem Moment hatte es den *Anschein*, als wäre mein kurzfristiges Ziel, so rasch wie möglich zu eröffnen, um den Cashflow in Gang zu bringen, in Anbetracht unserer kritischen finanziellen Lage von großer Bedeutung. Aber in diese Lage waren wir nur geraten, weil ich mich nicht frühzeitig auf ein wichtigeres Ziel konzentriert hatte: Hätte ich von vornherein genug Kapital beschafft, hätte ich mich später auf die höherwertigen Ziele konzentrieren können.

Ein wichtiges FITS-Kriterium ist die Wahl des richtigen Zeitpunkts, und unser Timing war ausgezeichnet. Wir gehörten zu den Ersten auf dem Markt für Mikrobrauereien, wir sahen eine Gelegenheit, sowohl der erste Brauereipub in der Stadt zu sein als auch ein Restaurant in einer dicht besiedelten Gegend zu eröffnen, in der es keine gehobenen Restaurants gab. Wir fanden einen guten Standort und hatten einen deutlichen Vorsprung vor der Konkurrenz. Dies ist einer der Gründe dafür, dass das Unternehmen trotz unserer strukturellen Mängel und unseres dysfunktionalen Teams so erfolgreich war. Aber während das Ziel, eine Brauereigaststätte zu eröffnen, sehr klar war, war die Verwirklichung dieses Ziels aufgrund der impliziten Aufgaben alles andere als einfach. Weder hatte unser Team genug Erfahrung für den Aufbau einer Restaurantkette noch handelte es geschlossen genug, um diese Mission ohne größere Umstrukturierung bewältigen zu können.

Eine FITS-Analyse hätte mich durchaus in dem Bestreben bestätigt, statt einer Bar eine Brauereigaststätte zu eröffnen, aber sie hätte mir auch geholfen, frühzeitig gravierende Mängel des Plans zu erkennen, der insbesondere die Illusion weckte, das Ziel sei leicht zu erreichen. Und hätte ich das FITS-Verfahren angewandt, als ich die folgenden Ziele auf dem Weg zu unserem Unternehmen – vom Konzept bis zur Eröffnung – anpeilte, hätte ich zweifellos die richtigen, hochwertigen Ziele im Visier gehabt, anstatt mich ablenken zulassen, als ich unter Druck geriet.

Man braucht Disziplin, um sich ausschließlich auf die hochwertigen Ziele zu konzentrieren, anstatt der Versuchung nachzugeben, die niedrig hängenden Früchte zu ernten, die das Leben täglich anbietet. Während meiner Tätigkeit als Leiter des jungen Unternehmens bot sich mir die Gelegenheit, eine weitere Brauerei in San Diego zu erwerben. Der Eigentümer war unser Braumeister, und ich hielt diese Brauerei für ein geeignetes Expansionsvehikel. Ich schloss das Geschäft ab, aber der Zeitpunkt war schlecht gewählt, und wir hatten nicht genug liquide Mittel, um meine Vision von der Expansion zu verwirklichen. Einige Zeit später verkaufte ich meine Anteile am Unternehmen an einen anderen Entrepreneur. Hätte ich mich an das FITS-Verfahren gehalten, wäre mir klar geworden, dass ich auf die Übernahme verzichten und meine Zeit und Energie dafür verwenden sollte, für eine ausreichende Finanzierung zu sorgen, die Kommunikation mit meinen Partnern zu verbessern und unsere Marketingsysteme und innerbetrieblichen Prozesse für die Expansion vorzubereiten.

# Studiere deine Optionen

»Wenn ein Ziel offenkundig unerreichbar ist, solltest du nicht das Ziel,
sondern den Weg dorthin ändern.«

*Chinesisches Sprichwort*

Der richtige Weg ist nur selten auf den ersten Blick zu erkennen. Oft bieten sich zahlreiche Möglichkeiten, um unsere Ziele zu verfolgen, aber diese Optionen sind nicht gleichermaßen gut geeignet, um ein Ziel zu erreichen. Entscheidend ist, dass Sie Ihre Optionen studieren, um die Wahl zu treffen, die am besten geeignet ist, um die Mission erfolgreich abzuschließen. Indem Sie das tun, können Sie den besten Weg festlegen, dessen Details schließlich zu Ihrem Missionsplan werden. Aber wie können Sie Ihre Optionen so identifizieren und analysieren, dass der Erfolg Ihrer Mission gewährleistet ist?

Während eines einjährigen Einsatzes im Irak im Jahr 2004 beobachtete ich eine Sondereinheit der Marines, um festzustellen, ob diese Truppe ins Special Operations Command integriert werden sollte (diese Kommandoeinrichtung, die USSOCOM, ist für die Leitung und Koordinierung der Spezialeinheiten der amerikanischen Streitkräfte zuständig) oder ob sie weiterhin nur für Missionen des Marine Corps eingesetzt werden sollte. Die von mir zusammengestellten Daten wurden gesichtet und analysiert, um Empfehlungen für das Verteidigungsministerium zu entwickeln. Der von uns verwendete militärische Entscheidungsprozess (Military Decision Making Process, MDMP) war für große Organisationen mit weitem Zeithorizont bestimmt und sehr arbeitsaufwändig. Aber MDMP ist ein so wertvolles Instrument, dass ich für das schnelllebige Geschäftsumfeld eine vereinfachte Version entwickelt habe.

Haben Sie einmal Ihre hochwertigen Ziele ausgewählt, können Sie das PROP-Verfahren nutzen, um die möglichen Wege zu diesen Zielen zu studieren und die geeignete Option auszuwählen. Bei der PROP-Analyse müssen Sie folgende Fragen beantworten:

- Was sind Ihre gegenwärtigen **Prioritäten**?
- Was ist die **Realität** der Situation?
- Welche **Optionen** bieten sich bei Ihren Zielen an?
- Welchen **Pfad** werden Sie wählen?

Als mein Unternehmen U.S. Tactical im Jahr 2007 einen 5-Millionen-Dollar-Auftrag für die Betreuung von SEAL-Anwärtern unter zweifelhaften Umständen an Blackwater verlor, verschoben sich meine Prioritäten vollkommen. Ich stellte fest, dass die hochwertigen Ziele nunmehr darin bestanden, den Schaden zu begrenzen (ich musste gemeinsam mit meinen Mitarbeitern ein paar offene Probleme lösen, um ein möglichst positives Ergebnis zu erzielen) und über meinen nächsten Schritt entscheiden, da meine vorrangige geschäftliche Mission unerwartet vom Kurs abgekommen war. Die Prioritäten, die ich diesen Zielen zuordnete, bestanden darin, meine Mitarbeiter fair zu behandeln, über einen Einspruch gegen das Ausschreibungsergebnis zu entscheiden und Klarheit darüber zu gewinnen, ob ich weiter für die öffentliche Verwaltung arbeiten oder mich stattdessen auf den Verbrauchermarkt konzentrieren sollte.

Ich analysierte die Situation und stellte mich der Realität: Mit dem Riesen Blackwater konnte sich U.S. Tactical, ein Neuling im Geschäft mit öffentlichen Aufträgen, nicht messen – weder was die Ressourcen noch was die Erfahrung anbelangte. Ein Versuch, Blackwater die Stirn zu bieten und die Entscheidung anzufechten, würde für mich vermutlich nicht gut enden, und selbst wenn ich mich durchsetzte, konnte uns das Verfahren den Goodwill unserer früheren Auftraggeber kosten oder sogar das Unternehmen in den Bankrott treiben. Außerdem musste ich für meine Mitarbeiter sorgen, die allesamt ehemalige Mitglieder der Spezialeinheiten der Navy waren. Sie würden kein Geld verdienen, während ich mich durch die Bürokratie kämpfte, aber ich konnte auch für sie sorgen, ohne dass sie bei U.S. Tactical beschäftigt waren: Blackwater erkannte den Wert ihrer Erfahrung und wollte sie übernehmen. Ich hatte nur wenig Zeit, um über meinen nächsten Schritt zu entscheiden.

Ausgehend von dieser Realität identifizierte ich drei mögliche Wege, um das Ziel der Schadensbegrenzung zu erreichen, das sich wiederum auf die Notwendigkeit auswirkte, über meinen nächsten Schritt zu entscheiden: Ich konnte darauf beharren, dass meine Mitarbeiter ihre Verträge erfüllten und nicht zur Konkurrenz abwanderten, was einen Disput mit der Navy zur Folge hätte. Ich konnte sie von ihren Verpflichtungen entbinden, damit sie zu Blackwater gehen konnten, während ich ein vollkommen neues Geschäftskonzept verfolgte. Oder ich konnte sie im Unternehmen halten und eine Partnerschaft mit der neuen Firma eingehen. Ich entschied mich schließlich für die zweite Option, die mir die nobelste zu sein schien, da sie meinen Mitarbeitern und den zukünftigen Helden, für die sie arbeiteten, am besten diente, meiner Grundhaltung entsprach (insbesondere dem Grundsatz »Ich werde Frieden und Glück finden, indem ich Wahrheit, Weisheit und Liebe suche, anstatt nach Reichtum, Titeln oder Ruhm zu streben«) und mir Spielraum verschaffte, um meiner wahren Leidenschaft nachzugehen, die darin bestand, ein neues umfassendes Trainingsmodell zu entwickeln, das in den Leitlinien der Navy für SEAL-Anwärter keinen Platz hatte.

Diese Analyse führte mich zur richtigen Entscheidung: SEALFIT entstand in dem Freiraum, der entstanden war, als ich U.S. Tactical und der verschachtelten Welt der öffentlichen Auftragsvergabe den Rücken gekehrt hatte. Die anderen Optionen waren möglicherweise sicherer oder lukrativer, aber sie entsprachen nicht mehr meiner Vision. Zum Glück richtete ich mich neu aus und besann mich wieder auf meine Bestimmung, die mittlerweile darin bestand, Menschen durch ein ganzheitliches Training im Sinne der großen Kriegertraditionen eine persönliche Verwandlung zu ermöglichen.

Wie genau Sie die PROP-Analyse durchführen können, um Ihre Mission zu planen, werde ich Ihnen im Übungsabschnitt erklären.

# Vermittle deine Mission

»Sie müssen das Muster erkennen, die Ordnung verstehen und die Vision erfahren.«

*Michael E. Gerber (geb. 1936), Autor des Bestsellers* The E-Myth Revisited

Wenn Sie nicht in der Lage sind, anderen die Bedeutung Ihrer Mission zu vermitteln, werden Sie keine Unterstützung erhalten. Und was noch schlimmer ist: Möglicherweise werden Ihnen Widersprüche zwischen Ihrer Vision und der Vision der anderen Beteiligten entgehen. Beide Faktoren sind mögliche Schwachstellen in Ihrer Panzerung. Die Beteiligten – seien es potenzielle Partner, Investoren oder andere Unterstützer – müssen klar verstehen, was Sie tun wollen, warum Sie es tun wollen, welche Mittel Sie dafür benötigen und wer für die Mission verantwortlich ist. Bei den SEALs lernte ich, das zu tun, indem ich eine Geschichte erzählte. Indem man eine Geschichte der Mission erzählt, entwirft man ein visuelles Mosaik des Missionsplans, das für das Einsatzteam, für andere Beteiligte wie die logistischen Unterstützungseinheiten (Hubschrauber und U-Boote) und für die Entscheidungsträger auf den höheren Ebenen leicht nachvollziehbar ist. Statt einer langweiligen Folie mit der Information »Der Alpha Platoon wird in den Fahrzeugen 1 und 2 transportiert« zeigt man ein Bild. Man sieht sich sofort am Steuer des Fahrzeugs Nummer 2. Dann sieht man ein Luftbild vom Ziel, auf dem der Zugangspunkt markiert ist, und möglicherweise auch ein Video der Umgebung. Für Spezialeinheiten ist das visuelle Mosaik ein unverzichtbarer Bestandteil der Einsatzbesprechung. Es wird begleitet von einer Geschichte, aus der man erfährt, wie wir das Ziel erreichen, wie wir es ausschalten und wie wir die nachrichtendienstlichen Informationen nutzen werden. Wenn Sie eine geschäftliche Mission vermitteln, sollten Sie die Geschichte des Geschäftskonzepts, des Produkts und der Zukunft des Unternehmens erzählen. Dieser dritte und letzte Schritt zur Gestaltung eines wasserdichten Missionsplans erhält seinen Namen durch ein Werkzeug, das ich als SMAKK bezeichne (Situation, Mission, Aktion, Kommando, Kommunikation). Wie dieses Instrument eingesetzt wird, erkläre ich im Übungsteil.

Dies gehört zu den Dingen, die ich beim CBC-Projekt tatsächlich richtig machte (zumindest, was die Kommunikation mit allen Beteiligten, abgesehen von meinen Partnern, anbelangte). Ich engagierte einen Grafiker, der Bilder der Brauereigaststätte gestaltete, wie ich sie mir vorstellte. Er entwarf sogar Rabattkupons und Untersetzer. Diese Bilder wurden in meinen Missionsplan (Businessplan) integriert, samt kurzen Texten, die meiner Vision Zusammenhalt gaben. Ich legte die Präsentation Bankern, Verwandten, Freunden und potenziellen Investoren vor, und es gelang mir, anderthalb Millionen Dollar an Startkapital zu beschaffen, darunter 800 000 von meiner Bank. Können Sie sich vorstellen, dass eine Bank einem Unternehmer, der noch nie ein Restaurant geführt, Bier gebraut oder irgendeinen Betrieb gegründet hat, 800 000 Dollar leiht? Verrückt, nicht wahr? So wirkungsvoll können visuelle Geschichten sein.

Bei den SEALs präsentieren die Teamleiter in speziellen Einsatzbesprechungen ihrem Team und den Vorgesetzten eine visuelle Geschichte der Mission. Auf diese Art sorgen sie dafür, dass jeder Beteiligte seine Rolle richtig versteht, einschließlich dessen, was geschieht, wenn etwas schiefläuft – was unvermeidlich ist. Auch Sie müssen dafür sorgen, dass die Mitglieder Ihres Teams ihre Rolle in der Mission in- und auswendig kennen.

Unser Bewusstsein nutzt nur einen Bruchteil der Kapazitäten unseres Gehirns. Der Rest wird vom Unterbewusstsein beherrscht, dem Teil, den die Sprache nur schwer erreichen kann, während er für Sinneseindrücke und Bilder empfänglich ist. Wenn Sie die Kommunikation auf den für Worte zugänglichen analytischen Verstand beschränken, werden Sie niemanden inspirieren. Niemand investierte nur wegen meiner Diagramme oder wegen der Kapitalrendite in meine Brauerei. Die Investoren vertrauten mir ihr Geld an, weil meine Vision für sie real war: Sie wollten in dieses Lokal gehen, um dort einen angenehmen Abend zu verbringen. Sie wollten in einer heimeligen Atmosphäre samt offenem Kaminfeuer und Messingkesseln mit ihren Freunden ein gutes Bier genießen.

# Spiele die Mission
# in allen Einzelheiten durch

»Um etwas zu bewegen, muss man aufhören zu reden und beginnen
zu handeln.«

*Walt Disney (1901–1966), Gründer der Walt Disney Company*

Wenn Sie Ihre Mission klar und anschaulich definiert haben, müssen Sie eine innige Beziehung zu ihr herstellen. Analysieren Sie sie jeden Morgen zunächst allein und gehen Sie sie anschließend in den wöchentlichen Meetings mit Ihrem Team durch.

In den SEAL-Teams gingen wir nach der Einsatzbesprechung hinaus und machten etwas, das wir »dirt-dive« nannten, »Tauchen an Land«: Wir übten die Mission so lange, bis wir sie im Kopf abgeschlossen und gewonnen hatten. Als das SEAL-Kommando Osama bin Laden aufgespürt hatte, wurde nicht einfach ein Team in einem Hubschrauber losgeschickt, um den Terrorchef zu schnappen – wie in dem Film *Zero Dark Thirty* –, sondern der Einsatz wurde monatelang geübt. Die SEALs spielten ihn im Geist durch. Sie übten ihn in einer Anlage, die eine Kopie des tatsächlichen Einsatzorts war. Im Anschluss an die Übungen wurde besprochen, was gut funktioniert hatte und wo sich potenzielle Fehlerquellen versteckten. Das Team konnte sich die erfolgreiche Mission bis ins letzte Detail ausmalen. So erlebten sie einen »easy day«, einen »lockeren Tag« (eine Routinemission im Jargon der SEALs), als der Zeitpunkt gekommen war, das tatsächliche Ziel anzugreifen.

Im Idealfall sollten Sie in der praxisnahen Simulation Ihrer Mission sowohl die mentale als auch die physische Komponente berücksichtigen. Aber in manchen Fällen ist eine körperliche Übung unmöglich oder nicht sinnvoll. Nichtsdestotrotz ist es stets ratsam, zumindest eine »mentale Simulation« durchzuführen. Dies ist eine weitere Visualisierungsübung, die Sie in Ihrem geistigen Fitnesscenter machen können. An der Colgate University hatte ich einen ausgezeichneten Schwimmtrainer namens Bob Benson, der zu den Pionieren der Visualisierung zur Leistungssteigerung im Sport zählte. Benson trug mir auf, die

200-Yard-Strecke im Brustschwimmen jeden Abend vor dem Einschlafen zu visualisieren und meine Zeit mit der Stoppuhr zu messen. Das war keine leichte Aufgabe. Oft schlummerte ich ein, oder meine Gedanken schweiften zu meiner Freundin ab, kaum dass ich ins Wasser eingetaucht und eine Länge absolviert hatte. Ich war nahe daran, meine mentale Badehose an den Nagel zu hängen, aber der Trainer spornte mich an, es weiter mit der Visualisierung zu versuchen.

Ich hielt am Training fest, und nach drei Monaten schaffte ich mit einiger Mühe acht imaginäre Längen. Nach sechs Monaten war ich in der Lage, die acht Längen im Kopf voll konzentriert zu schwimmen. Mein Selbstvertrauen wuchs, aber ich konnte nie testen, wie sich das Training auswirkte, weil ich im Wintersemester nach London ging. Ich hatte seit Monaten weder trainiert noch an Wettkämpfen teilgenommen, als ich im Jahr darauf eine Einladung zur Frühjahrsmeisterschaft erhielt. Aber ich stürzte mich voller Energie ins Wasser. Obwohl ich lange mit dem Training ausgesetzt hatte, war mein Armzug flüssiger geworden. Ich schlug an, und sah verblüfft meine Zeit auf der Anzeigetafel. Ich hatte eine persönliche Bestzeit aufgestellt – es war genau die Zeit, die ich ein Jahr früher in meinen Visualisierungssitzungen erzielt hatte.

Von »Dirt-dive«-Simulationen profitieren nicht nur SEALs und Sportler. Rechtsanwälte zum Beispiel studieren mit ihren Zeugen vor der Befragung im Gerichtssaal die Fragen ein, bevor sie sie in den Zeugenstand rufen, wobei sie sowohl ihre eigene Rolle als auch die der Gegenseite spielen, damit der Zeuge weiß, was auf ihn zukommt (gleichzeitig findet der Anwalt auf diese Art Schwachstellen in einer Aussage). Im Wirtschaftsleben ist diese Vorgehensweise nicht so verbreitet, wie sie sein sollte. Eine Führungskraft, die den Weg des SEAL geht, kann bevorstehende Vorstandssitzungen und Produkteinführungen und neue Betriebspläne mit seinem Team simulieren. Wenn Sie und Ihr Team sich regelmäßig mit einer Mission auseinandersetzen, wenn Sie alle möglichen Wendungen durchspielen und die potenziellen Probleme vorwegnehmen, werden Sie so vertraut damit sein, dass Sie die tatsächliche Mission in Angriff nehmen können, als wäre es eine gewohnte Tätigkeit.

# Übungen

## Die Gestaltung eines wasserdichten Missionsplans

In dieser Übung werden wir einen erfundenen Missionsplan durchgehen, der mit Ihrem Beruf oder Ihrem Privatleben zu tun hat – zum Beispiel mit der Einführung eines neuen Produkts, der Eröffnung einer neuen Filiale oder dem Vorhaben, abzunehmen.

## Teil 1: Wähle ein Ziel aus, das die FITS-Kriterien erfüllt

Führen Sie eine FITS-Analyse (Fit, Importance, Timing, Simplicity – Entsprechung, Bedeutsamkeit, Timing, Einfachheit) durch, um Ihre potenziellen Ziele zu bewerten (diese sollten durchweg SMART-Ziele sein, siehe Prinzip 5), und grenzen Sie die Optionen auf die hochwertigen Ziele ein, um einen wirksamen Missionsplan entwerfen zu können. Sie können die Leitlinien zur Beurteilung eines im Voraus ausgewählten Ziels anwenden oder für jede Kategorie ein Einstufungssystem mit einer einfachen Skala von 1 bis 5 verwenden, um aus mehreren Zielen das optimale auszuwählen. Die zweite Herangehensweise ist gut geeignet, um neue geschäftliche oder Projektmöglichkeiten zu analysieren.

- **Fit (Entsprechung).** Passt das ins Auge gefasste Ziel zu Ihrem Team? Können Sie die vorhandene Begabung, Zeit und Energie bestmöglich nutzen? Was wird es kosten, dieses Ziel anzustreben, und entspricht der Aufwand der zu erwartenden Kapitalrendite?
- **Importance (Bedeutsamkeit).** Wie wichtig ist das Ziel, um Ihre übergeordnete strategische Mission zu erfüllen? Was bedeutet die Bewältigung der Mission für Sie? Wie wird sie sich auf Ihre Konkurrenten auswirken?

- **Timing.** Ist dies der geeignete Zeitpunkt, um dieses Ziel anzustreben? Sind Sie zu früh oder zu spät dran? Sind Sie bereit? Können Sie das Ziel finden und erreichen, und wie wird die Konkurrenz reagieren, wenn Sie es erreichen?
- **Simplicity (Einfachheit).** Ist das Ziel einfach und klar? Können Sie es erreichen, ohne Ihr Ansehen, Ihre zukünftige Leistungsfähigkeit oder den Zusammenhalt Ihres Teams zu beeinträchtigen?

## Teil 2: PROP – gestalte deine Vorgehensweise

Wenn Sie Ihre hochwertigen Ziele ausgewählt haben, können Sie das PROP-System (Prioritäten, Realität, Optionen und Pfad) verwenden, um mindestens drei Vorgehensweisen zu entwickeln und einen klaren Weg zu wählen.

- **Prioritäten.** Wählen Sie drei oder vier hochwertige Ziele aus, die besonders wichtig für den Erfolg Ihrer Mission sind. Gibt es weitere Prioritäten in Zusammenhang mit Ihren vorrangigen hochwertigen Zielen?
- **Realität.** Machen Sie sich ein klares Bild von der Realität Ihrer gegenwärtigen Situation und von ihrem Einfluss auf Ihre Ziele und die übergeordnete Mission. Wie wirken sich diese Aspekte auf Ihre Fähigkeit aus, Ihre prioritären Ziele zu erreichen?
- **Optionen.** Entwickeln Sie ausgehend von Ihrer Bewertung der Prioritäten und Ihrer Situation bis zu drei Optionen oder Vorgehensweisen zur Verwirklichung Ihrer hochwertigen Ziele und Ihrer Mission und stufen Sie diese Optionen nach ihrer Bedeutung ein. Oft werden Sie im endgültigen Plan Bestandteile von zwei oder von allen drei Optionen miteinander verbinden.
- **Pfad.** Welche Vorgehensweise eignet sich am besten? Dies ist Ihr Pfad zum Ziel. Diesen Pfad werden Sie einschlagen, um Ihren Plan zur Erreichung der einzelnen Ziele auf dem Weg zur Erfüllung der Mission zu entwickeln.

# Teil 3: Gestalte deine Mission anhand des SMAKK-Verfahrens

Wählen Sie eine anfängliche Vorgehensweise aus Teil 2 aus und gestalten Sie das visuelle Mosaik, das heißt die »Geschichte«, die Sie erzählen werden, um anderen die Mission zu vermitteln. Sie können Ihre Geschichte anhand eines Verfahrens aufbauen, das ich als SMAKK bezeichne:

- **Situation.** Welche Umstände machen es erforderlich, zur Tat zu schreiten? Warum entspricht das Ziel hier und jetzt den FITS-Kriterien? Sie müssen sich jede Einzelheit ausmalen und sie studieren, damit alle Beteiligten die Ausgangslage für Ihre Mission verstehen können.
- **Mission.** Worin genau besteht die Mission? Schreiben Sie eine Erklärung unter Verwendung der SMART-Terminologie (Specific, Measurable, Achievable, Realistic sowie Timely/Time-Bound – Spezifisch, Messbar, Erreichbar, Realistisch, Zeitgerecht; vgl. Prinzip 5). Beziehen Sie Ihre Zielsetzungen ein und bedienen Sie sich einer Sprache, die in den Köpfen Ihrer Adressaten Bilder heraufbeschwört.
- **Aktion.** Welche Schritte wird Ihr Betriebsteam unternehmen? Was werden Ihr Verwaltungsteam und Ihr Logistikteam tun? Die Aktionen sind die Substanz Ihres Plans. Kein Plan überlebt den Kontakt mit dem Feind. Das bedeutet, dass die Realität meist Korrekturen des Plans erforderlich macht. Daher müssen Sie darauf achten, für den Fall, dass etwas schiefgeht, Abhilfemaßnahmen einzuplanen.
- **Kommando.** Wer ist wann wofür zuständig? Das ist wichtig, da sich die Führungsrollen im Verlauf der Mission vermutlich ändern werden. Planen Sie auch für diese Eventualfälle Abhilfemaßnahmen ein.
- **Kommunikation.** Wie werden die Teammitglieder miteinander und mit anderen kommunizieren? Wer wird welche Botschaften in welchem Zeitrahmen vermitteln, und welcher Methoden wird er sich dazu bedienen?

Verwenden Sie eine bildliche Sprache und vermeiden Sie Fachjargon. Sagen Sie nicht: »Die Beleuchtung wird aufgrund des abnehmenden Monds bei 10 Prozent liegen.« Sagen Sie lieber: »Es wird stockfinster sein.« Setzen Sie Bilder und Videos ein, um Ihre Geschichte zu erzählen, so wie ich es tat, als ich Investoren für CBC suchte. Ihr Team soll den Abschluss jeder einzelnen Etappe der Mission visualisieren und die Schritte anschließend je nach den Erfordernissen der Mission körperlich und/oder geistig einstudieren.

## Das Ideenlabor

Um Ihre Mission gegen Fehler absichern zu können, müssen Sie Ihre Ziele klug wählen. Bevor Sie die Werkzeuge in diesem Kapitel einsetzen können, um Ihre Optionen zu beurteilen, müssen Sie sich darüber im Klaren sein, welches die Werkzeuge sind! Bei dieser Übung handelt es sich im Grunde um eine Brainstorming-Methode, die auf individueller Ebene ebenso wirksam sein kann wie in einem Team. Wenn Sie zum Beispiel untersuchen, welche Möglichkeiten Sie haben, um ein Ziel zu verfolgen, können Sie damit beginnen, in die Uniform des »Animateurs« zu schlüpfen und sich in einen positiven, verspielten und kreativen Geisteszustand zu versetzen. Beschreiben Sie die Aufgabe in Ihrem Tagebuch klar und zeichnen Sie nach Möglichkeit Bilder, um das Potenzial ihres Unterbewusstseins zu nutzen.

Hören Sie nun auf zu denken. Setzen Sie sich hin, schließen Sie die Augen und lassen Sie Ihren Verstand zur Ruhe kommen. Machen Sie die auf Seite 79 unten beschriebene Meditationsübung und gehen Sie in Ihr geistiges Fitnesscenter. Diesmal werden Sie es als Ideenlabor nutzen und Ihre Aufmerksamkeit wieder auf die Herausforderung oder die zuvor formulierte Frage richten. Schauen Sie einfach auf den Projektionsschirm und warten Sie auf eine Antwort. Sie sollten alle Ideen festhalten. Um den Ideenfluss nicht unterbrechen zu müssen, sollten Sie ein Diktiergerät zur Hand haben oder einen Vertrauten bitten, Ihre Gedanken niederzuschreiben, wenn Sie sie laut aussprechen. Denken Sie daran (oder bitten Sie Ihren Partner, Sie daran zu erinnern), dass Sie nicht dazu übergehen dürfen, aktiv über eine Lösung nachzudenken: Ihr Geist sollte leer und klar sein. Halten Sie alles fest, was in Ihr Bewusstsein vordringt oder auf Ihrem Projektionsschirm auftaucht, sei es ein Wort, ein vollständiger Gedanke, ein Gefühl oder ein Bild.

Nach fünf oder zehn Minuten sollten Sie Ihre Ideen und Eindrücke auf Post-its übertragen, die Sie anschließend an die Wand oder an eine Tafel kleben können (natürlich können Sie auch einfach Ihr Tagebuch verwenden). Gehen Sie anschließend die Notizen durch und stellen Sie fest, welche Verknüpfungen oder weiterführenden Gedanken auftauchen. Die ersten Eindrücke sind normalerweise die nützlichsten, gleichgültig, wie sonderbar sie wirken mögen. Verzichten Sie darauf, diese Eindrücke zu beurteilen. Alles ist erlaubt.

Wenn Sie diese Übung mit einem Team machen, gelten im Wesentlichen dieselben Anweisungen. Erklären Sie, worin die Herausforderung besteht, damit alle vom selben Punkt ausgehen, und fordern Sie alle Teilnehmer auf, ihr geistiges Fitnesscenter zu besuchen – diejenigen, die mit dieser Übung nicht vertraut sind, können auch einfach still dasitzen und sich konzentrieren. Jeder Teilnehmer sollte seine Ideen, Bilder und Eindrücke laut sagen, während eine Person diese Beiträge auf Post-its festhält. Bedenken Sie: Alles ist erlaubt. Bei der Auseinandersetzung mit den Ergebnissen sollte man darauf verzichten, über die Beiträge zu urteilen oder sich übereinander lustig zu machen.

# PRINZIP 4

# Tue heute, was andere nicht tun wollen

»Tue heute, was andere nicht tun wollen; tue morgen, was andere nicht tun können.«

*Motto der Feuerspringer*

Jeder, der die SEALs kennt, hat schon von der »Höllenwoche« gehört, einem brutalen Training, das manche Leute als Folter bezeichnen würden. Die Schinderei dauert sechs Tage rund um die Uhr – den Teilnehmern werden in der ganzen Woche nur vier Stunden Schlaf zugestanden. Die meiste Zeit friert man in der kalten Nachtluft und dem noch kälteren Ozeanwasser. Die Höllenwoche beginnt am Sonntag. Die meisten geben bis Dienstagnacht auf, normalerweise kurz vor dem Morgengrauen, wenn sie besonders verwundbar und erschöpft sind. Aber Mittwochabend, wenn man bereits so müde ist, dass man Halluzinationen bekommt, zeigt der Körper eine sonderbare Reaktion. Nachdem er vier Tage durch Schlafmangel und das harte körperliche Training zermürbt wurde, beginnt er sich anzupassen. Und man wird stärker.

Viele Menschen gehen in ihrem ganzen Leben nie über das Bewusstsein ihrer selbst und der Welt hinaus, an das sie sich als Erwachsene gewöhnt haben. Bei den SEALs wissen sie, wie man das in einer Woche schaffen kann. Ich werde

Sie nicht auffordern, während einer intensiven Trainingswoche auf Schlaf zu verzichten, aber in diesem Kapitel werde ich Sie dazu bringen:

- Ihren »Faktor 20« zu finden
- sich mit dem Leiden anzufreunden
- DAE zu entwickeln (Disziplin, Antrieb und Entschlossenheit)

Um sich in die beste mögliche Version von sich selbst zu verwandeln, müssen Sie es durchstehen und die Arbeit erledigen! Also los.

# Finde deinen »Faktor 20«

**»Etwas zu wagen bedeutet, vorübergehend den festen Halt zu verlieren. Nichts zu wagen bedeutet, sich selbst zu verlieren.«**
*Sören Kierkegaard (1813–1855), dänischer Philosoph und Theologe*

»Ihr seid mindestens zum Zwanzigfachen dessen fähig, was ihr euch zutraut. Jetzt bringt eure Lahmärsche in Bewegung und stürzt euch in die Wellen!« Als Lieutenant Zinke diese Worte in seine Flüstertüte schrie, sprangen wir auf und liefen zum soundsovielten Mal zurück in die Brandung. Es war Dienstagnacht in der Höllenwoche. Wir hakten uns beieinander ein, und Zinke schrie: »Setzt euch!« Wir ließen uns in einer Reihe mit dem Rücken zum Wasser nieder. Die Wellen peitschten auf uns ein, wir zitterten unkontrollierbar und drängten uns in der Hoffnung aneinander, wir könnten uns gegenseitig ein wenig wärmen. Jemand stimmte die Nationalhymne an, was unsere Stimmung ein wenig hob. Ich konzentrierte mich darauf, nur diese eine Evolution zu überstehen (»Evolution« ist die Bezeichnung der SEALs für Trainingseinheiten). Ich konnte nicht darüber hinaus denken, da ich sonst nicht imstande gewesen wäre, weiter durchzuhalten. »Eins nach dem anderen«, dachte ich. »Dieses Stück des Kuchens bringe ich noch hinunter.«

»Mann, das bringt mich um!«, stieß mein Kamerad Swanson zwischen zusammengebissenen Zähnen hervor.

»Atme einfach tief und stell dir vor, du liegst in Hawaii am Strand«, sagte ich. Genau das tat ich selbst, und ich fühlte mich besser, selbst wenn ich mich selbst betrog.

Swanson und ich überstanden die Nacht, aber am Morgen hatten zehn weitere Teilnehmer aufgegeben. Am Donnerstag waren noch etwa dreißig Männer übrig, und wir hatten noch zwei Tage vor uns. Obwohl sich mein erschöpfter, vom Schlafentzug zermürbter Geist nach Erholung sehnte, begann ich zu spüren, wie mein Körper stärker wurde. Ich begann mich zu fragen: *Bin ich vielleicht tatsächlich zum Zwanzigfachen dessen fähig, was ich mir zutraue? Wo ist meine Grenze?* Diese Frage stelle ich mir bis zum heutigen Tag, denn mittlerweile habe ich viele Male meine Erwartungen an mich selbst deutlich übertroffen, und ich habe Tausende andere Menschen gesehen, die dasselbe getan haben.

Die SEALs waren nicht die ersten Krieger, die den »Faktor 20« entdeckten. Uralte Formen des Yoga, mit denen sich Krieger auf den Kampf vorbereiteten, beinhalteten *tapas*, was so viel bedeutet wie »gewaltiges Bemühen«. Dieses Bemühen bestand aus täglichen harten Übungseinheiten, die viele Stunden dauerten, und darin, extrem schwierige Haltungen einzunehmen, deren vollkommene Beherrschung Jahre dauerte. Das Yogatraining beinhaltete auch schwierige Atemübungen und lange Meditationssitzungen, in denen Schwächen abgelegt und das Bewusstsein geschärft werden sollte. Die Spartaner hatten das brutale Agoge-System, dessen Zweck darin bestand, den jungen Kriegern geistige und körperliche Härte anzuerziehen. Die fernöstlichen Kampfkünste, darunter die der Shaolin-Mönche und Ninjutsu, sowie die Techniken der Apache-Krieger stützten sich allesamt auf den »Faktor 20«.

Möglicherweise denken Sie, aufgrund der Fortschritte in der Wissenschaft und des wachsenden materiellen Wohlstands sei es heute nicht mehr nötig, sich ähnlichen Herausforderungen wie diese Krieger auszusetzen. Aber das ist ein Irrtum: Herausforderungen bilden heute genauso den Charakter wie damals, während er durch das Wohlleben geschwächt wird. Die Annehmlichkeit macht uns zu Gefangenen einer unterschwelligen Furcht vor dem Leiden. Wir schrecken von Natur aus vor Dingen zurück, die wehtun. Wir begreifen nicht, wie sehr uns dieses Verhalten schwächt. Es hindert uns daran, das Leben wirklich auszukosten. Wir müssen unsere Komfortzone bestimmen – und alles tun, um sie zu verlassen! Beim »Faktor 20« geht es darum, eine persönliche Kultur gewaltiger Anstrengung, ein ständiges Über-sich-Hinauswachsen zu entwickeln.

Sie können auch persönlich wachsen, indem Sie sich Herausforderungen suchen, die weniger oder überhaupt nicht körperlich sind. Versuchen Sie es mit einer Yoga-Challenge und stehen Sie 60 Tage lang täglich eine Sitzung durch. Wenn Sie mehr Zeit haben, können Sie ein unbekanntes Land besuchen und sich auf seine Kultur einlassen, ohne Ihre Muttersprache zu sprechen, oder nehmen Sie das Diplom in Angriff, das Sie so lange verschoben haben. Wenn Sie abenteuerlustiger sind, können Sie versuchen, mit dem Fallschirm aus einem Flugzeug zu springen, oder Sie können für ein Querfeldeinrennen trainieren. Für keine dieser Herausforderungen müssen Sie ein herausragender Athlet sein. Es geht nur darum, etwas zu tun, das den Kreislauf des lähmenden Verhaltens durchbricht und Ihre mentale Stärke fördert. Durch diesen übergroßen Einsatz werden Sie die erste Schwelle auf dem Weg zum »Faktor 20« überwinden und schließlich ein ungeahntes Maß an persönlicher Leistungsfähigkeit erreichen.

Eine neue Herausforderung kann beängstigend sein, und die Angst kann uns den Weg versperren. Ein Beispiel: Einmal brach ich mit einer Gruppe von Managern zu einer anstrengenden Reise nach New Mexico auf. In der letzten Trainingseinheit des Tages – die Teilnehmer mussten sich von einer Klippe über dem Rio Grande 30 Meter tief abseilen – stellte sich heraus, dass einer der Manager unter extremer Höhenangst litt. »Ed, konzentrieren Sie sich nur auf Ihre Atmung und tun Sie einen Schritt nach dem anderen«, sagte ich zu ihm. Er begann, sich über den Felsabhang abzuseilen, aber plötzlich geriet er in Panik und drehte sich am Seil auf den Kopf. Er war nicht wirklich in Gefahr, aber die Furcht überwältigte ihn, und er begann um Hilfe zu schreien. Es kostete mich große Selbstbeherrschung, ihm nicht zur Hilfe zu eilen, aber ich wusste, dass er aus dieser Situation nur etwas lernen konnte, wenn er sie selbst unter Kontrolle brachte.

Ich rief ihm zu: »Hören Sie auf zu schreien! Konzentrieren Sie sich, beherrschen Sie sich. Atmen Sie tief durch und schließen Sie die Augen.« Meine Worte rissen ihn aus seiner Panik und versetzten ihn in einen Zustand der

Konzentration. Er gehorchte und bekam sich langsam wieder in den Griff. »Jetzt halten Sie sich am Seil fest, bringen Sie die Füße zur Wand und drücken Sie sich ab.« Ich gab ihm von unten Anweisungen und betete darum, dass es ihm gelingen würde, sich zu beherrschen und sich nicht unnötig zu verletzen. Nie zuvor war ich in einer Trainingseinheit auf einem derart schmalen Grat gewandert, und mir war bewusst, welche Gefahr meinem Unternehmen drohte, wenn etwas schieflief. Wenn Ed sich bei dieser Übung verletzte – selbst wenn er selbst dafür verantwortlich war –, würde mein Ansehen schweren Schaden nehmen. Er konnte mich sogar verklagen. Zum Glück gelang es mir, ihn zu der Erkenntnis zu führen, dass er sein Schicksal selbst bestimmen konnte. Schließlich befolgte er meine Anweisungen und brachte sich selbst in die richtige Position. Ich ließ ihn den Rest des Weges herab und umarmte ihn, als er unten angekommen war.

Ed war froh, am Leben zu sein, doch trotz seiner Euphorie stand er noch ein wenig unter Schock. Ich sah, dass er sehr empfänglich für eine Lektion war, und erklärte ihm den »Faktor 20«. Ich lobte ihn dafür, dass er sich seiner Angst gestellt, sie unter Kontrolle gebracht und einen Durchbruch erzielt hatte. Später beim Abendessen prosteten wir ihm zu. Ich sah Ed nie wieder, aber ein Jahr später erkundigte ich mich bei dem Teamleiter, der mich für den Job engagiert hatte, nach ihm. Er berichtete mir, dass Ed deutlich abgenommen hatte, sich in einer besseren körperlichen Verfassung befand und in seiner Arbeit sehr viel selbstbewusster geworden war. Er war sogar befördert worden. Das ganze Unternehmen kannte die Geschichte des Managers, der fast in den Rio Grande gefallen war. Er hatte seinen »Faktor 20« entdeckt und die Geschichte des Managers, der unter Höhenangst litt, neu geschrieben.

## Kein Ausweg, sondern ein Weg hinein

Spielen Sie als Statist im Stück eines anderen mit, oder sind Sie der Autor Ihres eigenen Stücks? Die Realität Ihres gegenwärtigen Daseins finden Sie an der Schnittstelle zwischen Ihrer subjektiven Geschichte, die Ihr Selbstbild definiert, und Ihrer objektiven Realität, die sich auf Ihr Verhalten auswirkt. Sie wollen, dass sich Ihre subjektive Geschichte auf einen Zweck und stabile Werte stützt.

Sie wollen Integrität und große persönliche Macht besitzen. Um all das zu erreichen, müssen Sie sowohl der Autor als auch der Star Ihrer eigenen Geschichte sein und die Geschehnisse in Ihrer objektiven Realität als Chancen zum persönlichen Wachstum betrachten.

Aber die meisten von uns begnügen sich mit einer schlechten inneren Geschichte, die sich auf falsche, aber verbreitete Überzeugungen stützt. Wir reagieren nur auf die objektiven Geschehnisse und lassen uns leicht vom Wind der Veränderung mitreißen. Die Kultur, die Menschen, mit denen wir täglich zu tun haben, und die äußeren Geschehnisse formen und verstärken diese subjektive Realität. So werden wir zu Statisten in der Geschichte anderer, reagieren auf unserem Weg durchs Leben nur auf das, was uns aufgezwungen wird, ohne Integrität und inneres Gleichgewicht.

Ich begegne oft Menschen, die gemessen an allen gesellschaftlichen Maßstäben stabil und erfolgreich wirken und dennoch etwas vermissen, weshalb sie mehr Arbeit im Inneren tun wollen. Joe zum Beispiel war ein erfolgreicher Unternehmer und ein gut aussehender, freundlicher Mann, aber er litt unter einem zersplitterten Selbstbild, was zur Folge hatte, dass er in seinem persönlichen Leben unter großer Angst litt. Als ich ihn kennenlernte, hatte er eine Reihe unbefriedigender, oberflächlicher Beziehungen hinter sich. Am meisten Sicherheit gaben ihm seine unternehmerischen Erfolge, weshalb er dazu neigte, das Gespräch in diese Richtung zu lenken, was es erschwerte, eine echte Beziehung zu ihm aufzubauen.

Als Joe erstmals in mein Trainingszentrum kam, eröffnete er mir, dass er eine traumatische Kindheit an der Seite seiner alkoholkranken Mutter erlebt hatte, die ihn emotional misshandelt hatte. Er war unausgeglichen und unerfüllt und wollte seine Vergangenheit endlich hinter sich lassen. Joe hatte Hunderte Stunden mit Therapeuten und persönlichen Beratern hinter sich, aber mit 54 Jahren suchte er immer noch nach Selbstwert und innerer Stabilität. Eines Tages beobachtete er ein Kokoro-Camp, die von SEALFIT angebotene 55-stündige Version der Höllenwoche für Zivilisten. Joes Kampfgeist war erwacht: Er wollte, dass ich sein Mentor wurde und ihn durch diese Grenzerfahrung führte – doch er fand sofort Begründungen dafür, dass er es nicht tun konnte.

Ich glaube, dass Joe tief im Inneren wusste, dass er diese Herausforderung brauchte und sich jenseits des Intellekts mit seinen Überzeugungen auseinandersetzen musste. Aber er war nicht sicher, warum genau er das tun sollte oder worin seine Bestimmung, sein eigentliches »Warum« bestand. Er griff auf das zurück, was er am besten konnte, und schlug mir vor, an dem Programm teilzunehmen und seine Fortschritte zu filmen, um aus der Erfahrung ein Produkt zu machen. Mir war klar, dass er diese Arbeit nicht aus einem vorgeschobenem geschäftlichen Grund, sondern im Interesse einer tief greifenden persönlichen Verwandlung machen sollte. Also lehnte ich seinen Vorschlag ab. Er fragte mich, ob er meiner Meinung nach das Zeug hatte, um es durch die SEALFIT Academy zu schaffen (das dort angebotene dreiwöchige Programm nutzen viele Leute als Vorbereitung für das Kokoro-Camp) und das Kokoro-Camp zu bewältigen. »Joe, das können nur Sie wissen!«, antwortete ich. Schließlich fragte er mich, welches der größte Nutzen des Programms sei. Ich antwortete: »Joe, in Ihrem Inneren hören Sie die Stimme Ihres wahren Ich. Sie können weiter durchs Leben gehen und die Geschichte fortsetzen, die Ihnen mitgegeben wurde, oder Sie können eine neue Geschichte schreiben. Wenn Sie sich auf dieses Wagnis einlassen, werden Sie zum ersten Mal in Ihrem Leben sich selbst begegnen.«

Er nahm die Herausforderung an, brachte die dreiwöchige Odyssee durch die SEALFIT Academy hinter sich und schloss sie mit einem 50-stündigen ununterbrochenen Training im Kokoro-Camp ab. Die Erfahrung veränderte ihn vollkommen. Meine Mitarbeiter und ich setzten Joe körperlichen, mentalen und emotionalen Herausforderungen einschließlich harter Trainingseinheiten aus. Er nahm an Teamübungen teil (darunter die »Balkeneinheit«, in der je fünf Teilnehmer gemeinsam einen 150 Kilo schweren Holzbalken über ihren Köpfen halten müssen) und absolvierte lange Meditationssitzungen. Das Training begann täglich um sechs Uhr morgens und dauerte bis acht Uhr abends. Indem wir ihn mit sämtlichen in diesem Buch beschriebenen Übungen aus seiner Komfortzone herausholten, zwangen wir ihn, sich mit seinen tiefsten Überzeugungen und seinem unterbewussten Programm auseinanderzusetzen. Joe begriff rasch, dass er einen Großteil des Abfalls, der seinen Verstand und sein Gemüt belastete, problemlos entsorgen konnte, beispielsweise die falschen Überzeugungen, die sein in der Kindheit geprägtes Selbstwertgefühl regulierten. Die Entdeckung seines »Faktor 20« befreite ihn nicht nur von der Furcht, andere würden seine wahre

Persönlichkeit nicht akzeptieren, sondern öffnete auch das Tor zu mentalen und emotionalen Ressourcen, von deren Existenz er überhaupt nichts gewusst hatte.

Joe trainierte auch nach dem Kokoro-Camp weiter bei uns, und wir nahmen ihn gerne als Teammitglied auf. Mittlerweile sieht er sich selbst klarer, was es ihm ermöglicht, in seinen romantischen Beziehungen mehr Freude und Vertrautheit zu erleben und sich von der einseitigen Konzentration auf den geschäftlichen Erfolg und das Anhäufen von Reichtum zu lösen. Interessant ist, dass auch Joes Unternehmen deutlich wuchs. Er stellte fest, dass er sich noch besser auf die Betreuung seiner Kunden konzentrieren konnte, was ihn dazu bewegte, sein Unternehmen neu auszurichten, um Immobilienmaklern zu helfen, ein gesünderes und glücklicheres Leben zu führen und sie gleichzeitig mit Werkzeugen für den beruflichen Erfolg auszustatten. Persönliche Erfüllung findet er in einer Ausbildung in spiritueller Psychologie, einem Thema, das seine Leidenschaft weckt. »Ich habe endlich meine Stimme gefunden«, sagte er zu mir. So konnte er seine Verwandlung in einem im Selbstverlag veröffentlichten Buch mit dem Titel *Willing Warrior* beschreiben.

Die meisten Menschen schrecken vor extremen Herausforderungen zurück, was in Anbetracht der Sicherheit und des Wohlstands, den wir in der westlichen Gesellschaft genießen, verständlich ist. Aber das ist ein großer Fehler, wie Joe bestätigen kann. Der Schlüssel zu Zufriedenheit, Begeisterung und Freude liegt jenseits der großen Herausforderung. Das Industriezeitalter brachte uns materiellen Wohlstand, der viele der natürlichen Herausforderungen beseitigte, die bis dahin ein fester Bestandteil des Lebens waren, aber es brachte auch Fettleibigkeit, gesundheitliche Probleme, einen Mangel an Lebenssinn und ein allgemeines Unwohlsein mit sich, das seinen Ausdruck im Suchtverhalten großer Teile der Bevölkerung findet. Wir brauchen neue Geschichten und Denkmodelle, um uns wieder ins Gleichgewicht zu bringen. Ich behaupte nicht, dass wir uns alle in Spartaner oder Navy SEALs verwandeln sollen. Vielmehr sollten wir den Status quo überwinden, um eine neue kulturelle Geschichte zu schreiben und den Mythos zu entlarven, dass das Einfache gut und das Schwierige schlecht ist. Was »schwierig« ist, hängt von den Umständen jedes einzelnen Menschen ab. Mir geht es darum, dass Sie Ihre Grenzen hinausschieben und erkennen, dass ein Über-sich-Hinauswachsen positiv und für wahres Glück erforderlich ist.

# Finde dich mit Widrigkeiten ab

»Ich bin ein durchschnittlicher Mann, aber Gott weiß, dass ich härter arbeite als der durchschnittliche Mann.«

*Winston Churchill (1874–1965), britischer Premierminister*

SEAL-Ausbilder sagen oft: »Schmerz ist Schwäche, die den Körper verlässt.« Diese ermutigende Metapher beschreibt eine faszinierende Alchemie: die Umwandlung des durch das Training verursachten Schmerzes in Selbstvertrauen im sportlichen Wettkampf, auf dem Schlachtfeld oder in der Arena des Lebens. Wenn es wirklich hart auf hart kommt, sagen die SEALs auch: »Beklag dich nicht und beiß in den sauren Apfel!« Man kann sich mit dem zeitweiligen Leiden anfreunden, um Beharrungsvermögen zu entwickeln und sich ohne Gejammer in jede schwierige Aufgabe zu verbeißen. Man muss kein Übermensch sein. Man muss lediglich den Schmerz besser aushalten als der Durchschnittsmensch.

Egal, ob es um geistige oder körperliche Anstrengungen geht, der erste Schritt, um sich mit Widrigkeiten abzufinden, besteht darin, sich der eigenen Furcht vor Leiden zu stellen. Wir alle kennen diese Furcht, die einem tief verwurzelten Bedürfnis nach Gewissheit und Sicherheit entspringt. Mit dem Schmerz sagt uns unser Körper, dass unsere Sicherheit bedroht ist, weil etwas aus dem Lot geraten ist. Aber wer das persönliche Wachstum erlebt, das möglich wird, wenn man sich bewusst aus dem Gleichgewicht bringt – beispielsweise mit hartem körperlichem Training – der beginnt sich mit dem zeitweiligen Schmerz anzufreunden, weil er weiß, welche Belohnungen auf ihn warten. Aus der Furcht wird Gleichgültigkeit, wenn wir uns mit Widrigkeiten abfinden. Jedes Mal, wenn mich die Ausbilder im BUDS-Training über den Punkt hinaustrieben, an dem ich meine Leistungsgrenze vermutete, verursachten die leidvollen Empfindungen zunächst ein Gefühl der Furcht, die ich in Konzentration und Entschlossenheit umwandelte. Wenn mein Geist und mein Körper ihr Gleichgewicht wiederfanden (und ich feststellte, dass noch alles am Platz war), machte mich die Erfahrung stärker und klüger. Ich lernte, dass es außer der Furcht vor Schmerz nichts gab, was ich fürchten musste. Das geschah oft in meiner Zeit bei den SEALs, und seither ist es mir zur Gewohnheit geworden.

Sie müssen den Unterschied zwischen gutem und schlechtem Schmerz kennen, denn nur so können Sie einschätzen, wann Sie beharrlich bleiben und wann Sie Schluss machen sollten. Einer meiner Mentoren, der auf Ashtanga-Yoga spezialisierte Tim Miller, bezeichnet guten Schmerz als »integrierenden Schmerz« und schlechten Schmerz als »desintegrierenden Schmerz«. Guter Schmerz – sei er körperlich oder emotional – löst Wachstum aus und macht uns stärker. Denken wir nur an den durch Training ausgelösten Schmerz oder an schmerzhafte Entscheidungen, die notwendig sind, um die Konzentration auf unsere Ziele aufrechtzuerhalten. Auf der anderen Seite schadet uns schlechter Schmerz körperlich oder emotional, weil er mit Schmerzen oder Bedauern einhergeht, das heißt mit Empfindungen, die uns bremsen oder zurückhalten.

Fest steht, dass wir dazu neigen, Schmerz in allen Formen zu vermeiden, sei er gut oder schlecht. Ich rate Ihnen, desintegrierenden Schmerz weiterhin zu meiden. Aber integrierender Schmerz ist gut für Sie: Sie müssen lernen, ihn anzunehmen. Tatsächlich können Tiefe und Dauer des integrierenden Schmerzes mental gesteuert werden. Wenn Sie den Nutzen des integrierenden Schmerzes anerkennen und sich wegen seines langfristigen Werts damit anfreunden, werden Sie feststellen, dass er einfacher zu ertragen ist, und schließlich sogar Vergnügen daran finden, weil er Sie zu einem anderen Menschen macht. Wenn Sie sich auf Schmerz an sich konzentrieren, wird er intensiver, dauert länger und kann Sie dazu bewegen, ihn in Zukunft zu meiden. Die Lösung besteht darin, sich den Schmerz einzugestehen und sich sofort auf etwas anderes zu konzentrieren, zum Beispiel auf seinen Nutzen. Der Schmerz wird rasch nachlassen, sodass Sie weiter als Person wachsen und das Leben führen können, das Sie sich am meisten wünschen.

## Konzentriere dich auf das Positive

Eine einfache Methode, um sich mit den negativen Aspekten einer schmerzhaften Situation anzufreunden, besteht darin, den eigenen Zustand zu ändern, indem man sich augenblicklich auf etwas Positives konzentriert … und lächelt oder sogar lacht. In der SEAL-Ausbildung wirkte diese Methode Wunder. Ich verbinde einige meiner schönsten Erinnerungen mit schwierigen Situationen.

Als es mir gelang, Augenblicken der Qual etwas Komisches abzugewinnen, verschwand der Schmerz. An seine Stelle traten wachsende Zuversicht und Mut. Zum Beispiel erwischte mich Donnerstag in der Höllenwoche einer der Ausbilder beim Scherzen mit einem Kameraden. Er machte es sich zur Aufgabe, meinen Willen auf der Stelle zu brechen. »Divine, bewegen Sie Ihren erbärmlichen Arsch herüber!«, bellte er, wobei er mir einen Blick zuwarf, der das Meer vor Waikiki gefrieren lassen würde. Ich ging hinüber zu »Ausbilder Böse« und nahm Haltung an, um meine Strafe entgegenzunehmen. »Ich werde dafür sorgen, dass Sie aussteigen«, sagte er gelassen lächelnd, »und ich werde nicht lockerlassen, bis Sie erledigt sind.« Ich lächelte zurück, was ihm offenkundig missfiel. Sein Grinsen wurde breiter. »Für den Anfang machen wir eintausend achtteilige Liegestütze.« (Bei dieser Variante der Liegestütze wird der gesamte Körper beansprucht: Man beugt sich vor, bis man mit den Händen den Boden berührt, und hüpft in eine waagerechte Position, winkelt die Arme an, bis das Gesicht fast den Boden berührt, drückt sich wieder hoch, wirft die gestreckten Beine in die Höhe und kommt mit gespreizten Beinen wieder auf, begibt sich wieder in die Ausgangsposition und zieht die Beine an, um in eine aufrechte Haltung zu springen.)

In Ordnung, dachte ich, auf in die Hölle. Er wird mich umbringen müssen, um mich fertigzumachen, also sollte ich besser während der Liegestütze bewusstlos werden, bevor ich sterbe. Ich begann mit der Übung, wobei ich jeweils die acht Schritte und die Zahl der Wiederholungen zählte. Nach 50 Wiederholungen war ich am Ende meiner Kräfte – schließlich war ich seit fast fünf Tagen wach und hatte ununterbrochen trainiert. Als ich bei 400 Wiederholungen angekommen war, war ich vollkommen weggetreten, bewegte mich aber noch. Bei Nummer 700 angekommen, war ich körperlich und mental am Ende. Wie damals bei der Prüfung für den schwarzen Gürtel wurde mir klar, dass ich auf meine Geheimwaffe zurückgreifen und über mein physisches Leistungsvermögen hinausgehen musste. In diesem Fall ging es darum, der Situation etwas Komisches abzugewinnen, um eine positive Erfahrung daraus zu machen. Ich begann zu lachen, als hätte ich den besten aller Witze gehört. »Ausbilder Böse« wandte mir erneut seine Aufmerksamkeit zu und sah mich mit einem sonderbaren Gesichtsausdruck an. Ich bewegte mich lachend weiter und tat so, als träte ich in meiner eigenen Comedy-Show auf. Bald fühlte ich mich viel besser, so als würde ich von Energiestößen durchströmt. Ich sah »Ausbilder Böse« direkt an und sagte: »Ein leichter Tag, macht Spaß.«

Diesmal lächelte er mich tatsächlich freundlich an und sagte: »Zurück zu Ihrer Gruppe, Divine. Gute Arbeit.« Später begriff ich, dass es ihm nur darum ging, seinen Rekruten innere Stärke anzuerziehen. Er wusste, dass ich zu den Stärkeren in meiner Gruppe zählte, aber er wollte sehen, ob ich es verkraften würde, wenn er mich isolierte und zu dieser brutalen Übung zwang, vor allem, wenn er mich in dem Glauben ließ, dass anschließend eine weitere Qual auf mich wartete. Als er sah, dass ich in der Lage war, mich mit dieser Situation anzufreunden und die Quälerei mit Humor zu nehmen, erlöste er mich.

## TRAINING NACH DER SEAL-METHODE

# So wandelt man Schmerz in eine positive Haltung um

Wenn Sie Ihre nächste Herausforderung in Angriff nehmen, sei es eine alltägliche Aufgabe oder eine gewaltige Anstrengung, sollten Sie sich mit der momentanen Quälerei anfreunden und Ihre Aufmerksamkeit auf etwas Positives richten. Lächeln Sie oder bringen Sie sich sogar zum Lachen. Nehmen Sie Ihre Geschichte in die Hand und bedienen Sie sich des positiven Selbstgesprächs, um Ihre Einstellung weiter zu verbessern. Verknüpfen Sie den Schmerz des Augenblicks mit Ihrer Bestimmung und Ihren Zielen und machen Sie sich klar, dass Sie tief im Inneren auf dem Weg nach oben sind.

In einer Gruppe sollten Sie den nächsten Schritt tun und diese Werkzeuge einsetzen, um Ihren Kameraden dabei zu helfen, einen schwierigen Moment zu überstehen. Wenn jemand wirkt, als würde er leiden, oder bedrückt scheint, sollten Sie ihn zu einem Lächeln bewegen. Anfangs mag dieses Lächeln nicht wirklich überzeugend wirken, aber wenn die Person durchhält, wird sie rasch die positiven psychologischen und physiologischen Wirkungen spüren. Für andere Stärke zu demonstrieren, kann Ihnen helfen, selbst Kraft zu schöpfen, und es ist ein großer Ansporn zu entdecken, dass Sie Ihre Geschichte umschreiben können, indem Sie einfach Ihre Mimik und Ihre Äußerungen unter Kontrolle bringen. Möglicherweise stellen Sie sogar fest, dass die Situation tatsächlich vergnüglich ist.

## Suche die Herausforderung

Ein besonderes, wenn auch unfaires Merkmal unserer Menschlichkeit ist, dass wir auch dann mit Herausforderungen konfrontiert werden, wenn wir sie zu vermeiden versuchen; die Folge sind schmerzhafte Erfahrungen. Je mehr Sie sich bemühen, ihnen auszuweichen oder sich durch Wohlstand, emotionale Abstumpfung oder Betäubungsmittel wie Alkohol dagegen abzuschirmen, desto größer werden die Herausforderungen. Ich empfehle Ihnen, Herausforderungen zu suchen, anstatt darauf zu warten. Nur so können Sie Ihre Lethargie in einer kontrollierten Umwelt durchbrechen.

In diesem Kapitel habe ich mich überwiegend mit körperlichen Herausforderungen beschäftigt, aber jede strukturierte Herausforderung wird ihren Zweck erfüllen. Wenn Sie vor körperlichen Anstrengungen zurückschrecken, sollten Sie sich genau ansehen, woran das liegt. Lassen Sie sich nicht zu leicht vom Haken. Um zu lernen, sich mit dem Leiden anzufreunden und die Fähigkeit zu erlangen, heute zu tun, was andere nicht tun werden, müssen Sie sich wirklichen Herausforderungen stellen. Damit meine ich nicht, dass Sie sich zwingen sollen, Ihre beruflichen Ziele zu erreichen. Vielmehr möchte ich, dass Sie beängstigende Herausforderungen annehmen, die sogar unmöglich scheinen können. Indem

Sie Ihr Team einbinden, können Sie ein gemeinsames Gefühl der Verpflichtung wecken und die Dynamik erhöhen.

Ich kann hören, wie Sie »Ja, aber« und »Was, wenn?« sagen:

- »Ja, aber ich habe nicht genug Zeit und bin nicht fit genug dafür.«
- »Was, wenn ich mich verletze?«
- »Ja, aber der ist ein Navy SEAL, der hat leicht reden.«

Das sind nur Ausreden. Denken Sie daran: Was Ihnen schwerfällt, ist für andere möglicherweise ein Kinderspiel. Entscheidend ist, dass Sie herausfinden, was eine »beängstigende Herausforderung« für Sie ist, und diese Aufgabe in Angriff nehmen! Es ist normal, sich gegen eine beängstigende Herausforderung zu sträuben. Aber den Weg des SEAL einzuschlagen bedeutet, am Widerstand zu wachsen. Für Sie kann das bedeuten, sich für einige Zeit beurlauben zu lassen, um gemeinsam mit Ihrem Sohn oder Ihrer Tochter zu Fuß die Alpen zu überqueren. Oder es könnte bedeuten, gemeinsam mit Ihren Kollegen für ein Spartan-Rennen zu trainieren. Eine Freundin erzählte mir von einer Bekannten, die große Schwierigkeiten mit ihrem halbwüchsigen Sohn hatte. Der Junge war auf die schiefe Bahn geraten, hatte Drogenprobleme und versagte in der Schule. Die Mutter schickte ihn in eine Therapie, die jedoch nicht funktionierte, und als alleinerziehende Mutter fiel es ihr schwer, den Lebensunterhalt für die Familie zu verdienen und genug Zeit für den Jungen zu finden. Nachdem verschiedene herkömmliche Lösungsversuche gescheitert waren, entschloss sie sich, einen radikaleren Ansatz zu wählen: Sie würde gemeinsam mit ihrem Sohn die Welt umsegeln. Er leistete erbitterten Widerstand, aber sie zwang ihn, sie zu begleiten, und die beiden verbrachten ein Jahr auf See. Die abenteuerliche Herausforderung veränderte das Leben der beiden, zeigte ihnen, dass sie ungeahntes Potenzial hatten, und brachte sie einander näher, als sie je für möglich gehalten hatten.

Es gibt drei Arten von strukturierten Herausforderungen. Da ist zunächst eine Herausforderung, die eine langfristige beharrliche Bemühung erfordert. In diese Kategorie gehören Aufgabenstellungen wie eine langfristige Verpflichtung zu fünf wöchentlichen Yogasitzungen, das Vorhaben, einen schwarzen Gürtel in einer Kampfsportart zu erlangen, oder die Beherrschung einer anderen anspruchsvollen Fähigkeit. Der Erwerb eines Hochschuldiploms gehört auch hierher, aber die wertvollsten Herausforderungen haben eine körperliche, eine mentale, eine emotionale, eine intuitive und eine spirituelle Komponente. Sodann sind da die Herausforderungen, die sich an Leistungsmessung orientieren. Eine ungeschriebene Regel der Unternehmenswelt besagt, dass etwas, was nicht gemessen wird, nicht real ist. Ein Benchmark ist ein Meilenstein, der es uns erlaubt, Fortschritte zu registrieren und als kleine Siege im Kontext unserer Mission zu feiern, und er eignet sich sehr gut dazu, unsere Fähigkeit zur Bewältigung von Schwierigkeiten zu entwickeln. Als ich für die CrossFit Games trainierte, maß ich meine Fortschritte jeden Monat in genormten Trainingseinheiten, um meine Kraft, mein Können und meine Leistungsfähigkeit einschätzen zu können. Benchmarks sorgen dafür, dass wir unser Ziel im Visier behalten, sie stärken unser Selbstbewusstsein und räumen Zweifel aus: Wenn der »große Tag« kommt, weiß man bereits, dass man stärker ist als die Gegner.

Das Konzept des Benchmarking ist in der Wirtschaft allgemein bekannt. Als Interimsgeschäftsführer des Software-Unternehmens Inasoft hatte ich die Aufgabe, ein Start-up in ein mit Wagniskapital finanziertes Wachstumsunternehmen zu verwandeln. Nachdem ich meinen Anteil an Coronado Brewing verkauft hatte, übernahm ich diese neue Funktion mit dem festen Vorsatz, die Mission im Visier zu behalten. Also steckte ich mir eine Reihe klarer Ziele, die auch als Benchmarks für meine Leistungen dienen würden:

1. Wir würden fünf große Unternehmen dazu bewegen, an den Beta-Tests unserer Software teilzunehmen, und ihre Unterstützung für unser Produkt gewinnen.
2. Wir würden unsere Verkaufsargumente an 20 Privatinvestoren sowie örtlichen Geschäftspartnern testen.
3. Wir würden den mühsamen Finanzierungsprozess Southern California Tech Coast Angel abschließen.
4. Wir würden uns die finanzielle Unterstützung eines Venture-Kapitalisten aus dem Silicon Valley sichern.

Als wir das Ziel Nr. 3 erreicht hatten, waren wir so glaubwürdig und zuversichtlich, dass eine kapitalstarke Wagniskapital-Firma bereit war, uns 4 Millionen

Dollar zur Verfügung zu stellen. Dieses Konzept ist auch auf das Benchmarking Ihrer persönlichen Entwicklung anwendbar. Wenn Sie Ihre Fortschritte nicht verfolgen, wie können Sie dann wissen, ob Sie auf dem richtigen Weg sind oder sich überhaupt vorwärtsbewegen? Welche Benchmarks können Sie sich für Ihre körperliche Entwicklung und für Ihre mentale und spirituelle Stärke setzen?

Die dritte Art von strukturierter Herausforderung ist eine persönlichkeitsbildende Erfahrung wie das Kokoro-Camp, eine Expedition wie eine Weltumseglung oder die Besteigung eines Bergs. Solche Herausforderungen sind seltener, aber man kann sich mit aufeinander aufbauenden Bemühungen darauf vorbereiten. Viele Leute aus meiner Umgebung lassen sich alle drei Monate auf eine kleinere Challenge wie ein Hindernisrennen oder eine Extremwanderung ein und nehmen alle anderthalb Jahre eine große Aufgabe in Angriff.

Alle drei Arten von Herausforderungen werden Ihre mentale und emotionale Widerstandskraft fördern, Ihr Selbstvertrauen festigen und Ihre Angst vor Schmerz verringern. All das begünstigt eine positive innere Dynamik und erleichtert es Ihnen, sich mit leidvollen Situationen anzufreunden. Und das wiederum erhöht Ihre Fähigkeit, heute zu tun, was andere nicht tun wollen, und schöne neue Geschichten über die Möglichkeiten in Ihrem Leben zu schreiben.

# Wie man DAE (Disziplin, Antrieb und Entschlossenheit) entwickelt

»Wir sind, was wir regelmäßig tun. Vortrefflichkeit ist also keine Handlung, sondern eine Gewohnheit.«

*Aristoteles (384–322 v. Chr.), griechischer Philosoph*

Big Dave als »fit« zu beschreiben, würde dem Mann nicht gerecht. Er war 1,85 Meter groß und wog 110 Kilo. Der ehemalige Sättigungstaucher und Kraftdreikämpfer brauchte zweimal tägliches Krafttraining, um die durch regelmäßige Begegnungen mit der Taucherkrankheit verursachten Gelenkschmerzen zu lindern.

Aber das wirklich Beeindruckende an Big Dave war sein Charakter. Einmal bereiteten wir beim SEAL-Team 3 unsere Taucherausrüstung vor, als ich Dave fragte, was er am Tauchen so sehr liebe.

»Ich liebe das Tauchen an sich, aber ich liebe auch, was es aus mir gemacht hat«, antwortete er. »Das Tauchen erfordert absolute Konzentration – ein Fehler, und du bist erledigt. Du musst die Disziplin für eine detaillierte Planung und Vorbereitung aufbringen. Aber du musst auch den Drang verspüren, neue Welten zu erkunden und neue Technologien kennenzulernen, und du musst bereit sein, länger und härter zu arbeiten als andere.« Zwei Jahre später verließ Dave diese Welt, als während eines zehnstündigen Tauchgangs vor der kalifornischen Küste sein Herz aussetzte. Noch heute habe ich sein Beispiel vor Augen: Er hatte sich die Vortrefflichkeit zur Gewohnheit gemacht.

## Vortrefflichkeit als Gewohnheit

Gewohnheiten sind die kleinen Handlungen, die wir ständig, jeden Tag zwischen den seltenen wichtigen Handlungen ausführen. Viele dieser kleinen Handlungen sind keine schlechten Gewohnheiten, aber oft sind es auch keine »vortrefflichen Gewohnheiten«. Wenn Sie auf dem Gebiet Ihrer Wahl zu den besten 0,1 Prozent gehören wollen, müssen Sie die verfügbaren Werkzeuge einsetzen, um das Ziel ins Visier zu nehmen, und Sie müssen sich mit schmerzhaften Situationen anfreunden, um sich die Vortrefflichkeit zur Gewohnheit zu machen.

Um sich bessere Gewohnheiten anzueignen, sollten Sie sich nicht darauf konzentrieren, sich das nicht wünschenswerte Verhalten abzugewöhnen. Vielmehr sollten Sie solches Verhalten durch neue Gewohnheiten ersetzen. Man kann eine schlechte Angewohnheit wie das Rauchen durch eine gesunde wie sportliche Aktivität ersetzen, und man kann einen Charakterzug wie die Faulheit durch einen nützlicheren wie die Leidensfähigkeit ersetzen. Unsere Gewohnheiten definieren uns: Ein guter Charakter zeichnet sich durch gute Gewohnheiten aus.

Ich möchte, dass Sie beginnen, sich auf die Entwicklung der Charaktergewohnheiten Disziplin, Antrieb und Entschlossenheit zu konzentrieren.

Jeder von uns kann persönlich wachsen, indem er sich diszipliniert um Lernen, Training und Selbstbeherrschung bemüht. Aber wir können uns noch weiter entwickeln, indem wir mit leidenschaftlichem Antrieb und konzentriert unseren Zielen zustreben, indem wir uns beängstigenden Herausforderungen stellen und selbst angesichts gewaltiger Hindernisse nicht aufgeben. Und vielleicht am meisten wachsen wir, indem wir stille Entschlossenheit und Beharrlichkeit an den Tag legen und bereit sind, heute zu tun, was andere nicht tun wollen.

## Disziplin

Disziplin ist der Funken, der das Feuer einer Gewohnheit entfacht. Dieses Feuer muss täglich geschürt werden, und die Disziplin liefert die ursprüngliche Energie. Das Wort Disziplin hat seinen etymologischen Ursprung im lateinischen *disciplina*, was »Zucht« oder »Schule« bedeutet. Die Disziplin aufzubringen, täglich hart zu trainieren, bedeutet, dass man ein *Zögling* oder *Schüler* ist, aber nicht nur ein Schüler, der seinen Körper und sein Selbstvertrauen stärken will, sondern ein Schüler, der den höheren Zweck verfolgt, als Mensch und Führer zu reifen. Um zum Anfang dieses Kapitels zurückzukehren: Disziplin beginnt damit, dem eigenen Bewusstsein beizubringen, sich mit Widrigkeiten anzufreunden.

Diese Art von Disziplin kann man nicht über Nacht entwickeln. Man muss sie sich in kleinen Schritten aneignen. Der erste Schritt besteht darin, sich einen Trainingsplan aufzuerlegen. Sodann muss man sich die Latte ein wenig höher legen und sich dazu zwingen, jeden Tag einen Kilometer mehr zurückzulegen. Anstatt lediglich »die Pflicht zu erfüllen«, müssen Sie versuchen, so viel wie möglich über die Mitglieder Ihres Teams, Ihre Kollegen im Büro oder andere Personen sowie über die Abläufe in Ihrem Tätigkeitsbereich herauszufinden. Stellen Sie Fragen, suchen Sie nach Möglichkeiten zum Lernen, seien es Kurse oder auch informelle Gespräche, und lesen Sie viel. Wenn Sie etwas nicht wissen, bemühen Sie sich, es herauszufinden. Wenn Sie ein wenig wissen, versuchen

Sie, ein wenig mehr zu lernen. Ruhen Sie sich nie auf Ihren Lorbeeren aus. Denken Sie daran: Wenn außergewöhnliche Bemühungen zur Gewohnheit werden, stellen sich außergewöhnliche Ergebnisse ein.

## Antrieb

Während uns Disziplin die Kraft gibt, eine Gewohnheit zu entwickeln, ist der Antrieb die Motivation hinter unseren Handlungen. Das leidenschaftliche Streben nach herausragenden Leistungen im Tauchen trieb Big Dave dazu, die Tauchkurse der SEALs zu verbessern. Meine Bestrebung, andere zu inspirieren und einen Beitrag zum persönlichen und globalen Wandel zu leisten, treibt mich dazu, diese Geschichten und Übungen mit Ihnen zu teilen. Der Antrieb speist sich aus Sehnsucht, Glauben und der Erwartung, dass wir durch Bemühung etwas Außergewöhnliches erreichen können. Er stützt sich auf Disziplin, denn er wird stärker, wenn wir ein tieferes Bekenntnis zu unseren Vorhaben ablegen.

Wie können Sie Ihren inneren Antrieb stärken? Zunächst müssen Sie eines Ihrer größten Interessen mit Ihrer Bestimmung verknüpfen und sich eine entsprechende Mission suchen. Ein Beispiel: Wie zuvor erwähnt, hängt die Weitergabe meiner Trainingsphilosophie und meiner Praktiken an andere Menschen direkt mit meiner Bestimmung zusammen: Ich will andere inspirieren, indem ich ein Beispiel gebe und lehre, um den persönlichen und globalen Wandel zu fördern. Wenn Sie genug Antrieb haben, werden Sie das Ziel im Visier behalten und sich Ihrem nächsten Ziel auf dem Weg zur Erfüllung ihrer Mission nähern können. Führen Sie ein Tagebuch, das Ihnen dabei helfen wird, sich bei Ihren Entscheidungen immer wieder Ihre Bestimmung vor Augen zu halten. Stellen Sie sich die Frage: »Bringt mich diese Entscheidung meiner Bestimmung näher?«

Ihr Antrieb wird Ihnen Ihr Leben lang Kraft geben, wenn er sich auf ein wertvolles Ziel richtet, das Sie mit Leidenschaft verfolgen. Aber seien Sie auf der Hut, denn der Antrieb kann auch eine dunkle Seite haben. Wenn Sie nur von selbstbezogenen Gründen angetrieben werden und Entschlossenheit mit Sturheit verwechseln, können Sie leicht das »Wir« aus den Augen verlieren. Dann werden sich Ihre Kollegen und Familienangehörigen fragen, was aus dem netten

Menschen geworden ist, den sie kannten. Ein solcher Antrieb kann Sie dazu bewegen, so viel zu arbeiten, dass Sie nie Zeit mit Ihren Kindern verbringen oder den Erfolg eines Projekts für sich allein in Anspruch nehmen. Herausragende Menschen werden von dem Wunsch angetrieben, etwas für sich selbst und andere zu leisten. Diese Menschen verspüren den Drang, zu wachsen und neue Dinge zu lernen, von denen sie selbst und ihr Team profitieren werden. Ein solcher Antrieb entspricht den Bedürfnissen der Organisation. Big Dave wurde von seiner Leidenschaft für das Tauchen angetrieben, verstand jedoch, dass seine Vortrefflichkeit nutzlos war, wenn nicht auch sein Team davon profitierte. Seinem Antrieb verdanken die SEALs neue Methoden für Unterwassermissionen. Er entwickelte bessere Navigationstechniken und erschloss Neuland, indem er fortschrittliche, in vielen Fällen experimentelle Tauchausrüstung testete, die es den SEALs ermöglichte, ihre Missionen besser zu erfüllen. Damit nicht genug, entwickelte er einen dreiwöchigen Trainingskurs, in dem die SEALs die Techniken der Unterwassernavigation und Angriffe auf Schiffe üben konnten. Dieses Programm wenden die SEALs noch heute an, wenn sie mit einem Kampfeinsatz konfrontiert werden.

## Entschlossenheit

Der Antrieb sorgt dafür, dass man motiviert bleibt. Entschlossenheit sorgt für das langfristige Festhalten an der Mission. Big Dave war immer der Letzte, der am Abend das Trainingsgelände verließ. Wenn alle anderen ihre Arbeit erledigt haben, bleibt der Entschlossene noch eine Stunde länger, um eine Technik zu verbessern, seine Ausrüstung zu pflegen oder etwas Neues zu studieren. Besonders leistungsfähige Menschen sind nicht immer die talentiertesten, aber sie sind diejenigen, die am härtesten arbeiten und fest entschlossen sind, in allem, was sie tun, ihr Bestes zu geben. Sie sind diejenigen, die heute tun, was andere nicht tun wollen.

# Übungen

## Lasse dich darauf ein!

Lassen Sie sich auf die Herausforderung ein. Gleichgültig, ob Sie körperliche Herausforderungen wie einen Marathon oder emotionale wie ein schwieriges Gespräch in Angriff nehmen: Sie müssen es bewusst tun. Ich empfehle Ihnen, die Grenzen hinauszuschieben, indem Sie sich jede Woche einer kleineren Herausforderung stellen – zum Beispiel könnten Sie neue Verpflichtungen ablehnen oder Ihr gewohntes Training um fünf Minuten verlängern. Suchen Sie sich anschließend eine monatliche oder vierteljährliche Herausforderung, die größeren Einsatz und eine bessere Planung erforderlich macht – beispielsweise eine ganztägige Wanderung oder die Teilnahme an einem Seminar, gegen das Sie sich sträuben (etwa eines, bei dem Sie schweigen müssen, oder eines zur Reparatur Ihrer Beziehung). Zu guter Letzt sollten Sie sich mindestens einmal im Jahr einer wirklich beängstigenden Herausforderung stellen.

## Finde deinen »Faktor 20«

Hier ein paar Anregungen für Ihre erste Faktor-20-Challenge. Vielleicht scheinen Ihnen diese Herausforderungen sehr schwierig – und genau darum geht es! Aber Sie können sie anpassen, je nachdem, wie gut Sie gerüstet sind. Hier sind die üblichen Warnhinweise angebracht: Lassen Sie sich auf kein dummes Wagnis ein, und halten Sie erst Rücksprache mit Ihrem Arzt. Weitere Anregungen für Faktor-20-Challenges finden Sie bei SEALFIT.com. Und natürlich können Sie auch Ihre eigenen Ideen umsetzen.

**Beängstigende körperliche Herausforderungen:** Wenn Sie das Gefühl haben, in ausgezeichneter körperlicher Verfassung zu sein, sollten Sie sich ein hohes Ziel wie den Mount Everest stecken, sich in der SEALFIT Academy oder im Kokoro-Camp anmelden oder mit dem Fahrrad den Kontinent durchqueren. Zu Hause könnten Sie 1000 Liegestütze oder Klimmzüge versuchen (vergessen Sie nicht, Ihre Fortschritte an Benchmarks zu messen).

**Weniger beängstigende körperliche Herausforderungen:** Beginnen Sie mit einem Ausdauer- oder Extremsport. Anfänger und halbwegs trainierte Sportler können eine anspruchsvolle Yoga-Challenge in Angriff nehmen, sich in einem CrossFit-Zentrum anmelden, einen Marathon laufen oder sich an den Online-Programmen SEALFIT und Unbeatable Mind versuchen. Daheim können Sie versuchen, einen Kilometer mit Ausfallschritten zurückzulegen (Knie des Standbeins bis fast zum Boden durchdrücken).

**Gewaltige nichtkörperliche Anstrengungen:** Melden Sie sich freiwillig für eine Kirchenmission oder für einen Auslandseinsatz beim Roten Kreuz, der Katastrophenhilfe oder bei Ärzte ohne Grenzen. Arbeiten Sie mit Behinderten – SEALFIT hat kürzlich eine 12-stündige Challenge organisiert, bei der Manager mit kriegsversehrten Veteranen zusammengespannt wurden. Ursprünglich war dies als Dienst für die Veteranen gedacht, aber es wurde auch für die Manager und meine Mitarbeiter zu einer Erfahrung, die ihr Leben veränderte. Vielleicht kennen Sie jemanden, der eines Tages nach China aufbrach, um dort Englischunterricht zu geben: Warum tun Sie nicht etwas Ähnliches? Oder verpflichten Sie sich, ein Wochenende lang etwas zu tun, was Ihnen sehr unangenehm ist. Es gibt zahlreiche Möglichkeiten, Ihre Paradigmen zu erschüttern und Ihr persönliches Wachstum anzuregen.

# Eigne dir mentale Härte an

»Das eigentliche Geheimnis des Erfolgs ist, beharrlich zu bleiben, wo andere aufgeben.«

*William Feather (1889–1981), amerikanischer Autor*

Wenn Sie sich die Vortrefflichkeit zur Gewohnheit machen, werden Sie jede Mission erfüllen, auf die Sie sich konzentrieren. Sie werden Ihre Bestimmung verwirklichen und ein glücklicheres, erfüllteres und sinnvolleres Leben führen. Aber wie genau können Sie beharrlich bleiben, wo andere aufgeben? Wie schaffen Sie es, »dranzubleiben«? Dies ist die Preisfrage, und jeder, der sie stellt, will eine Antwort, die den Erfolg garantiert. Leider gibt es keine solche Antwort. Sie müssen sich unter Beschuss einen unbeugsamen Geist aneignen, indem Sie entweder große Herausforderungen annehmen oder jene Art von Training absolvieren, die ich in diesem Buch beschreibe.

Es ist interessant, dass sich in der BUDS-Ausbildung nicht zwangsläufig die besten Athleten durchsetzen. Psychologen, die untersuchten, welche Eigenschaften man braucht, um die SEAL-Mühle zu überstehen, stellten fest, dass sich die Absolventen durchweg durch »Mumm« auszeichneten. Man stelle sich John Wayne in einem seiner Western vor. Die Männer mit Mumm gehen als Erste hinein und kommen als Letzte heraus, sie sind die härtesten Kämpfer, die jede Entbehrung mit einem Lächeln ertragen. Im SEAL-Jargon bedeutet »Mumm« mentale Härte. Aber wie kann man Mumm trainieren?

Eine der ersten Übungen, die ich mit meinen SEALFIT-Schülern mache, besteht darin, ihnen die Anweisung zu geben, sich in den Liegstütz zu begeben und fünfundvierzig Minuten lang auszuhalten. Natürlich brechen die meisten nach fünf Minuten zusammen, aber wir bringen sie dazu, sich immer wieder durchzudrücken, wobei wir sie mit bestimmten Techniken dazu antreiben, mentale Härte zu beweisen. Und am Ende halten sie zu ihrer eigenen Verblüffung tatsächlich durch. Indem wir sie an einem Standard messen, den sie für vollkommen unerreichbar hielten, lernen sie, dass die Grenzen ihrer körperlichen Leistungsfähigkeit tatsächlich von ihren mentalen Grenzen abhängen. So treibe ich sie durch eine Erfahrung, die für viele von ihnen die erste Faktor-20-Challenge ist, und wecke fünf grundlegende Fähigkeiten, die sie in der Ausbildung in unserer Akademie und in ihrem ganzen Leben nutzen werden. Bei den SEALs werden heute vier dieser Fähigkeiten entwickelt (Kontrolle von physiologischen Erregungszuständen, Steuerung der Aufmerksamkeit, effektive Zielsetzung und Visualisierung). Dies sind die »Großen Vier« der mentalen Härte. Ich habe eine weitere Fähigkeit hinzugefügt, um die Auswirkungen der Emotionen auf unsere innere Stärke zu steuern – dies ist ein bedeutsamer Bestandteil der Fähigkeit, Mumm zu entwickeln, der jedoch oft übersehen wird. Die fünf Fähigkeiten, die man für mentale Härte braucht, sind also:

- Steuerung der Reaktion
- Steuerung der Aufmerksamkeit
- Entwicklung emotionaler Robustheit
- Effektive Zielsetzung
- Wirksame Visualisierung

## Steuere deine Reaktion

»Mut ist Anmut unter Druck.«
*Ernest Hemingway (1899–1961), amerikanischer Schriftsteller*

Die SEALs nennen es »Erregungskontrolle«, aber hier geht es um etwas anderes, als Sie vielleicht annehmen: In den Teams lernen wir, die Atmung einzusetzen, um unsere physiologische Erregung, das heißt unsere »Fight, Flight oder Freeze«-Reaktion (früher als »Fight-or-Flight-Reaktion« bezeichnet), zu hemmen. Die Atmung ist das Bindeglied zwischen dem sympathischen Nervensystem, das uns in den Reaktionsmodus versetzt, und dem parasympathischen Nervensystem, das uns wieder in den Normalzustand versetzt, wenn die Belastungssituation vorüber ist. Wird das sympathische Nervensystem angeregt, werden Hormone wie Kortison, Adrenalin, Epinephrin und Norepinephrin ausgeschüttet, die eine augenblickliche körperliche und psychische Reaktion auslösen und den Körper für eine starke Reaktion auf eine Gefahr bereit machen. In einer Welt, in der die »Gefahren« oft nicht greifbar sind, hat diese Reaktion jedoch oft schädliche Auswirkungen, wenn uns die Fähigkeit fehlt, diese Systeme wieder ins Gleichgewicht zu bringen.

Wenn wir eine solche Situation überstehen – egal, ob die Bedrohung körperlich oder abstrakt war –, besteht unsere unmittelbare und unbewusste Reaktion wahrscheinlich darin, tief durchzuatmen: »Puh!« Indem man tief durchatmet, kann man den Stress abbauen, aber wie wir bei Prinzip 2 gelernt haben, kann man diese Art der Atmung auch aktiv einsetzen, um die Konzentration aufrechtzuerhalten. Krieger wissen das seit Jahrhunderten und haben Atemübungen zu einem zentralen Bestandteil ihres Trainings gemacht: Die Fähigkeit, im Kampf oder in einem Rettungseinsatz die Ruhe zu bewahren, ist die Voraussetzung für mutiges Handeln. Die Evolution hat die Frau mit dieser Fähigkeit ausgestattet: Beim Gebären geht sie fast automatisch zu einer tiefen Zwerchfellatmung über, und diese natürliche Reaktion wurde in die Lamaze-Technik eingebaut.

Die richtige Atmung ist eine Kunst, die in der westlichen Welt lange vernachlässigt wurde, seit einigen Jahren jedoch wieder Beachtung findet. Die Forschung hat gezeigt, dass die meisten Menschen heute nur einen kleinen Teil ihrer gesamten Lungenkapazität nutzen – und zwar sowohl in Erregungszuständen als auch unter normalen Bedingungen. Wir haben bereits gesehen, wie uns die Zwerchfellatmung helfen kann, uns zu entspannen und das Ziel ins Visier zu nehmen. Aber manchmal bleibt die Atmung trotz aller Bemühungen zu flach. Vor allem in chaotischen Situationen oder angesichts großer Herausforderungen kann sich die Erregungskontrolle in einen Versuch verwandeln, einen bergab rasenden Zug zu bremsen – sofern uns in einer solchen Situation überhaupt in den Sinn kommt, es mit der Zwerchfellatmung zu versuchen. Um die Erregungskontrolle zu trainieren und die Zwerchfellatmung zu einer automatischen Reaktion zu machen, wende ich eine als »Vier-Punkt-Atmung« bezeichnete Methode an.

Indem Sie die Vier-Punkt-Atmung (Genaueres dazu am Ende des Kapitels) in Ihren täglichen Trainingsplan integrieren, können Sie die Statistik schlagen und spektakuläre Erfolge erzielen. Wird die Vier-Punkt-Atmung täglich praktiziert, kann sie das Blut mit jedem Atemzug mit der optimalen Menge Sauerstoff versorgen, damit Sie auf optimalem Niveau arbeiten können, während Ihre Lungen und inneren Organe gleichzeitig entgiftet werden. Und wie alle Atemübungen wird auch diese Ihr Bewusstsein beruhigen und Ihnen helfen, Ihre Mitte zu finden.

## TRAINING NACH DER SEAL-METHODE

# Stresssymptome erkennen

Bevor Sie lernen können, Ihre Stressreaktion zu kontrollieren, müssen Sie lernen, sie zu erkennen. Die Symptome eines hyperaktiven sympathischen Nervensystems sind:

- erhöhte Herzfrequenz, beschleunigte Atmung und Blutdruckanstieg
- Magenbeschwerden (Flauheit, Übelkeit)
- Schweißausbruch und feuchte Hände
- Benommenheit
- Einschränkung des Hörvermögens und Tunnelblick
- Schlafstörungen

Versuchen Sie, sich an eine Zeit zu erinnern, in der Sie unter starkem Stress standen. Litten Sie unter den beschriebenen Symptomen? Beobachten Sie von nun an Ihre körperlichen Reaktionen, wann immer Sie mit einer Herausforderung oder Bedrohung konfrontiert werden. Unter Umständen werden Sie auch eines oder mehrere dieser Symptome beobachten, obwohl Sie sich eigentlich wohl fühlen – wenn ja, sollten Sie prüfen, ob noch weitere Symptome vorhanden sind. Vielleicht stehen Sie unter stärkerem Stress, als Ihnen bewusst ist.

# Steuere deine Aufmerksamkeit

»Die größte Entdeckung aller Zeiten ist, dass ein Mensch seine Zukunft
ändern kann, indem er lediglich seine Einstellung ändert.«

*Oprah Winfrey (geb. 1954),*
*amerikanische Talkshow-Moderatorin und Schauspielerin*

Die Aufmerksamkeitssteuerung ist die SEAL-Version des aufmunternden Selbstgesprächs. In ihrer einfachsten Form dient sie dazu, die Aufmerksamkeit vom Negativen abzulenken, indem wir uns mit positiven Gedanken beschäftigen. Dies ist eine Anwendung der unter Prinzip 2 behandelten Methode zur geistigen Ausrichtung, aber in diesem Fall nutzen wir sie, um unsere Aufmerksamkeit in einer Krisensituation oder angesichts einer großen Herausforderung zu bündeln.

Die Funktion des Bewusstseins besteht darin, Informationen aufzunehmen und sie in unsere Geschichte einzubauen, um ihr einen Sinn abzugewinnen. Aber wenn zu viel von dem, was durch unseren Geist strömt, negativ ist, geraten wir in Schwierigkeiten: Das Bewusstsein wird vom Negativen eingenommen und kommt nicht mehr davon los. Kommt Ihnen das bekannt vor? Es ist allgemein bekannt, dass das, worauf wir uns konzentrieren, zu unserer Realität wird, selbst wenn wir uns darauf konzentrieren, es nicht zu wollen. Negative Informationen können in unserem Unterbewusstsein die Saat der Zerstörung ausbringen, und dann verschwört sich das Unterbewusstsein mit unserem Bewusstsein, um uns zum Scheitern zu verleiten.

Die Kunst der positiven Selbstbeeinflussung besteht darin, einfach Ihrem inneren Dialog zu lauschen und ihn zu einer positiven, ergebnisorientierten Sprache zu lenken. Die meisten Leute nehmen sich nicht die Zeit, um sich zu sammeln und ihre eigenen Gedanken zu verfolgen. Aber dies ist ein unerlässlicher Schritt zu der Erkenntnis, dass unsere Gedanken nicht unsere Person sind. Sie beherrschen uns nicht. Sie sind nichts weiter als Gedanken. Sie haben nur so viel Macht, wie wir ihnen zugestehen. Ist es uns einmal gelungen, eine geistige Distanz zwischen uns und unseren Gedanken herzustellen, können wir beginnen, sie zu zähmen und zu steuern. Die Methode der mentalen Neuausrichtung wird

uns dabei helfen, diese Aufgaben zu erfüllen, aber sie kann ein wenig umständ-
lich sein. Daher verwende ich ein anderes Werkzeug, wenn ich meine Aufmerksamkeit rasch neu ausrichten will.

Die indianische Legende von unseren »inneren Wölfen« handelt von einem bösen und einem guten Wolf, die in uns wohnen und unablässig um die Herrschaft
über unseren Geist kämpfen. In anderen Versionen der Geschichte werden die
gegensätzlichen Kräfte als »Angsthund« und »Muthund« bezeichnet, und dieses
Bild verwenden wir bei SEALFIT. Was Sie lernen müssen, ist Folgendes: Der
Hund, den Sie füttern, wird den Kampf gewinnen. Wir können den Angsthund
nicht töten, denn er ist ein Teil von uns – vergessen Sie nicht, dass die Angst
etwas Natürliches ist und manchmal nützlich sein kann. Aber wir können ihn
schwächen. Negative Gedanken und negative Energie sind das Futter, von dem
sich der Angsthund ernährt. Wenn er bei guter Gesundheit ist, kann er uns
schwächen, unsere Leistungen beeinträchtigen und uns krank machen. Aber
wir können den Angsthund einsperren und seine Energie in Wachsamkeit und
Disziplin umwandeln. Gleichzeitig müssen wir den Muthund aufpäppeln. Positive Gedanken und Gefühle sind die Nahrung des Muthunds, sie stärken seinen
Körper und seinen Geist. Wenn wir den Muthund gut ernähren, werden wir
freundlicher, geduldiger, toleranter, stärker und präsenter. Wir werden Konflikte
vermeiden und zu besseren Führern reifen. Wir werden nicht vor schwierigen
Aufgaben zurückschrecken, die Angst wird uns nicht beherrschen.

Wir müssen uns lediglich die folgende Frage stellen: »Welchen Hund füttere
ich?« Indem Sie sich bewusst machen, welchen der beiden Hunde Sie in jedem
gegebenen Augenblick füttern, können Sie Ihren Gedanken auf einem anderen
Niveau folgen. Wie wir in Zusammenhang mit dem Werkzeug der mentalen
Neuausrichtung (Seite 78) gesehen haben, werden Sie, wenn Sie sich erst einmal
Ihrer Denkmuster bewusst sind, besser in der Lage sein, ein positives inneres
Gespräch zu führen und auf diese Art Ihre Aufmerksamkeit zu steuern und auf
das eigentliche Ziel zu richten: auf den Erfolg. Am Ende dieses Kapitels finden
Sie eine Übung dazu. Wenn Sie einem Team angehören (ich kenne keinen ein-
zigen Menschen, der nicht in dem einen oder anderen Kontext Teil eines Teams
wäre), können Sie die Übung abwandeln und als »Aufmunterungsoffizier« Ihrer
Gruppe fungieren.

Erklären Sie Ihren Teamkollegen die Hunde der Angst und des Muts, und wenn das nächste Mal etwas falsch läuft, können Sie Streitereien unterbrechen und eine negative Haltung überwinden, indem Sie sagen: »Leute, welchen Hund füttern wir da gerade? Lasst uns den Muthund füttern!« Lenken Sie die Aufmerksamkeit auf den Augenblick und helfen Sie der Gruppe, die Auseinandersetzungen oder Probleme in einem positiven Licht zu betrachten. Dank dieses neuen, sehr wirksamen Instruments wird sich die Einstellung Ihres Teams schon bald verbessern.

# Eigne dir emotionale Widerstandskraft an

»Ein Optimist ist jemand, der angesichts jeder Schwierigkeit eine Chance sieht. Ein Pessimist ist jemand, der angesichts jeder Chance Schwierigkeiten sieht.«

*L.P. Jacks (1860–1955), amerikanischer Pädagoge und Philosoph*

Im Jahr 1994 hatte ich als Mitglied des SEAL-Team 3 Gelegenheit, eine als Special Combat Aggressive Reactionary System (SCARS) bezeichnete Nahkampfmethode zu erlernen, die von Jerry Peterson entwickelt worden war. Im Verlauf des intensiven 300-stündigen Kurses an der Seite Petersons merkte ich, dass die Erschöpfung über meine ausgelaugten Muskeln hinausging. Nicht nur das harte körperliche Training zermürbte mich, sondern auch die emotionale Achterbahnfahrt, die ich erlebte, weil ich ein paar Hundert Male am Tag richtig Prügel bezog. In den ersten Tagen war ich unsicher und traute mir wenig zu, und meinen Kameraden ging es nicht anders. Die größte Angst hatte ich vor der Zusammenarbeit mit einigen meiner Kameraden, wilden Hunden, die außer Rand und Band waren und dir leicht das Rückgrat brechen konnten. In einer Situation wurde ich wütend auf einen Kameraden, der mir einen Vorderzahn ausgeschlagen hatte. Die Wut kochte in mir hoch, und ich zahlte es ihm den restlichen Tag heim. Aber dieses Verhalten brachte mir eine Rüge von Jerry ein, der mir vorhielt, dass ein Krieger, der nicht imstande war, sich zu beherrschen und seine Emotionen in positive Bahnen zu lenken, zum Scheitern verurteilt war. Wenn uns unsere Emotionen daran hindern, uns auf unser nächstes Ziel zu konzentrieren, geraten wir zwangsläufig in die Defensive … womit wir erledigt sind, wenn der Gegner aggressiv ist.

Sie müssen emotional belastbar sein, um mentale Stärke entwickeln zu können – Sie brauchen diese Kraft, um rasch wieder auf die Beine zu kommen, wenn Sie an einem Hindernis zu Fall kommen. Wie reagieren Sie, wenn Sie Ihren Job verlieren, zurückgewiesen werden oder einen Tiefschlag hinnehmen müssen? Lassen Sie sich von negativen Emotionen überwältigen, die Sie zu einer schlechten oder defensiven Reaktion bewegen und Sie daran hindern, Erregung und Aufmerksamkeit zu kontrollieren? Oder bleiben Sie Herr Ihres Schicksals, behalten Sie die emotionale Kontrolle und zeigen Sie eine positive, offensive Reaktion, die Ihr Selbstwertgefühl stärkt und Sie vorantreibt?

## Nutze deine Emotionen

Sie haben gehört, dass es zwei Arten von Menschen gibt: jene, die das halbleere Glas sehen, und jene, die das halbvolle Glas sehen. Mit dieser groben Verallgemeinerung wollen wir eigentlich sagen, dass jemand entweder eine vollkommen negative oder eine vollkommen positive Einstellung hat. Wer das halbleere Glas sieht, verbindet negatives Denken mit negativen emotionalen Zuständen, was ihn zum Gefangenen einer beschränkten Weltsicht macht, die von einem Gefühl der Lähmung begleitet ist. Wer das halbvolle Glas sieht, tut das Gegenteil. Aber auch wenn man die Kunst des positiven Denkens erlernt, kann man im emotionalen Fegefeuer stecken bleiben und zwar positiv denken, aber negativ fühlen. Viele von Ihnen haben wahrscheinlich schon von der positiven Autosuggestion gehört oder diese Methode angewandt. Aber das ist nur ein Teil der Gleichung. Man muss positiv sprechen, visualisieren und fühlen, um eine positive Haltung einnehmen zu können. Andernfalls wirken die emotionalen Zustände der positiven Autosuggestion entgegen. Die Folge sind unbefriedigende Ergebnisse. Der Ausgangspunkt ist emotionale Bewusstheit: Sind Sie emotional positiv oder negativ?

Im SCARS-Kurs wurde mir klar, dass ich mental positiv, aber emotional negativ war. Als mir jener Kamerad den Zahn ausschlug, blieb ich mental positiv und ordnete die Situation im Kopf richtig ein: »Halb so wild, es hätte schlimmer kommen können.« Aber der Groll über die Tatsache, dass ich aufgrund der Unbedachtheit meines Partners jetzt ein gesundheitliches Problem hatte, fraß sich zwischen diese Gedanken hinein. Das intensive Training verlangte hundertprozentige Konzentration, aber Groll und Wut lähmten meine Muskeln, was meine Kampfbewegungen verlangsamte. Als mir meine negativen Emotionen bewusst wurden, begann ich, eine rudimentäre Version der mentalen Neuausrichtung anzuwenden, um sie durch positive zu ersetzen. Bis zum Ende des Kurses bemühte ich mich, negative Gefühle im Keim zu ersticken, zu ersetzen oder umzuformen: Aus Wut wurde Entschlossenheit, und Unsicherheit verwandelte ich in freudige Erwartung, Neues lernen zu können. Ich versuchte mich jedes Mal zu bremsen, wenn ich bemerkte, dass meine Emotionen negativ oder kontraproduktiv wurden. Ich versuchte augenblicklich, Selbstvertrauen zu gewinnen, und wurde effektiver.

## TRAINING NACH DER SEAL-METHODE

# Wandle deine Emotionen um

Die geistige Neuausrichtung funktioniert ein wenig anders, wenn es um die emotionale Kontrolle geht. Um die eigenen Gefühle zu beherrschen und negative Emotionen in gesündere umzuwandeln, müssen Sie *sich abfinden*: Wenn Sie die Emotion bemerken, müssen Sie sie zulassen. Achten Sie darauf, wo in Ihrer Haut und in Ihren Muskeln die Emotion sitzt. Setzen Sie anschließend die Zwerchfellatmung ein, um ein wenig Distanz zu der Emotion zu gewinnen, vielleicht in Kombination mit einem Mantra wie »Ich bin nicht dasselbe wie meine Gedanken und Gefühle«. Diese Distanz wird Ihnen die Möglichkeit geben, die negative Emotion zu unterbrechen und anschließend freizusetzen, sodass Sie Ihre Aufmerksamkeit und Energie in positive Bahnen lenken können. Versetzen Sie mit positiver Autosuggestion und einfacher Visualisierung nun auch Ihr Unterbewusstsein in den neuen Zustand: Malen Sie sich den positiven emotionalen Zustand aus, den Sie erreichen wollen.

Um das zu üben, können Sie die folgende Liste grundlegender negativer Emotionen und ihrer gesünderen Gegenstücke verwenden. Lassen Sie sich an einem ruhigen Ort nieder, entspannen Sie sich und schließen Sie die Augen. Versuchen Sie, diese negativen Emotionen eine nach der anderen heraufzubeschwören – denken Sie zum Beispiel an eine Situation, in der sie wütend waren. Erinnern Sie sich an die Gedanken, die Ihnen durch den Kopf gingen, und daran, wie sich das körperlich anfühlte. Achten Sie darauf, wie diese Gefühle sogar in dieser Übung in Ihnen aufsteigen. Und nun lenken Sie die negative Emotion in eine positive Richtung. Achten Sie darauf, wie sich das anfühlt. Wenn es hilft, beschwören Sie die Erinnerung an eine Situation herauf, in der Sie diese positiven Gefühle tatsächlich hatten: Auf diese Art können Sie die Erfahrung greifbar machen.

| Primäre Emotion | Gesunder Ausdruck |
| --- | --- |
| Wut | Klarheit, Entschlossenheit |
| Furcht | Aufmerksamkeit, Eifer |
| Gier | Gefasstheit, Großzügigkeit |
| Zweifel | Neugierde, freudige Erregung |
| Eifersucht | Hinnahme, Liebe |

Diese Übung wird Ihnen dabei helfen, sich mit der Methode vertraut zu machen, sodass Sie, wenn Sie das nächste Mal mit einer Situation konfrontiert werden, die negative Emotionen bei Ihnen weckt, automatisch zur mentalen Neuausrichtung übergehen und Ihre Befindlichkeit ändern können, um mit frischer Kraft wieder ans Werk zu gehen.

Sie wenden bereits das Verfahren der mentalen Neuausrichtung an (Aufspüren, Abriegeln, Umleiten, Ansporn, Kommunikation, Training), um Ihr Bewusstsein und Ihre Aufmerksamkeit zu steuern. Beginnen Sie nun, diese Methode auch auf Ihre Emotionen anzuwenden. Schließlich sind die meisten Emotionen, die wir neben den grundlegenden Emotionen von Liebe und Furcht empfinden – diese beherrschen die ersten Augenblicke unseres Lebens und prägen alles Positive und Negative in unserem Dasein – gespeicherte Gedankenenergie. Wir können negative Emotionen beobachten, aufhalten und anschließend in positive Emotionen umleiten. Der Trick ist, dass wir lernen zu erkennen, wie sich Emotionen anfühlen, anstatt nur zu registrieren, welche Gedanken sie auslösen. Wir erleben Emotionen nicht nur im Geist, sondern auch im Körper – deshalb spüren wir oft die körperliche Reaktion, obwohl unser Verstand eine Emotion unterdrückt oder leugnet. Wenn Sie zum Beispiel wütend sind, spannen sich Ihre Muskeln an, oder Sie halten den Atem an, wenn Sie sich fürchten. Die Anspannung von Muskeln, die Einschränkung der Atmung und die Festsetzung bestimmter Gedanken und Bilder im Geist kann eine Emotion unterdrücken, aber auch das Gegenteil ist möglich. Sie können lernen, die Muskeln zu entspannen, die Atmung zu vertiefen und Ihr Bewusstsein zu ändern, um Emotionen ungehindert zu fühlen oder zum ersten Mal bewusst wahrzunehmen.

## Stärke dein Selbstwertgefühl

Negative Emotionen schwächen uns und beeinträchtigen unser Selbstwertgefühl. Wir müssen uns unserer inhärenten Güte sicher sein, um ein gesundes Selbstwertgefühl empfinden zu können. Indem Sie Ihre positiven emotionalen Zustände anhand der mentalen Neuausrichtung trainieren, bis sie ein fester Bestandteil Ihres Wesens werden, werden diese positiven neuen Emotionen ganz natürlich Ihr Selbstwertgefühl heben. Auch stetige positive Selbstgespräche zur Steuerung der Aufmerksamkeit werden positive Gefühle in Bezug auf Sie selbst wecken. Indem Sie ein Tagebuch führen und sich regelmäßig dankbar für die positiven Gefühle zeigen, können sie die Konzentration auf das Positive aufrechterhalten, was besonders hilfreich ist, wenn die Gefahr droht, dass Sie von negativen Gedanken und Gefühlen überwältigt werden. Sie sollten es zu einem morgendlichen Ritual machen, in Ihrem Tagebuch mindestens eine vorteilhafte Feststellung über sich selbst zu machen. Halten Sie in Ihrem abendlichen Ritual mindestens eine Sache fest, für die Sie dankbar sind. (Die Anleitung zu diesen Ritualen finden Sie in Anhang 2.) Und belassen Sie es nicht bei einem Punkt, wenn Ihnen mehrere einfallen! Wenn Sie sich schlecht fühlen und wenn Ihnen nichts Positives über Sie selbst oder Ihren Tag in den Sinn kommt, können Sie immer noch eine Aussage wie diese niederschreiben: »Ich kann mir den Wunsch zugutehalten, mich zu verbessern.« Oder: »Heute bin ich dankbar dafür, am Leben und gesund zu sein und Arbeit zu haben.«

## Pflege deinen Optimismus

Sie müssen zuversichtlich bleiben, dass Ihre Bemühungen belohnt werden, dass die Dinge aus einem bestimmten Grund geschehen. Dieser Aspekt der emotionalen Widerstandskraft überlappt sich mit unserer spirituellen Entwicklung. Wenn Sie den Weg des SEAL gehen, werden Sie feststellen, dass sie einen ausgeprägten Erfolgshunger entwickeln, eine optimistische Grundstimmung, die mit jedem Sieg verstärkt wird. So wie die Auseinandersetzung mit Faktor-20-Herausforderungen und andere Methoden zur Förderung der mentalen Stärke Ihr Selbstbewusstsein erhöhen, wird Ihr Kampfgeist wachsen, wenn Sie sehen, wie sich Ihre selbstauferlegten Beschränkungen auflösen, wenn Sie ein Ziel nach dem anderen erreichen und jede Ihrer Missionen erfüllen. Sie werden bemerkt haben, dass ich den Geist von der Religion trenne, aber wenn Sie ein religiöser Mensch sind, kann Ihr Glaube zweifellos eine weitere Quelle der Energie für das spirituelle Wachstum werden. Einige meiner Schüler haben sogar festgestellt, dass Ihre Beziehung zu ihrem Glauben enger wurde, als ihr Geist wuchs.

Unabhängig davon, wie Sie Ihre Spiritualität oder die Quelle Ihres Geistes definieren, müssen Sie seine Kraft auf die Entwicklung einer optimistischen Grundhaltung ausrichten. Lassen Sie sich nicht zu einem Opfer der Herausforderungen des Lebens machen, sondern seien Sie ein Krieger auf der endlosen Suche nach den wertvollsten Erkenntnissen, die das Leben zu bieten hat. Die Übung »Finde den Silberstreif am Horizont« auf Seite 168 wird sich als nützlich erweisen.

## Wende den Blick von dir selbst ab

Auf sich selbst fixierte Menschen sind eher defensiv und emotional unreifer als Menschen, die anderen dienen. Die SEALs lernen, den Blick von sich selbst abzuwenden und auf ihre Teamkameraden zu richten. Ihr Erfolg hängt davon ab. Im Lauf der Zeit wird diese Bemühung zu einem Teil von ihnen, und sie wachsen zu einer Bruderschaft zusammen. Wenn Sie dasselbe tun, werden Sie sich Demut und eine großzügige Einstellung aneignen, die Ihre emotionale Widerstandskraft stärken wird. Dies ist ein wichtiges Entwicklungsstadium für uns alle, weshalb wir uns gründlich damit auseinandersetzen sollten.

Wirkliche Teammitglieder berücksichtigen die Bedürfnisse ihrer Kameraden. Sie wollen zusammenarbeiten, dienen und in die Bresche springen, wenn es notwendig ist. Sie sind auch nicht blind für die gemeinsamen Bedürfnisse des Teams und sind bereit, das Geschirr abzuwaschen oder den Aschenbecher auszuleeren. Stellen Sie sich folgende Frage: »Wie kann ich dem Teamleiter die Arbeit erleichtern? Wie kann ich meinen Teamkameraden dabei helfen, ihre Aufgaben besser zu bewältigen?« Wer sich als Diener der Gemeinschaft betrachtet, leistet sehr viel mehr. Beachten Sie jedoch, dass ein Dienst, der widerstrebend oder routinemäßig erbracht wird, kein Dienst, sondern eine Verpflichtung ist. Während das Dienen die Kräfte deutlich verstärkt und Energie auf das spirituelle Bankkonto einer Person oder eines Teams einzahlt und sowohl den Empfänger als auch den Zahlenden bereichert, ist die Pflichterfüllung neutral oder kann sogar negativ sein und zur Folge haben, dass der Kontostand sinkt.

## Definiere geeignete Ziele

»Glaube nicht, dass die Welt dir ein gutes Leben schuldet. Die Welt schuldet dir nichts – sie war vor dir da.«
*Robert Jones Burdette (1844–1914), amerikanischer Kleriker und Humorist*

Unter Prinzip 3 haben Sie gelernt, wie Sie hochwertige Ziele auswählen können, um nicht von Ihren Prioritäten abgelenkt zu werden. Das wiederum hilft Ihnen, Ihre Mission im Visier zu behalten. Jetzt wollen wir einen Schritt zurücktreten und uns ansehen, wie Sie Ihre Ziele und Ihre Mission überhaupt auswählen.

Jedes Mal, wenn Sie sich ein Ziel stecken – sei es ein großes, langfristiges Ziel für Ihre übergeordnete Mission oder ein kleineres, kurzfristiges Etappenziel auf dem Weg zu Ihrem vorrangigen Ziel – setzen Sie eine Erfolgsspirale in Gang, die Ihre mentale Stärke fördert. Sie haben jetzt etwas, nach dem Sie streben können (ein »Warum«), etwas, das Sie sich ausmalen können und auf das Sie sich konzentrieren können, um eine positive Dynamik in Gang zu setzen. Und jedes Mal, wenn Sie Ihr Ziel erreichen, wird die Begeisterung über den Erfolg und der Schub für Ihr Selbstvertrauen Ihre emotionale Widerstandsfähigkeit erhöhen, womit es Ihnen viel leichter fallen wird, die nächste Mission in Angriff zu nehmen. Aber Sie werden Ihre Ziele sehr viel eher erreichen, wenn sie von Anfang an richtig definiert sind.

Gut definierte Ziele sind präzise und positiv. Sie müssen schriftlich festgehalten werden. Sie sind messbar und mit einem geeigneten Zeitrahmen verknüpft: Wird er zu eng definiert, sind die Ziele nicht bedeutsam genug oder Sie sind zum Scheitern verurteilt. Bei einem zu großzügigen Zeitrahmen verschwinden die Ziele vom Radar, weil es an Dringlichkeit mangelt. Ihre Ziele müssen erreichbar sein und Ihre Lebenssituation entsprechen. Diese Attribute bilden das Akronym SMART: Specific, Measurable, Achievable, Realistic, Timely (Spezifisch, Messbar, Erreichbar, Realistisch, Zeitgerecht).

Alle Ihre Ziele, seien es Etappenziele oder die übergeordnete Mission, sollten SMART-Ziele sein. Dann wählen wir anhand des unter Prinzip 3 beschriebenen FITS-Werkzeugs aus mehreren Optionen die wertvollsten Ziele aus (oder ordnen sie nach Priorität). Je schwieriger es wird, desto besser sollte man die Ziele eingrenzen. Solche »Mikroziele« sollten strikt auf ein nahe liegendes Vorhaben oder auf einen Teilabschnitt der übergeordneten Mission beschränkt sein. Wenn die Arme meiner Schüler zu zittern beginnen, feuere ich sie nicht an, sich auf das Ziel zu konzentrieren, 45 Minuten im Liegestütz zu bleiben, sondern ich sage ihnen, sie sollen einfach eine Minute aushalten. In der »Höllenwoche« konzentrierte ich mich nicht auf das Ziel, meinen Trident zu bekommen, sondern darauf, die gegenwärtige Trainingsphase gut zu überstehen.

Vermeiden Sie es, sich zu viele Ziele auf einmal zu stecken, denn so können Sie sie aus dem Visier verlieren. Denken Sie daran: SEALs konzentrieren sich immer nur auf eine Aufgabe, sei es auf der Makroebene (übergeordnete Mission) oder auf der Mikroebene (Etappenziel). Auch ein unrealistischer Zeitrahmen kann zu Enttäuschungen führen. Mangelnde Bereitschaft, Ihre Ziele der Realität anzupassen (vergessen Sie nicht, dass kein Plan den Feindkontakt überlebt) kann ein Hinweis auf geistige Unbeweglichkeit sein, die das Gegenteil der Innovation ist, die wir anstreben. Wenn Ihnen Prozessziele oder eine Bestimmung fehlen, kann es passieren, dass Sie sich auf Ergebnisse fixieren, ohne wirklich dauerhafte Verbesserungen im Blick zu haben (allerdings ist es oft notwendig, auf dem Weg zu einer größeren Bestimmung Leistungsziele festzulegen). Schließlich kann nicht oft genug betont werden, wie wichtig es ist, dass Sie sich Ihre Entwicklung täglich vor Augen halten und Ihre Fortschritte messen und prüfen. So werden Sie auf Kurs bleiben, die Dynamik aufrechterhalten und sich selbst gegenüber Rechenschaft ablegen! Im Übungsteil am Ende des Kapitels finden Sie eine detaillierte Anleitung für den Zielsetzungsprozess nach Art der SEALs.

## Eindrückliche Visualisierung

»Sporne deinen Verstand mit großen Gedanken an, denn du wirst nie weiter kommen, als du denkst.«
*Benjamin Disraeli (1804–1881), britischer Politiker und Premierminister*

Was, wenn Sie in einer schwierigen Situation auf gut definierte kurzfristige Ziele konzentriert sind, positive Selbstgespräche führen und die Zwerchfellatmung praktizieren – und vor Ihrem inneren Auge trotzdem Bilder einer Katastrophe sehen? Dreimal dürfen Sie raten: Sie werden scheitern. Das ist der Grund dafür, dass die Visualisierung ein Werkzeug der mentalen Härte ist. Die Visualisierung kann drei Formen annehmen: gesteuerte Meditation, mentale Projektion und mentale Probe. Bei der gesteuerten Meditation wird eine Reihe vorgegebener Bilder verwendet, um einen bestimmten geistigen Zustand zu erzeugen, wobei es normalerweise darum geht, die Entspannung oder Heilung zu fördern oder das Unterbewusstsein zu erschließen. Diese vielseitige Form der Visualisierung, zu der Praktiken wie die des »Stillen Wassers« oder des geistigen Fitnesscenters zählen, ist Bestandteil vieler spiritueller Traditionen und Selbstentwicklungsmethoden und hat ungezählte praktische Einsatzgebiete. Aber wenn Sie Ihre mentale Härte schulen wollen, sollten Sie eher auf mentale Projektion und mentale Probe zurückgreifen.

Wie wir bei der Visualisierung des »zukünftigen Ichs« (Prinzip 1) gelernt haben, malt man sich bei einer mentalen Projektion aus, wie man ein Ziel erreicht. Um optimale Ergebnisse zu erzielen, sollten Sie sich die Szene so lebhaft wie möglich vorstellen: Sehen Sie die Farben, hören Sie die Klänge, riechen Sie die Düfte, schmecken Sie die Aromen und fühlen Sie die Emotionen, als wären Sie tatsächlich dort. Anschließend müssen Sie diese Vision anhand von Wiederholungen oder inneren »Besuchen« verstärken. So schaffen Sie in Ihrem Unterbewusstsein die Voraussetzung dafür, eine mögliche in eine wahrscheinliche Zukunft zu verwandeln: Sie aktivieren Ihr Unterbewusstsein, damit es im Gleichklang mit dem Bewusstsein arbeitet.

Unter Prinzip 3 haben wir uns mit dem virtuellen »Tauchen an Land« beschäftigt, einer mentalen Probe, in der man eine Fähigkeit oder eine Aktion im Geist durchspielt. Das Ergebnis dieser Probe ist, dass Inneres und Äußeres aufeinander abgestimmt werden, indem die mentalen Wiederholungen die einstudierte Fähigkeit im Lauf der Zeit in das Unterbewusstsein und das Nervensystem einbrennen. Die Forschung hat gezeigt, dass mentale Proben ähnliche Ergebnisse zeitigen wie tatsächliche Proben. Die Leistungssteigerung ist ein Ergebnis der wachsenden Vertrautheit mit der Aufgabe. Der Golfer Tiger Woods erklärt seine großen Erfolge damit, dass er den Schläger mehr schwingt als jeder andere Spieler – und mentales Schlagtraining macht.

Sowohl die mentale Projektion als auch mentale Proben sind wichtig für die mentale Härte, denn wir müssen unsere Angst bewältigen, um auch in schwierigen Situationen auf Kurs zu bleiben. Indem Sie etwas, vor dem Sie sich fürchten, mittels Visualisierung »erleben«, können Sie die Angstreaktion angesichts der »realen« Bedrohung abschwächen. Wenn Sie sich zum Beispiel davor fürchten, vor einem Publikum zu sprechen, sollten Sie sich vorstellen, wie Sie selbstbewusst auftreten und Ihr Publikum fesseln. So wird die tatsächliche Erfahrung weniger beängstigend.

Unsere Leistungen hängen zum Großteil von unserer Fähigkeit ab, unser Bewusstsein zu beherrschen. Meine Schüler reagieren begeistert, wenn ihnen die Visualisierung gelingt: Sie verändert wirklich alles.

# Übungen

## Vier-Punkt-Atmung

Nehmen Sie eine Meditationsposition oder eine andere angenehme Haltung ein. Ihr Rücken sollte gerade, das Kinn ein wenig angezogen sein. Schauen Sie ins Leere oder schließen Sie die Augen. Legen Sie die Hände auf die Knie und richten Sie Ihre Aufmerksamkeit auf Ihre Atmung.

- Beginnen Sie mit langsamer Zwerchfellatmung. Zählen Sie beim Einatmen bis vier und atmen Sie sofort vollständig aus, wobei Sie ebenfalls bis vier zählen sollten. Wiederholen Sie diese Übung viermal zum Aufwärmen.
- Beginnen Sie jetzt die Vier-Punkt-Übung, indem Sie langsam durch die Nase einatmen und dabei bis vier zählen.
- Halten Sie den Atem vier Sekunden lang an. Konzentrieren Sie sich auf die Atmung und registrieren Sie alles, was Ihnen in den Sinn kommt. Wenn Ihre Gedanken abschweifen, richten Sie sie behutsam wieder auf die Atmung.
- Atmen Sie langsam durch die Nase aus und zählen Sie wiederum bis vier.
- Halten Sie den Atem erneut vier Sekunden lang an. Machen Sie sich den Stillstand bewusst und beobachten Sie Ihre Gedanken.

Wiederholen Sie diesen Vorgang mindestens fünf Minuten lang und üben Sie ihn, bis Sie 20 Minuten am Stück durchhalten können. Im Lauf der Zeit können Sie die Intervalle des Einatmens, Ausatmens und Luftanhaltens vergrößern. Versuchen Sie, sich geistig zu sammeln und jede Unruhe zu beseitigen. Wenn ein Gedanke auftaucht, lassen Sie einfach zu, dass er sich wieder verliert, und lenken Sie Ihre Aufmerksamkeit wieder auf die Atmung. Machen Sie die Vier-Punkt-Atmung zu einem morgendlichen Ritual (siehe Anhang 2) und schieben Sie sie im Tagesverlauf bei jeder Gelegenheit ein – zum Beispiel beim Lesen Ihrer E-Mails. Wenden Sie die Technik an, wann immer Sie spüren, dass sich übermäßiger Stress aufbaut.

# Stress in Erfolg umwandeln

Um Ihre Reaktionen auf Stress zu steuern – sei es chronischer, unterschwelliger Stress wie jener, der durch Geldsorgen hervorgerufen wird, oder akuter, extremer Stress wie der, dem Soldaten im Kampf ausgesetzt sind –, müssen Sie einen dreistufigen Prozess einstudieren. Dabei heben wir das Verfahren der mentalen Neuausrichtung zur Erhöhung der emotionalen Widerstandskraft (Aufspüren, Abriegeln, Umleiten, Ansporn, Kommunikation, Training – siehe Übungen zu Prinzip 2) auf die nächste Ebene, indem wir sie mit der Zwerchfellatmung verschmelzen, um unsere physiologischen Reaktionen unter Kontrolle zu bringen.

**Phase 1:** Wie Sie bei negativen Gedanken und Emotionen gelernt haben, wenden Sie die mentale Neuausrichtung an, um automatische Reaktionen auf belastende Geschehnisse zu erkennen und zu unterbrechen, wenn sie auftauchen, und geistig und körperlich zum Ausdruck kommen.

**Phase 2:** Übernehmen Sie die Kontrolle und kehren Sie die Reaktion des sympathischen Nervensystems mit der Vier-Punkt-Atmung um. Auf diese Art verhindern Sie, dass die Stressreaktion erneut ausgelöst wird.

**Phase 3:** Bewahren Sie unter Druck die Ruhe und Konzentration, indem Sie weiter tief durchatmen, wobei Sie auf die Vier-Punkt-Methode verzichten können (es ist nicht nötig, zu zählen oder zwischen Ein- und Ausatmen die Luft anzuhalten). Führen Sie positive Selbstgespräche und wenden Sie eine kurze mentale Projektion an, die Ihr Selbstwertgefühl hebt oder Ihre Zuversicht stärkt. In Verbindung mit der tiefen, kontrollierten Atmung werden Aufmerksamkeitskontrolle und Visualisierung Sie in die Lage versetzen, etwaige destruktive Gedanken oder Emotionen im Keim zu ersticken. Vergessen Sie nicht, Ihre Reaktionen und Ihre Sprache zu beobachten, um dafür zu sorgen, dass alles positiv und gesund bleibt.

Im Lauf der Übung werden Sie feststellen, wie sich der Stress angesichts zunehmender Klarheit, Konzentration und Widerstandskraft verflüchtigt. Wenn Sie sich dieser inneren Vorgänge bewusst werden, wird Ihre Zuversicht wachsen, was wiederum die Aufwärtsspirale des Erfolgs verstärkt.

## Welchen Hund fütterst du?

Fangen Sie an, sich Ihres mentalen Zustands bewusst zu werden, indem Sie im Lauf des Tages immer wieder mentale Pausen einlegen. Unterbrechen Sie, was Sie gerade tun, und untersuchen Sie still Ihre Gedanken und Ihren gegenwärtigen »Gefühlszustand«. Identifizieren Sie Ihre Gefühle gegebenenfalls, indem Sie sie mit Begriffen wie Wut, Eifersucht, Gelassenheit, Aufregung usw. kennzeichnen. Wenn es nicht sofort offenkundig ist, können Sie feststellen, ob Sie unter Stress stehen und in negativer Stimmung sind oder ob Sie sich wohlfühlen, indem Sie sich klarmachen, ob diese Begriffe zum Muthund oder zum Angsthund gehören. Wenn Sie Ihren mentalen und emotionalen Zustand identifiziert haben, können Sie erneut die Methode der geistigen Neuausrichtung anwenden, um einen positiven geistigen und emotionalen Zustand zu erhalten.

**Tipp 1:** Streifen Sie sich ein Gummiband über das Handgelenk. Jedes Mal, wenn Sie das Band bemerken, spannen Sie es an und machen Sie sich bewusst, was sie in diesem Augenblick denken und fühlen. Diese Übung ist besonders nützlich, wenn Sie ständig unterwegs sind. Sie können das Gummiband durch jeden beliebigen Gegenstand ersetzen, der atypisch ist und Ihre Aufmerksamkeit weckt.

**Tipp 2:** Stellen Sie einen Timer (z. B. auf Ihrem Smartphone) auf 2- oder 3-Stunden-Intervalle. Wenn es klingelt, folgen Sie den obigen Schritten. Funktioniert bestens im Büro oder zu Hause.

**Tipp 3:** Welche Methode auch immer Sie anwenden: Üben Sie eine Woche lang täglich, und halten Sie Ihre Gedanken und Ergebnisse in Ihrem Tagebuch fest. Wenn Sie in der Lage sind, Ihren Bewusstseinszustand zu erkennen und neu auszurichten, können Sie die Übungseinheiten auf drei pro Woche reduzieren, bis Sie feststellen, dass es Ihnen zur Gewohnheit geworden ist, sich bewusst zu machen, welchen Hund Sie in jedem Augenblick füttern.

# Steck dir SMART-Ziele

Lassen Sie sich mit einem Tagebuch an einem ruhigen Ort nieder und denken Sie über Ihre Leidenschaften, Ihre Werte und Ihre Bestimmung nach, die Sie unter Prinzip 1 definiert haben. Denken Sie nun an all die Dinge, die Sie in Ihrem Leben sein, tun oder haben möchten. Was sind Ihre Wünsche für das nächste Jahr? Für die nächsten fünf Jahre? Listen Sie all diese Wünsche auf.

- Wählen Sie die drei Lebensziele oder Missionen aus, die Ihnen am meisten bedeuten und Sie Ihrer Bestimmung näherbringen werden. Unterteilen Sie diese Ziele/Missionen anschließend in Ziele für die nächsten drei Jahre sowie in einjährige Ziele, deren Verwirklichung Sie Ihren vorrangigen Zielen näherbringen wird. Schreiben Sie diese SMART-Ziele nieder: Specific, Measurable, Achievable, Realistic, Timely (Spezifisch, Messbar, Erreichbar, Realistisch, Zeitgerecht). Beschreiben Sie, wie es wäre, diese Ziele zu erreichen, und was es bedeuten würde, sie nicht zu erreichen.
- Atmen Sie tief durch und entspannen Sie sich. Begeben Sie sich in Ihr geistiges Fitnesscenter und sehen Sie sich auf dem Projektionsschirm im Detail an, wie Sie diese Ziele erreichen – so als würden Sie diese zukünftigen Momente tatsächlich jetzt erleben oder als wären diese Dinge bereits geschehen.
- Wiederholen Sie den Vorgang für Ihre drei wichtigsten vierteljährlichen Mikroziele, die mit Ihren einjährigen Zielen verknüpft sein sollten.

Wenn Sie fertig sind, bereinigen Sie Ihre Liste, um einen klaren Bezugsrahmen zu haben, und verwenden Sie die *Fokusplan*-Arbeitsblätter in Anhang 1, um alles zu organisieren und Ihre vierteljährlichen Ziele in monatliche, wöchentliche und tägliche Ziele aufzugliedern. Prüfen Sie Ihre Fokuspläne täglich im Rahmen Ihres Morgenrituals (siehe Anhang 2). Möglicherweise setzen Sie bei der Verwirklichung einiger dieser Ziele bereits die Werkzeuge ein, die wir bis hierher auf dem Weg des SEAL kennengelernt haben. Wunderbar, weiter so! Aber achten Sie darauf, alle vorhandenen Ziele diesem Prozess zu unterwerfen, um die Konzentration auf die richtigen Ziele aufrechtzuerhalten und an mentaler Härte zu gewinnen.

# Zerschlage es und baue es neu auf

»In dem Moment, in dem du glaubst, alles zu wissen, hörst du auf, dich weiterzuentwickeln.«

*Sharon Lee (geb. 1952), amerikanische Autorin*

»Mark, wir haben ein Problem.« Meine Finanzchefin Lisa sah besorgt aus. Wir hatten gerade unsere neue Website NavySEALs.com in Betrieb genommen, die als Plattform für ein E-Commerce-Unternehmen diente. Mit der von einem anderen Unternehmen betriebenen Plattform für die neue Site, welche die ständig fortschreitende Internettechnologie optimal nutzte, wollten wir verlorenen Boden gutmachen, nachdem wir in der Wirtschaftskrise des Jahres 2008 praktisch über Nacht 40 Prozent unseres Merchandising-Geschäfts eingebüßt hatten. Leider schien der Plan nicht aufzugehen. »Die Migration ist fehlgeschlagen, und unser organisches Suchaufkommen ist um 80 Prozent eingebrochen«, erklärte mir Lisa.

Die Nachrichten hätten nicht schlechter sein können. In wenigen Monaten war ein erfolgreiches Onlinegeschäft mit einem monatlichen Umsatz von 125 000 Dollar auf etwa 2000 Dollar im Monat zusammengeschrumpft. Uns ging das Kapital aus, auf einen Schlag hatten wir eine über Jahre gewachsene Dynamik eingebüßt, weil unsere neuen Webentwickler Mist gebaut hatten. Die organische Suche kann nicht erzwungen werden: Es dauert seine Zeit, bis der Verkehr auf einer Website wächst. Ich konnte das Geschäft nebenbei am Leben erhalten, aber ich wusste, dass ich nicht länger davon leben konnte, geschweige denn, dass ich eine Belegschaft damit erhalten konnte. Also entschloss ich mich, das Ganze zu beenden.

Ich zog mich in mein Büro zurück und griff zu meinen mentalen Werkzeugen, um mir auszumalen, wie die Zukunft meines Unternehmens aussehen könnte. Nachdem ich mich im Jahr 2007 aus der Zusammenarbeit mit öffentlichen Auftraggebern zurückgezogen hatte, hatte ich viel in NavySEALs.com investiert. Ich hatte vor, die Site als Liquiditätsmaschine zu erhalten, während ich in einem kleinen Trainingszentrum das SEALFIT-Konzept entwickelte. Früher hätte ich alles Erdenkliche getan, um das Unternehmen zu retten. Wahrscheinlich hätte ich jemanden engagiert, um die Website zu reparieren, und gleichzeitig versucht, zusätzliches Kapital zu beschaffen. Einem anderen Unternehmer würde ich in einer solchen Situation normalerweise empfehlen, einen anderen Weg zu suchen, um das Unternehmen zu retten. Und es ist normal zu denken: »Ich habe so viel hineingesteckt, dass ich nicht einfach so aufgeben kann.«

Doch als ich jetzt das größere Bild betrachtete, wurde mir klar, dass es zu lange dauern und zu viel kosten würde, und dass ich einfach nicht genug Leidenschaft für dieses Projekt empfand. Also bemühte ich mich bewusst, meine Denkweise »Ich kann es trotz aller Widrigkeiten schaffen« zu durchbrechen und mich von dem alten Unternehmen zu lösen, um mich auf das neue zu konzentrieren. Als ich das tat, begann ich spüren, wie sich die Energie in mir ins Positive wandelte und wie meine Zuversicht wuchs. Mir wurde klar, dass im Chaos eine Chance auftauchte, und ich hatte das Gefühl zu »wissen«, dass dies der richtige Weg war, etwas, was ich nicht mehr so deutlich gespürt hatte, seit ich bei den SEALs ausgeschieden war und die Arbeit für öffentliche Auftraggeber eingestellt hatte.

Ich musste rasch die Ressourcen bündeln, um das Überleben der Firma zu sichern. Am Abend hatte ich den Entschluss gefasst, das kleine Mitarbeiterteam von NavySEALs.com zu entlassen und das Unternehmen in eine andere Richtung zu lenken. Die Entscheidung fiel mir nicht leicht, aber als ich mich mit meiner Grundhaltung auseinandersetzte und auf mein Gefühl hörte, wurde mir bewusst, dass meine Traurigkeit und mein Unbehagen – wer setzt gerne Mitarbeiter auf die Straße? – vorübergehend sein würden. Die Entscheidungen waren schwierig, aber notwendig. Ich war sicher, dass ich das Richtige tat. Zum Glück hatte ich das Team in der Krise immer auf dem Laufenden gehalten, weshalb meine Mitarbeiter nicht auf dem falschen Fuß erwischt wurden. In der Wirtschaft ist es an der Tagesordnung, dass man einen Job verliert oder andere entlassen muss, aber Entlassungen sollten immer mit Würde über die Bühne gebracht werden.

Am nächsten Morgen durchstöberte ich gemeinsam mit meiner Frau Sandy die wenigen Bestellungen und versuchte, die Details zu bewältigen, mit denen ich jahrelang nichts zu tun gehabt hatte. Sandy half mir sehr in dieser sehr harten Zeit, während ich SEALFIT Stein für Stein aufbaute. Mit der Unterstützung meiner Frau, unserer Tochter Cindy und unserem Schwiegersohn Rich gelang es mir auch, NavySEALs.com wieder in ein lebensfähiges Unternehmen zu verwandeln. Es dauerte zwei Jahre, bevor ich wieder Geld verdiente, aber als sich SEALFIT wie Phönix aus der Asche von NavySEALs.com erhob, wurde mir klar, dass man oft erst etwas zerschlagen und beenden muss, um es zu etwas Besserem zusammensetzen zu können. Das erreicht man, indem man:

- ein absolutes Bekenntnis zu seinem Vorhaben ablegt
- sich mithilfe von Fehlschlägen rasch weiterbewegt
- in Lücken stößt, in denen sich neue Möglichkeiten eröffnen
- sich rasch und innovativ anpasst

In diesem Kapitel werde ich Ihnen erklären, wie Sie das tun können.

## Lege ein Bekenntnis ab

**»Tue es oder tue es nicht. Es gibt kein Versuchen.«**

*Yoda in* Das Imperium schlägt zurück

Im Jahr 2004 war die Sicherheit der gewählten Volksvertreter im Irak ein großes Problem, und es war Aufgabe des State Department, sie zu gewährleisten.

Aber das Außenministerium winkte ab, denn es war der chaotischen und extrem gefährlichen Situation in dem Kampfgebiet nicht gewachsen. Also gab es die Aufgabe an das von Commander W. geführte SEAL-Team 1 weiter.

Die SEALs mussten ihre Routinen zerschlagen und neu aufstellen, um diese Mission zu bewältigen. Es war eine Sache, einen Prominenten aus einer Gefahrenzone zu begleiten, aber es war etwas ganz anderes, fünf Mitglieder einer ausländischen Regierung am gefährlichsten Ort der Welt rund um die Uhr zu beschützen. Wie macht man aus einer statischen Leibwache, die zu einem gegebenen Zeitpunkt eine Person an einem bestimmten Ort schützen soll, eine aggressive Einsatztruppe, die die täglichen Aktivitäten vieler Personen und ständige Bedrohungen im Griff hat? Dem SEAL-Team 1 gelang es, die Mission innerhalb von 60 Tagen auf die Beine zu stellen. Die Konzepte, die die SEALs anwandten, um ihre Ziele rasch zu verschieben und die erforderlichen neuen Fähigkeiten zu erwerben, bilden die Grundlage dieses Kapitels.

## Verbrenne das Schiff

Ein wirkliches Bekenntnis zu Ihrer Mission, jene Art von Bekenntnis, auf das sich die Mitglieder Ihres Teams verlassen können, so als hinge ihr Leben davon ab, setzt voraus, dass Sie Ihr Schiff verbrennen, wenn Sie die Küste erreichen, an der Ihre Mission beginnt. Denn wenn es kein Zurück mehr gibt, müssen Sie weitermarschieren. Commander W. und sein Team zeigten, dass es kein »vielleicht« gibt, wenn man eine wichtige Entscheidung fällt. Die SEALs zu bitten, den Personenschutz zu übernehmen, ist so, als würde man den Terminator bitten, auf ein Baby aufzupassen, aber als die Anfrage kam, lautete die Antwort: »Ja, Sir, das haben wir drauf!«

Gewissheit gibt uns die Kraft, die wir brauchen, um die Trägheit zu überwinden und in Bewegung zu kommen. Voraussetzung für Gewissheit ist ein unerschütterliches Bekenntnis, das eine Einbahnstraße ist. Man kann sich nicht teilweise oder möglicherweise zu etwas bekennen. Wenn Sie mit Gewissheit »Ja, das haben wir drauf!« sagen, machen Sie ein positives Projekt greifbar. Umgekehrt ist die Aussage »Ich werde es versuchen« ein klarer Hinweis auf Defätismus. Es geht teils um die Einstellung und teils um das Handeln. Als NavySEALs.com zusammenbrach, hätte ich aufgeben können. Stattdessen legte ich ein Bekenntnis zu meinem Unternehmen ab und verpflichtete mich, meine Prioritäten neu zu ordnen, meine Erwartungen anzupassen und das Unternehmen neu zu erfinden.

Ist Ihnen aufgefallen, dass unsere Gesellschaft der Hingabe immer weniger Bedeutung beimisst? Früher lautete ein unumstößlicher Grundsatz: »Man tut, was man zugesagt hat, Punkt.« Irgendwann wurde es akzeptabel zu sagen: »Ich habe mein Bestes versucht.« Heute ist es in Ordnung zu sagen: »Ich wollte es tun, aber es ist etwas dazwischengekommen.« Hören wir auf Yoda, der Luke ins Gewissen redete: »Tue es oder tue es nicht. Es gibt kein Versuchen.« Sie müssen sich vorbehaltlos auf Ihre Aufgabe einlassen. Wenn Sie kein solches Bekenntnis ablegen können, sagen Sie »Nein« oder »Nicht jetzt«.

## Finde einen Weg oder baue einen

Für Menschen, die herausragende Leistungen bringen, bedeutet ein vorbehaltloses Bekenntnis nicht, dass sie bereits wissen, wie sie die Aufgabe bewältigen werden. Bei den SEALs lautete unser Motto: »Finde einen Weg oder baue einen.« Das bedeutet, dass man sich verpflichtet, die Aufgabe zu erfüllen, und anschließend einen Weg findet, um sie zu bewältigen. Da keine Aufgabe vollkommen neu oder einzigartig ist, müssen Sie, um sich aus dem Korsett der gegenwärtig üblichen Lösungsansätze zu befreien, bekannte Ideen mit fundierten Voraussagen bezüglich der Zukunft mischen, um neue Lösungen für die Gegenwart zu finden.

Im Jahr 2004 hatten viele Menschen den Eindruck, dass sich die Lage im Irak besserte. Nachdem das Weiße Haus den Schutz der irakischen Regierung in die Hände der SEALs gelegt hatte, analysierte Commander W. die Situation und erkannte, dass sich die Lage in Wahrheit verschlechtern würde, da die Aufständischen ihre Anstrengungen verstärken würden, die Hoffnung auf Demokratie im Keim zu ersticken und unsere Mission zu vereiteln. Aber er arbeitete nicht in einem Vakuum, als er nach einer Möglichkeit suchte, die Mitglieder der irakischen Regierung vor dem drohenden Tod zu bewahren. Das SEAL-Team 1 sah sich zunächst die vorhandenen Protokolle des State Department an. Dann wandten sie sich an die SEALs, die in Afghanistan für den Schutz von Präsident Karzai verantwortlich gewesen waren. Sie nahmen Kontakt zu privaten Sicherheitsfirmen wie Blackwater und Triple Canopy auf, die im Irak Konvois Geleitschutz gaben. Sie prüften neue Technologien, die eingesetzt werden konnten, um Bedrohungen zu entdecken und zu beobachten, und spielten Konzepte für die Organisation und die Zusammenarbeit mit ihren irakischen Kollegen durch. Aus diesem Material siebten sie das für ihre Mission geeignete aus. Schließlich formulierten sie vollkommen neue operative Verfahren und Strategien für eine Mission von bis dahin ungekannten Ausmaßen, die mitten in einem Kampfgebiet durchgeführt werden musste. Am Anfang standen die Bereitschaft, Althergebrachtes zu zerschlagen, und ein vorbehaltloses Bekenntnis dazu, einen Weg zu finden, um die Scherben zu etwas Besserem zusammenzusetzen. Am Ende gelang es den SEALs, mehr als 400 geplante Anschläge auf irakische Politiker zu verhindern oder die Angreifer zurückzuschlagen. Sie bildeten eine irakische Einheit aus, die sie ersetzen würde, und setzten gleichzeitig ihre Einsätze fort. Dies war eine bemerkenswerte Leistung für ein Team von nur etwas mehr als hundert Elitesoldaten.

Das SEAL-Team 1 »zerschlug« das gewohnte defensive Einsatzschema für Personenschutzeinheiten, das auf den Schutz einzelner Personen oder Familien in einer Umgebung ausgerichtet war, in der Bedrohungen existierten, die jedoch nicht immer aktiv waren. Die neue Herangehensweise funktionierte besser unter Bedingungen, die im Wesentlichen denen in einem Kampfgebiet entsprachen, wobei zahlreiche Parteien mit sehr unterschiedlichen Standpunkten um die Wähler kämpften. Anstatt lediglich einen Schutzschild zu errichten und Angriffe abzuwehren, ging das SEAL-Team 1 dazu über, potenzielle Bedrohungen für die irakischen Politiker zu identifizieren und ein Einsatzteam loszuschicken, um die Feinde aufzuspüren und auszuschalten, bevor sie einen Angriff starten konnten. Auf diese Art wurden mehrere unterschiedliche Missionen zu einem Hybrideinsatz verschmolzen.

Ein Beispiel: Als die Feindaufklärung der SEALs eine von einem hochrangigen al-Qaida-Terroristen ausgehende Bedrohung für den damaligen Präsidenten Maliki identifizierte, begann das Team sofort, die Kommunikation des Verdächtigen (per Mobiltelefon, Video und in Blogs) sowie seine Kontakte mit anderen bekannten Terroristen und Aufständischen zu überwachen. Diese Daten wurden mit sporadischen Informationen von vertrauenswürdigen Informanten in der Bevölkerung verknüpft. Die Information deutete auf einen geplanten Angriff mitten in Bagdad hin. Anhand der neuen operativen Verfahren für die Suche nach feindlichen Kämpfern gelang es dem Aufklärungsteam schließlich, das Ziel zu einem bestimmten Zeitpunkt an einem bekannten Ort zu »fixieren«. Die SEALs starteten eine Kommandoaktion, um den Terroristen dingfest zu machen, bevor er den Angriff durchführen konnte.

Diese und andere ähnliche Operationen waren schwierig, trugen jedoch entscheidend dazu bei, die »bösen Buben« in die Defensive zu drängen. Die SEALs warteten nicht, bis die Bedrohung zu ihnen kam, sondern traten ihr aggressiv entgegen. Jeder, der vorhatte, die geschützten irakischen Politiker zu attackieren, musste rasch erfahren, dass ein neuer Sheriff in der Stadt war. Man kann unmöglich genau wissen, wie viele Möchtegern-Terroristen angesichts dieses Gegners den Rückzug antraten, aber zweifellos bewegte die Vorgehensweise der SEALs viele von ihnen, einen anderen Kurs einzuschlagen und sich auf die Suche nach leichteren Zielen zu machen.

# Rasche Fortschritte durch Fehlschläge

»Um Erfolg zu haben, muss man sich von Fehlschlag zu Fehlschlag bewegen, ohne die Begeisterung zu verlieren.«
*Winston Churchill (1874–1965), britischer Premierminister*

Ich glaube, dass die Welt chaotisch ist und dass das Schicksal diejenigen bevorzugt, die vorbereitet sind. Leider verweigert uns das Chaos manchmal den Erfolg, egal wie gut wir unsere Mission abgesichert haben und wie entschlossen wir sind, einen Weg zu finden. Trotz – und manchmal wegen – chaotischer Bedingungen vorzustoßen, ist riskant, und da Sie, wenn Sie den Weg des SEAL gehen, nicht vor Risiken zurückschrecken, werden Sie zwangsläufig Fehlschläge erleiden. Und mit einiger Wahrscheinlichkeit werden die Fehlschläge sogar zahlreicher sein als die Erfolge.

Aber die gute Nachricht ist, dass der Fehlschlag in der heutigen Kultur nicht mehr als so beschämend gilt wie in der Vergangenheit: Mittlerweile ist es fast normal, den Arbeitsplatz zu verlieren, mit einem Unternehmen zu scheitern oder Konkurs anmelden zu müssen (sei es geschäftlich oder persönlich). In unserer schnelllebigen Welt ändern neue Technologien über Nacht ganze Wirtschaftszweige. Da sich die wirtschaftlichen, sozialen und politischen Landschaften wie Treibsand bewegen, ist es heute wichtiger als je zuvor, sich auf Fehlschläge einzulassen und rasch vorzurücken. Wenn Sie absichtlich etwas zerschlagen, müssen Sie Ihre Perspektive verschieben und lernen, Fehlschläge nicht nur zu erwarten, sondern zu begrüßen. Sie müssen lernen, Fehlschläge anzustreben, weil sie Ihnen Gelegenheiten zum persönlichen und beruflichen Wachstum eröffnen. Sie werden verstehen, dass Sie nur mit Fehlschlägen die Einsichten sammeln können, die notwendig sind, um die Einzelteile besser als zuvor wieder zusammenzusetzen.

An einem meiner ersten Trainingsprogramme nahm ein Stahlarbeiter aus Pittsburgh teil, der zu einer Schwimmübung ins Meer stieg und geradewegs auf den Grund sank. Er konnte nicht schwimmen und war nicht einmal in der Lage, sich an der Oberfläche zu halten, aber er fürchtete sich davor, es mir zu gestehen. Also sprang er ins Wasser und ging unter! Nach einem Augenblick der Panik fischten wir ihn heraus. Es hatte durchaus seinen Sinn, Schwimmübungen im Ozean ins Programm zu nehmen, denn das war Teil der SEAL-Ausbildung. Aber da immer mehr Personen, die nicht dem Militär angehörten, an unserer Ausbildung teilnehmen wollten, nahmen wir an, dass wir zwangsläufig auch Teilnehmer anlocken würden, die nicht gut genug schwimmen konnten. Anstatt reflexartig auf diesen Fehlschlag (das heißt auf diese Lerngelegenheit) zu reagieren und die Schwimmausbildung zu streichen, überdachten wir das Programm. Angesichts des Risikos konnten wir nicht alle Teilnehmer ins tiefe Wasser schicken, aber wir konnten sie im hüfthohen Wasser Holzblöcke tragen lassen oder sie einer »Brandungsfolter« unterziehen (so nennen die SEALs eine Übung, bei der sie stundenlang in der eiskalten Brandung des Ozeans sitzen müssen). So konnten wir das Risiko des Ertrinkens beseitigen und gleichzeitig das subjektive Gefühl des Risikos und die Herausforderung erhalten, die mit den Übungen im kalten Meerwasser einherging.

Der SEAL Alden Mills zeigte, wie gut man durch Fehlschläge vorankommen kann, als er sein mittlerweile sehr erfolgreiches Produkt Perfect Pushup auf den Markt brachte. Ich erinnere mich noch, wie ich mit seinem ersten Produkt Body Rev herumspielte, das wir prüften, um es bei NavySEALs.com anzubieten. Aber ich konnte nicht herausfinden, wie das verdammte Ding funktionierte. Das Body Rev war eine gyroskopische Vorrichtung, die man in den Händen hielt und vor dem Körper im Kreis drehte (daher die Bezeichnung Body Rev), um den Oberkörper zu stärken. Alden hatte 1,5 Millionen Dollar für die Entwicklung des Produkts aufgetrieben und ein für den weiblichen Fitnessmarkt bestimmtes Infomercial produziert. Offenbar war ich nicht der Einzige, der nicht begriff, wie das Gerät funktionierte. Es war ein Fehlschlag, was vor allem daran lag, dass es den Konsumenten zu kompliziert schien und dass Alden ein zu kleines Segment des Fitnessmarkts ins Visier genommen hatte. So setzte er bis auf 25 000 Dollar sein gesamtes Startkapital in den Sand.

In dieser Situation kam ihm zugute, dass er als SEAL gelernt hatte, sich auf Fehlschläge einzulassen, um daraus zu lernen. Ihm blieb nur noch so wenig Zeit, seine Taschen waren so leer und die Neinsager waren so laut, dass er sich Scheuklappen anlegte und Ohrenschützer aufsetzte und sich vollkommen auf dieses eine Problem konzentrierte. Innerhalb weniger Monate war es gelöst. Anstatt einen sicheren, leichteren Weg zu gehen und sein gescheitertes Produkt für einen anderen Markt umzubauen oder sein Unternehmen aufzugeben und etwas anderes zu versuchen, entschloss er sich, ein weiteres, einfacheres Produkt zu erfinden, nämlich Perfect Pushup. Er setzte Haltegriffe auf einen drehbaren Sockel, sodass Handgelenke, Ellbogen und Schultern des Sportlers beim Liegestütz rotieren konnten, was einen ergonomisch vorteilhaften Bewegungsablauf ermöglichte. Und da er aus seinen Fehlern gelernt hatte, schaltete er diesmal nur Anzeigen in einigen Sportzeitschriften für Männer (über diesen Kanal, den er besser kannte, waren solche Produkte eher zu vermarkten als über die Frauenzeitschriften, in denen er zuvor geworben hatte). Die Annoncen bezahlte er mit seinen eigenen Kreditkarten, anstatt sich Geld für eine größere Werbekampagne zu leihen. Schon bald nahm er mit dem

Produkt genug ein, um ein Infomercial finanzieren zu können, das Perfect Pushup landesweite Aufmerksamkeit sicherte. Innerhalb eines Jahres fand sein Produkt einen Platz in den Regalen von mehr als 24 000 Einzelhandelsgeschäften.

## Wende systematisch die Methode von Versuch und Irrtum an

Die Methode, sich durch Fehlschläge rasch vorwärtszubewegen, ist ein fester Bestandteil der Kultur und der Regeln der SEALs. Gute Führer erkennen die wichtige Funktion von Fehlschlägen und lassen sich darauf ein. Man darf nicht überempfindlich auf Rückschläge reagieren. Wenn die Dinge nicht wie gewünscht funktionieren, was gelegentlich passieren wird, darf man nicht zur Jagd auf die vermeintlich Schuldigen blasen, wenn die Beteiligten gute Absichten hatten. Versuchen Sie stattdessen herauszufinden, was warum nicht funktioniert hat, sammeln Sie die Trümmer ein und versuchen Sie es mit einer anderen Herangehensweise erneut. Wenn Sie nicht in der Position sind, die Kultur Ihrer Organisation zu verändern, müssen Sie an der Basis beginnen und Ihr Team ermutigen, mehr Risiken einzugehen. Sie müssen dem Team Rückendeckung geben und die Verantwortung übernehmen, wenn es scheitert. Natürlich besteht die Möglichkeit, dass Ihre Karriere Schaden nimmt, aber die Arbeit Ihres Teams wird an Dynamik gewinnen, und Sie werden als Führungskraft wachsen. Behalten Sie das große Bild im Auge: Wichtig sind Ihre Entwicklung und Ihr Erfolg, und Sie müssen nicht zwangsläufig in Ihrem gegenwärtigen Job bleiben, um zu einer herausragenden Führungskraft zu reifen! Wenn Ihr Vorgesetzter nicht einverstanden ist und Ihnen nahelegt, das Unternehmen zu verlassen, wird mit Sicherheit jemand anderer kommen, der Ihre Denkweise teilt und gerne mehr über Ihre Initiative wissen möchte. Indem Sie die Bereitschaft zeigen, Rückschläge hinzunehmen, können Sie Personen auf den höheren Führungsebenen dazu inspirieren, sich angesichts Ihrer Ergebnisse eine ähnliche Einstellung anzueignen oder zumindest ihre Risikotoleranz zu erhöhen.

Ich schlage Ihnen vor, dass Sie persönlich, in Ihrem Team und nach Möglichkeit in Ihrer Organisation systematisch nach der Versuch-und-Irrtum-Methode (»trial and error«) voranschreiten. Wenn Sie sich durch Fehlschläge vorwärtsbewegen, können alle gemeinsam lernen und rasche Fortschritte erzielen. Der

Fehlschlag ist nichts weiter als ein Schritt in einem Lernprozess, der folgendermaßen aussieht:

1. Sie versuchen etwas Neues.
2. Sie scheitern.
3. Sie analysieren (a) die Lehren, die Sie aus dem Fehlschlag ziehen können, und (b) die Möglichkeiten, Ihre Vorgehensweise zu ändern, um sich dem Ziel zu nähern und weitere Fehlschläge zu vermeiden.
4. Sie nehmen Veränderungen vor und tun den nächsten Schritt.
5. Sie wenden die Erkenntnisse persönlich und als Team an, um Ihr Denken für den nächsten Schritt abzuändern und gegebenenfalls das System oder den Prozess an sich an die neuen Erkenntnisse anzupassen.
6. Sie versuchen es erneut und wiederholen die Schritte 2 bis 5 so lange, bis Sie Ihre Mission erfolgreich abgeschlossen haben.

So werden Sie darauf geeicht, sich durch Fehlschläge rasch vorzuarbeiten. Der Fehlschlag wird ein erwartetes Ereignis, kein zerstörerischer »Schlusspunkt«, der das Ende seines Urhebers bedeutet. Die rasche Entwicklung mithilfe von Fehlschlägen sollte ein positiver Imperativ sein, der Kraft für die Bewältigung unvermeidlicher Herausforderungen gibt und uns neuen Lösungen näherbringt. Die Teammitglieder sind glücklicher und bringen bessere Leistungen, weil sie ungehindert nach persönlichem Wachstum streben können. Niemand wird behindert oder bestraft, weil er im Interesse der Organisation Risiken eingeht.

## Überwinde die Scheu vor Risiken

Die Furcht vor dem Scheitern oder die durch diese Furcht verursachte Risikoscheu trägt oft zum Scheitern bei. Wenn man mitten im Sprung vom Brett innehält, kann man sich den Schädel einschlagen. Wer in einem Geschäft oder beim Aktienhandel nicht entschlossen handelt, weil er einen Verlust fürchtet, wird sich Chancen entgehen lassen und kann nicht lernen und wachsen. Und die Risikoscheu kann noch schlimmere Folgen wie den Zusammenbruch eines Unternehmens haben. Risikoscheue Menschen sehen in Fehlschlägen einen Beleg dafür, dass:

- sie der Aufgabe nicht gewachsen waren
- das Team versagte
- der Markt/die Welt gegen sie war
- das Vorhaben von Anfang an zum Scheitern verurteilt war

All das mag durchaus einen wahren Kern haben, aber solche Urteile sind unnütz; sie führen nicht zu besseren Resultaten. Den Weg des SEAL zu gehen bedeutet, die Verantwortung für die eigenen Fehler zu übernehmen und daraus zu lernen, anstatt nach Schuldigen zu suchen. Es hat nicht geklappt … ja und? Versuchen wir etwas anderes! Es hätte mir nichts genutzt, meinem Webentwickler die Schuld am Debakel von NavySEALs.com zu geben. Es hat für uns keinen Nutzen, auf Fehlschläge mit Schuldzuweisungen oder Mitleid zu reagieren. Stattdessen müssen wir uns ansehen, welche Erkenntnisse wir daraus gewinnen können. Wenn wir keine Risiken eingehen, können wir nicht scheitern und die Lehren ziehen, die nötig sind, um herausragende Leistungen zu erzielen.

# Suche nach Lücken, die Chancen eröffnen

»Um eine große Chance zu entdecken, musst du ein großes Problem suchen.«
*H. Jackson Brown (geb. 1940), Autor des Bestsellers* Life's Little Instruction Book

Das Leben wird Ihnen zahlreiche Gelegenheiten eröffnen, indem es Sie scheitern lässt, und wenn sie den Grundsatz verinnerlichen, durch Fehlschläge rasch voranzukommen, werden Sie viele Gelegenheiten vorfinden, um zu lernen und zu wachsen. Aber als jemand, der den Weg des SEAL geht, können und müssen Sie auch aktiv nach Gelegenheiten suchen, Dinge zu zerschlagen, um etwas Besseres daraus bauen zu können.

Die Geschwindigkeit des technologischen Fortschritts beschleunigt den Wandel in der Wirtschaft, der Politik und unserem persönlichen Leben. Wenn neue Entwicklungen die bekannten Grenzen sprengen, öffnen sich Lücken, in denen sich zahlreiche neue Möglichkeiten bieten. In Übergangszeiten wie denen, die wir gegenwärtig erleben, werden wir mit mehr chaotischen Entwicklungen, mehr Realitätslücken und mehr Gelegenheiten konfrontiert. Diese Gelegenheiten müssen Sie nutzen.

## Bewege dich in der Gegenwart

Die meisten Menschen werden solche Möglichkeiten überhaupt nicht erkennen, weil sie immer über die Schultern schauen und sich darauf fixieren, wie die Dinge bisher gemacht wurden. Sie wünschen sich eine Rückkehr in die gute alte Zeit. Solche Menschen neigen zu Pessimismus und Unzufriedenheit, weil sie sich nach der Rückkehr zu etwas sehnen, was es nicht mehr gibt. Das bremst sie, denn sie leugnen den Wandel und können oder wollen nicht nach vorne blicken.

Ein kleinerer Teil der Bevölkerung hofft auf eine bessere Zukunft und fürchtet das Schlimmste. Hinweise auf eine solche Einstellung sind Aussagen wie »Ich kann nicht erwarten, dass …« oder »Wenn ich diese Beförderung erreiche …«, gekoppelt mit der Befürchtung »Was, wenn …?«. Es besteht die Gefahr, dass solche Menschen auf der Stelle treten, da sie lediglich hoffen, dass dasselbe beim nächsten Mal besser funktionieren wird, anstatt aus den vergangenen Fehlern zu lernen. Das ist beinahe eine Garantie dafür, dass sie diese Fehler wiederholen werden. Personen, die »in die Zukunft schauen«, lassen ebenfalls oft Chancen ungenutzt, weil sie nicht mutig genug sind zu handeln. In unserer relativ sicheren modernen Welt richtet sich unsere Angst vor allem auf eine ungewisse Zukunft, die wir uns nur vorstellen können. Wer seine Gedanken auf die Zukunft richtet und sich Fehlschläge und all das Schlimme ausmalt, das geschehen könnte, bleibt in einer Schleife des negativen Denkens gefangen. Wer nicht lernt, sich eine erfolgreiche, erfüllte Zukunft auszumalen, wird durch das »Vorspuldenken« in eine negative Grundhaltung gezwungen. Wer eine negative Grundhaltung einnimmt, kann kaum entschlossen und mutig handeln.

Der schöpferische Verstand lebt in der Gegenwart, während der rationale Verstand in der Vergangenheit oder Zukunft lebt. Sie müssen lernen, alle drei geistigen Zustände zu nutzen, ohne in ihnen hängen zu bleiben. Sie müssen optimistisch und zielgerichtet in die Zukunft blicken, aus der Vergangenheit lernen und in der Gegenwart neue Möglichkeiten anvisieren. Wenn es Ihnen gelingt, Ihre Aufmerksamkeit nach Bedarf von der Zukunft auf die Vergangenheit und auf die Gegenwart zu verlagern, wird es Ihnen nicht schwerfallen, die Lücken zwischen alten und neuen Gegebenheiten zu erkennen und Möglichkeiten für Neuerungen zu sehen, die anderen entgehen.

Der erste Schritt besteht darin, Ihr Denken abzustimmen, damit Sie Ihre Aufmerksamkeit rasch von der Zukunft auf die Vergangenheit und auf die Gegenwart verlagern können. Um dieses Prinzip wirksam anzuwenden, müssen Sie auch nach Schwächen in den Denkmodellen Ihrer Konkurrenten suchen. Indem Sie dieses Wissen mit einer guten Analyse der Funktionsweise ihrer Systeme und ihrer Schwachstellen verknüpfen, können Sie verborgene Möglichkeiten erkennen. Sun Tzu erklärte vor mehr als 2000 Jahren, dass sich bei einem Krieger, der sich selbst, aber nicht seinen Gegner kennt, Siege und Niederlagen die Waage halten werden. Aber wer sowohl sich selbst als auch seinen Gegner kennt, wird von hundert Kämpfen nicht einen verlieren.

Das klingt vielversprechend, aber Sun Tzus Theorie beruht auf der Annahme, dass unser Verstand in der Lage ist, sämtliche Informationen aufzunehmen und zu verarbeiten. Es ist schwierig, sich derartig umfassende Kenntnisse anzueignen, wenn man – wie die meisten von uns – durch mentale blinde Flecken behindert ist.

## Erkenne und beseitige blinde Flecken

Unser Verstand nimmt jeden Augenblick gewaltige Mengen von Informationen auf, die er filtern muss, um ihnen einen Sinn abzugewinnen. Dazu bedient er sich bestimmter ritueller Muster oder Denkweisen, die vertraut und angenehm sind. In Teams oder Gesellschaften werden diese Muster wiederholt, festgeschrieben und anschließend einstudiert, um sie in die Funktionsweise der Gruppe einzubrennen. Aber auf diese Art werden die Mitglieder des Systems blind für andere Denkmuster oder Vorgehensweisen, was zur Folge hat, dass sie manche Möglichkeiten nicht erkennen können. Die besten Führer sind ständig bemüht, dieses ritualisierte Denken und Verhalten zu durchbrechen, um blinde Flecken zu vermeiden.

In meiner Zeit im SEAL-Team 3 erhielt ich den Auftrag, die zur Feindabwehr eingesetzten Delphine der Navy Explosive Ordnance Disposal zu testen. Diese Tiere werden darauf dressiert, feindliche Kampftaucher daran zu hindern, in strategisch wichtige Wasserwege einzudringen. Der übliche Test bestand daran, sich unter Wasser dem Ziel zu nähern und festzustellen, ob die Delphine in der Lage waren, den Eindringling aufzuspüren. Stellten sie dich, so versetzten sie dir einen harten Stoß gegen die Taucherbrille. Ich bin sicher, dass ihnen dieses Spiel sehr gefiel, aber für uns war es kein Spaß. Abgesehen davon wollten wir praktischen Nutzen aus diesem Einsatz ziehen. Mein Team bestand aus fünf Taucherpaaren. Wir stiegen mitten in der Nacht ins Wasser. Wir bewegten uns am Grund eines Kanals, wo es den Delphinen schwerfiel, ihr natürliches Sonar einzusetzen. Ich holte ein Miniatursonargerät hervor, das ich in meinem Taucheranzug versteckt hatte, und schaltete es ein. Für die Delphine musste das klingen wie ein Rockkonzert unter Wasser. Mein Partner und ich erreichten problemlos das Ziel. Am Ende schafften es alle bis auf ein Taucherpaar. Die beiden SEALs bekamen einen ordentlichen Stoß auf die Maske von einem der verwirrten Meeressäuger.

Worum es in dieser Geschichte geht ist Folgendes: Wie jedes Team in einem System, in dem Aufgaben wiederholt auf dieselbe Art bewältigt werden, war auch unser EOD-Team Risiken ausgesetzt, weil es blinde Flecken hatte, die es daran hinderten, die Möglichkeit einer neuen Vorgehensweise zu erkennen. Ich sah, dass das EOD-Team die Routineübungen nicht ernst nahm: Man gab sich mit dem Status quo zufrieden und dachte offensichtlich nicht an die Möglichkeit, dass feindliche Kampfschwimmer einfache unkonventionelle Methoden gegen die Delphine einsetzen würden. Eine solche Denkweise kann dich im tatsächlichen Kampfeinsatz das Leben kosten, und in der Wirtschaft zieht es den Verlust von Marktanteilen oder Schlimmeres nach sich. Wenn wir immer siegreich sein wollen, müssen wir die Lücken finden, in denen sich Chancen bieten, die anderen verborgen bleiben. Wir müssen rasche Innovationen herbeiführen und uns rasch anpassen, um diese Chancen zu nutzen, bevor andere sie erkennen.

# Entwickle Neuerungen und passe dich rasch an

**»Jeder mit einer neuen Idee ist so lange ein Spinner, bis sich die Idee durchsetzt.«**
*Mark Twain (1835–1910), amerikanischer Schriftsteller*

Das Motto des Marine Corps lautet »Semper Fidelis« (Stets treu). Marines sind ihren Kameraden, dem Corps und den Vereinigten Staaten treu. Ein ungeschriebenes Motto der SEALs lautet »Semper Gumby«, was so viel bedeutet wie »Stets flexibel«. Dieses Motto, das auf den biegsamen Comic-Helden Bezug nimmt, der seine Gestalt jeder Situation anpassen kann, erklärt, warum die SEALs unter chaotischen Bedingungen rasch die systemischen Lücken finden können, die Chancen eröffnen, um das Schlachtfeld zu beherrschen. Ihr Geheimnis sind weder ihre überwältigende Feuerkraft noch irgendwelche geheimen Technologien. Ihr Geheimnis ist die Fähigkeit, bei Bedarf innovative Lösungen zu finden und sich rasch den Bedingungen anzupassen.

Ein Beispiel: Im Golfkrieg wurden mein Freund Lieutenant Dietz und sein kleiner SEAL-Zug im Verlauf der »Operation Wüstensturm« mit einer Herausforderung konfrontiert: Sie mussten unbemerkt eine große Menge C4-Sprengstoff an Land bringen. Eigentlich gab es nur zwei Möglichkeiten: Sie konnten ein großes, leicht zu entdeckendes Boot einsetzen, oder sie konnten zahlreiche gefährliche Reisen unternehmen, bei denen die Taucher immer so viel Sprengstoff mitnehmen konnten, wie sie tragen konnten. Dann schlug ein junger SEAL vor, das C4 auf sogenannten Boogie Boards, Schwimmhilfen für Wellenreiter, an den Strand zu ziehen. Lieutenant Dietz war verblüfft. Er begriff sofort, dass diese unkonventionelle Idee brillant war. Bis dahin war noch nie jemand auf die Idee gekommen, Boogie Boards für einen Kommandoeinsatz zu verwenden, aber diese Lösung erfüllte alle Bedürfnisse. Als der Kommandant die Bretter anforderte, war so mancher im Hauptquartier skeptisch; aber der Erfolg der Mission gab ihm Recht.

Diese Flexibilität trägt wesentlich zur Fähigkeit der SEALs bei, Möglichkeiten zu nutzen, die anderen verborgen bleiben. Ihre Fähigkeit, solche Gelegenheiten entschlossen beim Schopf zu packen, verhilft ihnen zum Erfolg.

## Durchbrich den Status quo mit entschlossenem Handeln

Nach Jahren der SEAL-Ausbildung, des Kampfsporttrainings und der Yoga-übungen war mir klar, dass diese Methoden zur Entwicklung der Fähigkeiten des Kriegers einander in vielerlei Hinsicht ähnelten. Ich wollte diese bewährten Methoden zu einem ganzheitlichen Trainingsmodell verschmelzen. Als mein kurzer Vorstoß in die Welt der Staatsaufträge im Jahr 2007 endete, sah ich die Gelegenheit, mich dieser Aufgabe zu widmen, aber ich hatte keine klare Vorstellung davon, welches Geschäftsmodell geeignet wäre, um der Öffentlichkeit ein solches Trainingsmodell anzubieten. Anstatt es aus der Ferne zu studieren und aus verschiedenen Winkeln zu betrachten, entschloss ich mich, mir die Hände schmutzig zu machen und aus der Praxis zu lernen. Ich stürzte mich entschlossen auf die Aufgabe und eröffnete ein CrossFit-Zentrum (ein Trainingssystem, von dem die SEALs einige Bestandteile übernommen hatten). Damit verfolgte ich den doppelten Zweck, meine eigenen Fähigkeiten und Kenntnisse zu verbessern und das richtige Geschäftsmodell zu finden, indem ich verschiedene Taktiken anwandte. Ich begann, einen Kurs mit der Bezeichnung SEALFIT zu leiten, und entwickelte das Kokoro-Camp, um meine Theorien zu testen. Ich unterrichtete eine frühe Version meiner integrierten Trainingsmethode, die CrossFit, Entwicklung von Kraft und Ausdauer, Grundlagen der mentalen Härte und Yoga beinhaltete. Ich begann auch, mich eingehend mit den wissenschaftlichen Erkenntnissen über mentale Stärke und Leistungspsychologie zu befassen, um mein experimentelles Lernen durch das passende Vokabular und die einschlägigen Forschungsergebnisse ergänzen zu können. Ich wusste, dass ich ein Fachmann für dieses Gebiet werden musste, wenn ich mir eine neue Karriere als Charaktertrainer aufbauen wollte. Ich konnte es mir nicht leisten, Risiken zu vermeiden oder vor einem Fehlschlag zurückzuschrecken: Es war nötig, durch Fehlschläge rasch voranzukommen.

Unentschlossenheit ist nach Risikoscheu und Angst vor Fehlschlägen möglicherweise die häufigste Ursache für das Zögern, das jede Innovation verhindert. Es ist nicht einfach, inmitten von Chaos entschlossen zu handeln, vor allem, wenn man unter Druck steht und erschöpft ist. Jeder Plan ist besser als kein Plan, und ein guter Plan, der sofort umgesetzt wird, ist sehr viel besser als ein perfekter Plan, der zu spät umgesetzt wird: Führungskräfte, die den Weg des SEAL gehen, werden nie Opfer der Analyseparalyse. Wie sollten sie auch, wenn sie damit beschäftigt sind, Innovationen voranzutreiben und sich anzupassen, um neue Chancen zu nutzen?

Bitte beachten Sie, dass ich mich nicht für halbgare Antworten oder unüberlegtes Handeln einsetze. Ich meine etwas anderes: Sie müssen bereit sein, sich mit einem Plan anzufreunden, der »gut genug« ist (das heißt mit einem, der auf unvollständiger Information beruht) und sich die feste Überzeugung aneignen, dass Ihre Entscheidungen besser werden, wenn Sie durch Fehlschläge rasch vorankommen und neue Möglichkeiten nutzen. Sie dürfen nicht zulassen, dass die Angst vor Fehlschlägen Sie davon abhält, überhaupt anzufangen! Lassen Sie sich von Ihrer Intuition leiten. (Wie das geht, werden wir im nächsten Kapitel sehen.) Ihre Perspektive wird sich verschieben, während Sie voranschreiten, und das ist gut so. Sie werden auf dem Weg die offenen Fragen klären. Nachdem Sie sich einen Moment Zeit genommen haben, um die Situation zu beurteilen, sollten Sie entscheiden, die in diesem Buch beschriebenen Werkzeuge einsetzen, um einen ethischen, positiven Weg zu finden, und so rasch wie möglich zur Tat schreiten.

Wenn Sie nicht sicher sind, welche Schritte Sie tun sollten, können Sie Folgendes versuchen: Beginnen Sie, indem Sie die verfügbaren Ressourcen ermitteln, und brechen Sie anschließend Ihre alten Verhaltensmuster auf, um neue Routineabläufe zu gestalten, die Ihre Konzentration und die Ihres Teams auf die gegenwärtige Herausforderung lenken. Diese Bemühungen können Forschungsarbeit, die Kontaktaufnahme zu Personen mit Erfahrung auf diesem Gebiet und die Mobilisierung Ihres Teams durch Delegierung von Vorbereitungstätigkeiten beinhalten. Sie können sogar Ihr Team vor den neuen Entwicklungen »warnen«. Jedes Unternehmen hat seinen Kampfrhythmus, das heißt einen vertrauen Ablauf, in dem es sich auf eine wichtige Initiative vorbereitet und zur Tat schreitet. Bei jeder neuen Mission werden Sie einen neuen Rhythmus brauchen, um die Trägheit zu überwinden und die Energie freizusetzen. Vielleicht gibt es auch neue Beteiligte, deren Zeitpläne und Prioritäten berücksichtigt werden müssen.

Nehmen wir beispielsweise an, dass Sie ein neues Produkt oder eine Dienstleistung einführen wollen und die Verhandlungen mit dem Investor, der Sie unterstützt, weit vorangeschritten sind. Im Rahmen Ihrer »Warnung« könnten Sie die Mitglieder Ihres Teams beauftragen, den Markt zu studieren oder Ideen für einen Domain-Namen vorzulegen. Wenn Sie bisher einmal in der Woche operative Besprechungen durchführten, könnten Sie beginnen, sich täglich mit Ihrem Team zusammenzusetzen und andere an dem Projekt Beteiligte in einer wöchentlichen Telefonkonferenz in die Planungen einzubeziehen. Alle Beteiligten werden beginnen, ihre Prioritäten und Zeitpläne zu verschieben, um sich der neuen Realität anzupassen, wenn Sie eine Vorwarnung aussprechen. Und wenn die Verträge unterzeichnet sind, sind Sie bereit, das Vorhaben in Angriff zu nehmen.

---

## TRAINING NACH DER SEAL-METHODE

# Entschlossenheit zur Gewohnheit machen

Um mit Überzeugung zwischen Zerschlagung und Neuaufbau zu agieren, müssen Sie die Entschlossenheit zu einer Gewohnheit machen. Üben Sie mit den kleinen Dingen. Ein Beispiel: Wenn Sie das nächste Mal gefragt werden, welcher Film Ihnen sehenswert scheint oder in welches Restaurant Sie gerne gehen würden, geben Sie die Entscheidung nicht weiter, indem Sie sagen: »Mir ist recht, was immer ihr vorschlagt.« Entscheiden Sie sich, und zwar sofort. Üben Sie das auch am Arbeitsplatz, insbesondere, wenn Sie ein neues Projekt beginnen sollen. Warten Sie nicht ab, bis Ihnen vollkommen klar ist, was zu tun ist: Bringen Sie mit einer Vorwarnung alle Beteiligten auf Trab oder beauftragen Sie die wichtigsten Akteure, Informationen zusammenzutragen.

## Tue dich im Chaos hervor

Wenn das Chaos zur Norm wird – zum Beispiel, wenn Länder, Industrien oder Unternehmen eine Phase des rasanten Wandels durchmachen –, gerät der menschliche Verstand in Verwirrung und bemüht sich augenblicklich um die Wiederherstellung des Gleichgewichts, indem er sich an die Überbleibsel des alten, stabilen Systems klammert, die scheinbar beweisen, dass sich die Dinge wieder normalisieren. Die Folge können sehr schlechte Entscheidungen sein, denn die Existenz von Überresten des alten Systems gibt normalerweise falsche Hinweise: Wenn die Welt auseinanderfällt, kehrt sie selten in ihren früheren Zustand zurück. Stattdessen entsteht im Lauf der Zeit ein neuer Normalzustand. Für uns bedeutet das noch mehr Möglichkeiten, wenn wir lernen, in einer sich rasch verändernden Umgebung Innovationen herbeizuführen, während alle anderen noch nach Lösungen aus der Vergangenheit suchen oder in Deckung gehen, um abzuwarten, bis sich der Staub gelegt hat. In solchen Zeiten wählen Führer, die den Weg des SEAL gehen, zwei Methoden im Umgang mit den Mustern:

- Sie meiden die alten, ritualisierten Muster, und suchen stattdessen nach neuen Mustern, die im Chaos erkennbar werden. Diese Muster geben Aufschluss über Bedrohungen und Chancen für Innovationen im sich stabilisierenden System.
- Sie achten darauf, nicht in Routineabläufe zu verfallen, die die Risiken erhöhen können. Stattdessen ändern Sie die persönlichen Routinen und die Teamroutinen häufig, um stets neue Perspektiven zu gewinnen und ihre Widersacher zu verwirren.

Sie werden sehr davon profitieren, sich mit dem Chaos anzufreunden und es zu beherrschen, auch wenn das anfangs unangenehm sein kann. Denken Sie daran: Der Schlüssel zu außergewöhnlichen Ergebnissen liegt darin, alte Gewohnheiten durch neue zu ersetzen. Indem Sie es sich zur Gewohnheit machen, die Dinge ständig zu verändern, werden Sie das Unwohlsein überwinden, das sie angesichts des Chaos oder rasanter Veränderungen empfinden mögen. Dank wachsender Aufmerksamkeit werden Sie neue Muster schneller erkennen, blinde Flecken vermeiden und alte Routineabläufe durchbrechen können. So wird

Ihr Verstand von den Fesseln der Konvention befreit und offen für den Strom der Kreativität. Bei mir funktioniert das gut. Tatsächlich werde ich nervös, wenn die Dinge zu lange unverändert bleiben – ein wachsendes inneres Durcheinander blockiert mein Denken und lähmt meine Kreativität. Ich fühle mich sehr viel wohler mit ständiger Veränderung, denn so bewege ich mich ständig auf des Messers Schneide und muss mich laufend weiterentwickeln, um mit der Entwicklung Schritt zu halten.

Der Slogan »Die Routine ist der Feind« enthält die Warnung, dass uns die blinden Flecken, die durch Routineabläufe und ritualisiertes Denken entstehen, daran hindern können, neue Chancen wahrzunehmen – und sie können uns sogar in Gefahr bringen. Aber während bestimmte Routineabläufe die Kreativität unterdrücken, helfen uns andere dabei, unser Aufmerksamkeit auf die Innovation zu lenken. Jene verstaubten Routineabläufe, die entstehen, indem wir ein ums andere Mal dasselbe auf dieselbe Art tun – oft geschieht dies unbewusst oder zumindest ohne eine bewusste Entscheidung –, unterdrücken unsere Kreativität. Aber indem wir Rituale entwickeln, die auf wirksamen Werkzeugen zur Erhöhung unserer Leistungen und unserer Aufmerksamkeit beruhen – zum Beispiel die Morgen- und Abendrituale –, oder wenn wir die grundlegenden Fähigkeiten für unsere Missionen trainieren – etwa Standardvorgehensweisen –, verankern wir Verhalten, das Spitzenleistungen ermöglicht, in unserem Unterbewusstsein. Dies sind nützliche Routineabläufe, die uns dabei helfen werden, unsere Kreativität freizusetzen und uns durchzusetzen.

Ein subtiles Muster, auf das Sie achten sollten, ist die Körper- und Geisteshaltung, die Sie einnehmen, wenn Sie Entscheidungen fällen (mit anderen Worten, Ihre Physiologie und Psychologie). Sitzen Sie vornübergebeugt? Drückt Ihre Haltung Erschöpfung, Negativität oder Übellaunigkeit aus? Das ist nicht geeignet, um eine wichtige Entscheidung zu fällen. Nehmen Sie eine andere Körperhaltung ein und muntern Sie sich mit einigen positiven Aussagen auf, bevor Sie entscheiden. Wie ist es mit Routineabläufen wie dem, sich für wichtige Entscheidungen immer im selben Sitzungszimmer zu treffen? Indem Sie die Umgebung ändern, werden Sie auch die Energie und die Denkmuster ändern, wenn eine Entscheidung ansteht. In meinem Trainingszentrum muss ich immer wieder wohlmeinenden Spott über mich ergehen lassen, weil ich mit meinem

Büro ständig in andere Räume umziehe. Aber bei jedem dieser Ortswechsel sehe ich das Unternehmen ein wenig anders. Tatsächlich bin ich so oft umgezogen, dass ich es schließlich vollkommen aufgegeben habe, ein festes Büro zu haben. Das hilft mir, die blinden Flecken und die Unklarheit zu vermeiden, die mit dieser Routine einhergingen. Ich fälle jetzt nicht nur bessere Entscheidungen, sondern bin gemessen an der Zahl der Stunden, die ich mich konzentriert und ohne Unterbrechungen dem Schreiben und anderen kreativen Tätigkeiten widmen kann, auch etwa 25 Prozent produktiver.

Denken Sie über Möglichkeiten nach, mit Ihren Routineabläufen zu brechen. Geeignete Bereiche für solche Änderungen sind:

- körperliches Training (auf SEALFIT.com und CrossFit.com finden Sie ausgezeichnete Beispiele)
- Nahrungsmittel, Nahrungsmengen und Essenszeiten
- Urlaubsziele und Urlaubsdauer (es tut mir leid, aber es ist langweilig, jedes Jahr zur selben Zeit an denselben Ort zu fahren)
- Versammlungsorte für tägliche, wöchentliche oder jährliche Klausuren
- geistige und emotionale Herausforderungen
- Vergnügungen (indem man zweimal in der Woche auf demselben Golfplatz spielt, wird man kaum neue Neuronen aktivieren)

Wie bei den meisten in diesem Buch behandelten Prinzipien werden die Bemühungen, mit etwas zu brechen und neue Wege zu gehen, von einem tiefen Vertrauen in die eigenen Fähigkeiten begünstigt. Aber woher kommt diese Überzeugung? Nun, Sie werden feststellen, dass Ihr Selbstbewusstsein steigt, während Sie die in diesem Buch beschriebenen Praktiken anwenden und langsam erkennen, wie viel Sie in Wahrheit erreichen können. Aber in Ihrem Inneren schlummert auch bereits eine tiefere Quelle des Wissens, die nur darauf wartet, angezapft zu werden.

## TRAINING NACH DER SEAL-METHODE

# Abwechslung zur Gewohnheit machen

Machen Sie sich eine Liste aller Routineabläufe in Ihrem Alltagsleben. Um welche Zeit stehen Sie auf? Putzen Sie sich die Zähne vor oder nach der morgendlichen Dusche? Kontrollieren Sie Ihre E-Mails, bevor Sie sich die Zähne putzen? Welche rituellen Gedankenmuster erkennen Sie bei sich? Wir alle sind Meister der Selbsttäuschung. Sie sollten Ihren besten Freund oder Ihren Partner fragen, welche Gewohnheiten dieser vertrauten Person an Ihnen auffallen. Anhand dieser Liste sollten Sie sich eine parallele Liste der Methoden machen, die Sie ausprobieren können, um diese Routinen zu durchbrechen. Stehen Sie jeden Tag zu einer anderen Zeit auf. Nehmen Sie einen anderen Weg zur Arbeit. Kontrollieren Sie Ihren Posteingang nicht als Erstes am Morgen, sondern nur zweimal im Lauf des Tages. Fasten Sie einen Tag oder machen Sie eine Saftkur. Machen Sie es sich zur Gewohnheit, die Abläufe auf den Kopf zu stellen. Auf diese Art können Sie Ihr Denken anregen, blinde Flecken und das Denken in ausgefahrenen Bahnen vermeiden und neuen Schwung in Ihr gesamtes Leben bringen. Sie können diese Übung auch im Team machen.

# Übungen

## Finde den Silberstreif am Horizont

Dieses Werkzeug eignet sich sehr gut, um aus wichtigen Ereignissen zu lernen und die Erkenntnisse zu nutzen, um gezielt etwas zu zerschlagen und Neues zu kreieren, anstatt immer wieder dasselbe zu wiederholen. Es ist eine unerlässliche Übung bei »Fehlschlägen«, aber es ist auch bei Erfolgen nützlich – es gibt immer etwas zu lernen. Nach Abschluss einer Veranstaltung, einer Challenge oder einer Mission sollten Sie sich mit Ihrem Tagebuch an einen ruhigen Ort zurückziehen. Praktizieren Sie die tiefe Zwerchfellatmung oder Vier-Punkt-Atmung, um zur Ruhe zu kommen. Stellen Sie sich jetzt »Dankbarkeitsfragen«. Sie haben den Versuch, etwas Bedeutsames zu leisten, überlebt, oder eine herausragende Leistung vollbracht – wem können Sie also danken? Natürlich verdanken Sie es sich selbst, aber denken Sie auch an Ihre Familie, an Kollegen, Mentoren, Unterstützungspersonal, ja sogar an Ihre Gegner. So beginnen Sie mit einer positiven Geisteshaltung, die unverzichtbar ist, um durch Fehlschläge rasch Fortschritte erzielen und etwas mit Erfolg aufzubrechen.

Denken Sie als Nächstes über Ihre Leistungen nach. Stellen Sie sich folgende Fragen: »Wie habe ich meine Sache gemacht? Was habe ich gelernt? Habe ich meinen »Faktor 20« genutzt? Wie kann ich meine Leistung beim nächsten Mal noch verbessern? Hat sich der Zeit- und Energieaufwand gelohnt? Würde ich das wieder tun?« Schreiben Sie Ihre Überlegungen auf. Sie müssen keine Entscheidungen fällen. Achten Sie nur darauf, Ihre wichtigsten Gedanken festzuhalten, bevor sie verloren gehen oder durch den Filter der Erinnerungsverarbeitung gespült und verändert werden.

Wenn Sie auf Aspekte Ihrer Leistung stoßen, mit denen Sie nicht zufrieden sind, sollten Sie eine positive Lehre daraus ziehen. Was haben Sie gelernt? Wo ist der Silberstreif am Horizont? Warum sind die Dinge so gelaufen? So können Sie unabhängig davon, ob Sie erfolgreich waren oder nicht, die Aufarbeitung positiv gestalten, indem Sie sich entschließen, eine positive Lektion aus dem Geschehenen zu ziehen. Dieser wirksame Prozess hilft Ihnen, sich auf den Muthund und die positiven Aspekte von Fehlschlägen zu konzentrieren.

## Chancen erkennen

Diese Übung wird Ihnen dabei helfen, Ihre Fähigkeit zu entwickeln, potenzielle Chancen zu erkennen, die Ihnen bisher möglicherweise verborgen waren. Beantworten Sie mit einem Notizbuch in der Hand die folgenden Fragen zu Ihrem Interessengebiet:

1. Denken Sie an bekannte Personen oder Unternehmen in Ihrem Bereich, deren Denken auf die Vergangenheit gerichtet ist. Wo sind diese Personen oder Unternehmen in eine Sackgasse geraten? Auf welchen Überzeugungen beruht ihr Verhalten?
2. Denken Sie an bekannte Personen oder Unternehmen in Ihrem Bereich, deren Denken auf die Zukunft gerichtet ist. Wo sind sie in Wunschdenken gefangen, und auf welchen Überzeugungen beruht ihr Verhalten?
3. Denken Sie an bekannte Personen oder Unternehmen in Ihrem Bereich. Inwiefern ist ihr Denken auf die Gegenwart gerichtet, und inwieweit haben sie ihre Ziele im Visier behalten? Auf welchen Überzeugungen beruht ihr Verhalten? Was können Sie von diesen Personen und Unternehmen über absolut effektiven Einsatz lernen?

Wenn Sie mit den Antworten zufrieden sind, sollten Sie sich ein für paar Minuten hinsetzen und die Vier-Punkt-Atmung praktizieren. Bleiben Sie anschließend noch ein paar Minuten still sitzen. Wenn Sie so weit sind, stellen Sie sich folgende Fragen:

1. Hege ich Überzeugungen, die dazu führen, dass mein Denken in der Vergangenheit gefangen bleibt?
2. Hege ich Überzeugungen, die dazu führen, dass mein Denken in Zukunftsfantasien gefangen ist? (Denken Sie daran: Sie wollen in die Zukunft blicken, aber in der Gegenwart handeln.)

3. Welche Gelegenheiten bieten sich mir in der Gegenwart unter Berücksichtigung dieser Überzeugungen und der Beschränkungen, die sie mir auferlegen?

4. Kann ich die beste dieser Gelegenheiten nutzen? Wenn nein, was hindert mich daran? Was müsste ich tun, um die Dinge ins Rollen zu bringen?

Vergessen Sie nicht, die in dieser Übung gewonnenen Erkenntnisse in Ihrem Tagebuch festzuhalten.

# Entwickle deine Intuition

»Der intuitive Geist ist ein heiliges Geschenk und der rationale Verstand ein treuer Diener. Wir haben eine Gesellschaft erschaffen, die den Diener ehrt und das Geschenk vergessen hat.«

*Albert Einstein (1879–1955), Innovator und Wissenschaftsgenie*

Etwas zu zerschlagen und mithilfe des rationalen Denkens neu zusammenzusetzen – das ist nur die eine Hälfte der Gleichung. Ein Großteil unserer Kreativität und unsere besten Ideen entspringen der versteckten Intelligenz unseres Unterbewusstseins. Wenn Sie lernen, diese mächtige Intelligenz zu nutzen, werden Sie höhere Ebenen der Aufmerksamkeit und der Leistungsfähigkeit erreichen. Ich glaube daran, dass diese Fähigkeiten in 20 Jahren Allgemeingut sein werden – verschaffen Sie sich einen Vorsprung vor der Konkurrenz, indem Sie die Intuition schon jetzt nutzen!

Sie haben sicher schon einmal in einer Situation ein schlechtes Gefühl gehabt. Sie spürten, dass etwas geschehen würde, noch bevor es eintrat, oder Sie hatten ein intensives Dèjá-vu-Erlebnis. Wie die meisten Menschen ignorieren Sie solche Erlebnisse vermutlich. Ich rate Ihnen dringend, diesen Momenten große Aufmerksamkeit zu schenken und sie zu nutzen, Ihre Intuition zu Ihrem Vorteil, aber auch zum Vorteil anderer zu trainieren. Obwohl viele Geschäftsleute dies als

»Hokuspokus« abtun werden, beginnen sich die modernen Krieger wieder für das Studium und die Entwicklung der Intuition zu interessieren. Das sowjetische Militär begann in den 60er-Jahren, parapsychologische Techniken wie Hypnose, Psychokinese, Präkognition, Hellsehen und außersinnliche Wahrnehmung zu erforschen. Aus deklassifizierten CIA-Berichten aus der Zeit des Kalten Krieges geht hervor, dass es den Sowjets gelang, die Wirbelsäule eines Menschen durch mentale Projektion zu brechen (Autsch!) Und sie nutzten hellseherische Fähigkeiten zum Ausspionieren von amerikanischen Raketenstellungen. Zweifellos stellte das einen Ansporn für die USA dar, eigene Forschungen zu beginnen.

Im Projekt »Trojanisches Pferd«, das die Green Berets der Army und die SEALs gemeinsam durchführten, wurde eine Einheit aufgestellt, die sechs Monate lang meditierte und Aikido trainierte (eine Kriegskunst, die den Kämpfer in die Lage versetzt, die Bewegungsenergie – und potenzielle andere Energien – des Gegners zu erkennen, mit ihr zu verschmelzen und sie umzuleiten). Die Soldaten waren wegen ihrer Zielgenauigkeit, ihrer Konzentrationsfähigkeiten und ihrer geringen persönlichen Stressanfälligkeit ausgewählt worden. Am Ende der Testperiode hatten sie sich in Konzentration, Zielsicherheit und Stressmanagement verbessert, aber auch in ihrer »intuitiven Aufmerksamkeit«, wie sie es definierten.

Danach kam »Stargate«, eine Initiative der Luftwaffe, bei der Spezialisten hellseherische Fähigkeiten entwickeln sollten, die als »Fernwahrnehmung« bezeichnet wurden. Von einem Raum aus konnten sich diese Personen, denen nur geografische Daten oder ein Ortsname gegeben wurden, mental an einen entfernten Ort versetzen. Erstaunlicherweise konnten sie präzise Angaben zu dem machen, was sie gesehen hatten. Eine vergleichbare Erfahrung machte ich in einem Training, das Anleihen bei indianischen Fährtensuchern nahm. Die Apachen waren als hervorragende Krieger bekannt, ihre harte physische und mentale Ausbildung ähnelte der anderer Krieger, die ich hoch schätze, etwa der Spartaner und der Samurai. Mit diesem Training wollte ich meine Fähigkeiten bei der Spurensuche und meine Wahrnehmung in der Natur verbessern. Viele Trainingseinheiten begannen mit Meditation und Visualisierung einschließlich eines geistigen Spaziergangs. In dieser Übung erkundete ich den Beginn eines Waldpfades, ohne auf ihm zu gehen. Ich projizierte mich auf diesen Pfad. Ich nahm eine markante Form wahr, die einem Mormonen-Tempel ähnelte, gebadet in goldenes Licht.

Das Merkwürdige dabei: Als ich tatsächlich auf dem Pfad ging, sah ich, was ich in meiner Intuition in Umrissen wahrgenommen hatte – einen wundervollen, voluminösen, alleinstehenden Baum, durch Blitzeinschlag von seiner Rinde entblößt, gebadet in das goldene Licht der Nachmittagssonne. Aus dieser und ähnlichen Erfahrungen lernte ich, dass die intuitive Sprache sich von der rationalen Sprache unterscheidet: Die Intuition kommuniziert mit uns in Bildern und Sinneseindrücken. Durch Übung können wir lernen, sie wahrzunehmen und zu verstehen.

Kehren wir in die Realität zurück: Was bedeutet all das für Sie? Ihre intuitiven Fähigkeiten sind eine Quelle der Kreativität, helfen bei der Vermeidung von Gefahren und führen Sie auf eine höhere Ebene des Denkens und der Kommunikation. Um eine Einstellung zu fördern, die auf der Bereitschaft beruht, etwas zu »zerschlagen« und neu zu beginnen, sind sowohl die an anderer Stelle beschriebenen praktischen Fähigkeiten als auch die in diesem Kapitel behandelten subtileren mentalen Fähigkeiten notwendig. Sie müssen Ihre Intuition entwickeln und in Ihrem Leben praktisch anwenden, um:

- Ihre Aufmerksamkeit zu verbessern
- Ihre Sinneswahrnehmung zu stärken
- das Selbstverständliche zu hinterfragen
- sich für Ihre innere Weisheit zu öffnen

# Erweitere deine Aufmerksamkeit

»Wir sollten weder im Zorn zurückschauen noch furchtsam in die Zukunft blicken, sondern uns mit offenen Augen umsehen.«
*James Thurber, amerikanischer Autor und Humorist (1894–1961)*

Aufmerksamkeit ist die Fähigkeit, die Gesamtheit und die Teile eines Geschehens gleichzeitig wahrzunehmen. Wir wollen den Zusammenhang verstehen, ohne die Details aus den Augen zu verlieren. Um unsere Intuition zu entwickeln, müssen wir unsere Aufmerksamkeit verbessern und lernen, unsere unterbewusste Intelligenz nach Belieben zu nutzen. Die Kunst der Intuition besteht darin, dass Sie lernen, mehr Information aufzunehmen und sinnvoll zu nutzen. Diese Fähigkeit kann helfen, bessere Entscheidungen zu fällen beziehungsweise Gefahren oder Probleme vor allem in unvorhersehbaren und chaotischen Situationen zu vermeiden.

Kombinieren Sie die Atemtechnik und den Einsatz Ihrer Augen, um Ihre Aufmerksamkeit zu erhöhen. Es gibt zwei Arten, Ihre Augen zu benutzen, wie ich in meinem Unbeatable-Mind-Training zeige: gezielte Aufmerksamkeit und entspannte Aufmerksamkeit. Der Unterschied besteht darin, dass man bei der einen mit den Augen intensiv jedes Detail betrachtet, während man bei der anderen mit den Augen Informationen aufsaugt und Dinge wahrnimmt, von deren Existenz der bewusste Geist nichts weiß. Wenn Sie Ihren Geist auf ein Objekt richten, konzentrieren Sie Ihren Geist und schützen sich vor Ablenkungen. Wenn Ihr Ziel die Anvisierung eines Ziels im buchstäblichen Sinn des Wortes ist, dann ist das durchaus nützlich. Aber auch die Ablenkungen können Informationen enthalten, die zur richtigen Einschätzung der Situation beitragen, darunter wertvolle Hinweise, die Sie nutzen können, um schnell und entschlossen zu handeln. So lernen Sie, sich durch Fehler rasch vorwärtszubewegen. Wenn Sie sich auf eine einzige Sache konzentrieren, sehen Sie den Wald vor lauter Bäumen nicht, was die Gefahr beinhaltet, dass Sie Muster nicht sehen können, die für die Entscheidungsfindung wichtige Informationen enthalten. Daher müssen wir einen Weg finden, auch diese Muster wahrzunehmen.

Bei der Technik der gezielten Aufmerksamkeit benutzen Sie Ihre Augen wie Laserstrahlen, die auf das Ziel scharfgestellt sind. Möglicherweise überträgt dieser Blick auch Energie. Mit diesem Phänomen beschäftigt sich Dr. Colin Ross, Autor von *Human Energy Fields* und Gründer des Colin-A.-Ross-Instituts. Seine Studien haben gezeigt, dass unser Blick Energie Hunderte Meter weit übertragen kann. Wenn Sie jemals einen Hirsch gejagt haben, dann wissen Sie, dass er aufschreckt und das Weite sucht, wenn Sie ihn konzentriert ansehen. Er kann Ihre Energie fühlen. Wenn Sie Ihre Augen auf diese Art und Weise einsetzen, ist Ihr bewusster Verstand vollständig mit der Aufnahme und Verarbeitung von Information beschäftigt. Noch interessanter ist aber, was geschieht, wenn wir uns entspannen.

Entspannte Aufmerksamkeit ist eine Technik, bei der wir unsere Augen auf nichts Bestimmtes richten, sondern zulassen, dass die Informationen unsere Augen passieren, als wären sie Fenster. Der Blick ist entspannt, die Augen sind weit geöffnet, fixieren jedoch nichts Bestimmtes, ähnlich wie es beim peripheren Sehen in der Nacht geschieht. Die Fährtensucher der Apachen nutzten diesen »Weitwinkelblick« auf der Jagd und zur Schärfung der Aufmerksamkeit. Wenn Sie Ihre Augen in dieser Weise einsetzen, wird Ihr Gehirn in einen Zustand versetzt, in dem Informationen bis in Ihr Unterbewusstsein gelangen und aus ihm wieder abgerufen werden können. Oft wird die Information nicht unmittelbar benötigt, aber wenn sie später in einem anderen Kontext gebraucht wird, kommt sie als intuitives, gutes Gefühl wieder zum Vorschein, als Inspiration des Augenblicks, als kreative Explosion. Diejenigen, die lernen, diese unbewusste Quelle zu füllen und in der Folge aus ihr zu schöpfen, werden von der Gesellschaft häufig als Genies betrachtet – Albert Einstein zum Beispiel war berühmt für seine Nachmittagsschläfchen, er nickte oft ein, wenn er sich tief in die Lösung von Gleichungen versenkte. Viele seiner Einfälle hatte er kurz vor dem Einnicken oder wenn er wieder erwachte, dann, wenn die Augen und das Gehirn entspannt waren. Ich glaube, dasselbe passiert auch bei SEALs, die sich der Reihe nach in verschiedene Aufgaben vertiefen. Auch Sie können ein Genie werden, wenn Sie sich an diese Prinzipien halten!

Der Schlüssel zu maximaler Aufnahmefähigkeit, die die Aktivierung der Intuition zulässt, ist der Wechsel zwischen gezielter Aufmerksamkeit und entspannter Aufmerksamkeit. Ermöglicht wird dieses Wechselspiel durch die Anpassung der Atemtechnik und des energetischen Zustands. Um in den Zustand der gezielten Aufmerksamkeit überzugehen, müssen sie zunächst tief und kraftvoll durch die Nase ein- und ausatmen, so als ob Sie Ihre Energiespeicher auffüllen wollten. Tatsächlich tun Sie genau das, indem Sie auf Zellebene Sauerstoff speichern und sauerstofffreiches Blut in Ihr Hirn pumpen. Jetzt sind Sie bereit, explosiv zur Tat zu schreiten. Wenn Sie nicht handeln, sondern so viel Information wie möglich aufsaugen wollen, dann schalten Sie wieder zurück in die entspannte Aufmerksamkeit. Auch in diesem Fall atmen Sie tief, aber langsamer, rhythmischer und kontrollierter, wie bei der Vier-Punkt-Atmung oder einer ähnlichen Technik. Sie befinden sich in einem energetischen Ruhezustand, wie ein stiller Teich. Sie schalten in den Weitwinkelblick, und Sie nehmen alles auf, was in Ihrer Umgebung geschieht.

Stellen Sie sich eine SEAL-Einheit auf Patrouille vor. Alle SEALs nehmen ihre Umgebung mit entspannter Aufmerksamkeit wahr, ihr Atemrhythmus ist ruhig und kontrolliert. Sie saugen Informationen auf und speichern sie tief im Unterbewusstsein ab. Plötzlich spürt der letzte Mann ein Ziehen in der Magengegend, seine Haare sträuben sich. Er fragt sich nicht, was los ist, sondern signalisiert seinen Kameraden, sofort stehenzubleiben. Die SEALs schalten auf gezielte Aufmerksamkeit um. Sie atmen jetzt tiefer und stärker, um wertvollen Sauerstoff einzusaugen. Sie sind nun in erhöhter Alarmbereitschaft, bereit zu explosivem Handeln.

---

### TRAINING NACH DER SEAL-METHODE

## Das KIM-Spiel

Die SEALs benutzen eine Lerntechnik namens KIM (Keep in Memory – ins Gedächtnis einbrennen), um die Beachtung der Details sowie ihre Aufmerksamkeit zu verbessern und den Zugriff auf das Gedächtnis durch den Prozess des Einprägens zu üben. Es ist eine ausgezeichnete Übung, um gezielte Aufmerksamkeit und entspannte Aufmerksamkeit zu trainieren. Man kann sie alleine durchführen, aber im Team ist sie wirkungsvoller. Nehmen Sie zunächst 20 willkürlich ausgewählte Objekte und legen sie sie auf dem Boden oder auf einem Tisch unter eine Decke, ohne sie sich anzusehen. Bereiten Sie sich dann einige Minuten mit Zwerchfellatmung vor, um einen klaren Kopf zu bekommen. Wenn Sie bereits sind, heben Sie die Decke und studieren Sie die Objekte 60 Sekunden lang. Schalten Sie um zwischen entspannter Aufmerksamkeit und gezielter Aufmerksamkeit, um sowohl die Details als auch das Ganze aufzunehmen. Dann legen Sie die Decke wieder auf die Objekte.

An wie viele Objekte können Sie (oder Ihr Team) sich erinnern? Wie genau können Sie sich erinnern? Wiederholen Sie diese Übung, bis Sie die beiden Zustände Ihres Geistes völlig beherrschen und sich an alle Objekte bis ins kleinste Detail erinnern können. Bei jeder Wiederholung der Übung wird Ihre Fähigkeit, Information zu absorbieren und zu speichern, wachsen. Ihre Aufmerksamkeit wird sich erhöhen, und bald werden Sie sich an subtile und detaillierte Informationen erinnern, wo immer sie auffindbar sind.

Im geschäftlichen Umfeld ist es ganz ähnlich. Wenn Sie sich auf ein wichtiges Treffen vorbereiten, steuern Sie mit entspannter Aufmerksamkeit darauf zu, darauf bedacht, alle Details aufzusaugen und ein gutes Gefühl für wichtige Zusammenhänge zu entwickeln, die nicht unmittelbar zu erkennen sind. Wenn das Treffen näherrückt, schalten Sie um auf gezielte Aufmerksamkeit, Sie sprechen mit dem Team, machen sich ein Bild von den Aufgaben jedes Einzelnen und davon, welche Informationen zur Verfügung gestellt werden müssen, um sicherzustellen, dass die Zielvorgaben des Meetings erfüllt werden. Während des Treffens schalten Sie mehrmals um. Sie werden zum Beispiel eine Detailfrage mit gezielter Aufmerksamkeit stellen, wonach Sie sich entspannen und zulassen, dass Ihre Aufmerksamkeit abschweift und intuitiv entscheidet, was Sie sagen oder an wen Sie das Wort richten werden. Sagt Ihnen Ihr Gefühl, dass die Zuhörer unaufmerksam werden oder verwirrt sind? Wechseln Sie die Gangart! Gehen von dem Mann dort in der letzten Reihe starke negative Schwingungen aus? Fragen Sie ihn, ob er Einwände hat. Entspannte Aufmerksamkeit sorgt für direkteren Kontakt mit Ihrem Publikum und gibt Ihnen das richtige Gespür für die Stimmungslage.

Mit ein wenig Bemühung können Sie die Zustände der Informationsgewinnung und des Handelns erlernen. Im Idealfall können Sie auf Kommando von einem Zustand in den anderen wechseln, womit Sie optimalen Zugriff auf Informationen haben, während Sie gleichzeitig zum Handeln bereit sind, wenn Ihre Intuition ein Signal aussendet. In Verbindung mit Ihrer Bereitschaft, rasch aus Ihren Fehlern zu lernen, wird Sie das zu einer unschlagbaren Maschine machen, die furchtlos Dinge zerschlägt, um sie neu zu etwas zusammenzusetzen, das Ihnen zum Erfolg verhelfen wird.

Ihre Aufmerksamkeit wird sich auf natürliche Art und Weise vergrößern, wenn Sie mit vorrückendem Alter neue Länder kennenlernen und neue Erfahrungen sammeln. Trotzdem kann Ihnen die tiefere Erkenntnis verschlossen bleiben, wenn Sie stets dem rationalen Denken verhaftet bleiben. Ich will Sie dazu anleiten, Ihre Aufmerksamkeit bewusst dadurch zu erweitern, dass Sie aus dem rationalen Dasein ausbrechen und die Verbindung zu Ihren Sinnen und zum Genie in Ihrem Unterbewusstsein vertiefen.

# Stärke deine Sinneswahrnehmung

>»Wer beginnt, bisher vernachlässigte Sinne einzusetzen, wird mit einem vollkommen neuen Bild der Welt belohnt.«
>
> *Barbara Sher (geb. 1935), amerikanische Rednerin und Autorin des Bestsellers* Wishcraft: Lebensträume und Berufsziele entdecken

Vielleicht haben Sie schon erlebt, wie angenehm ein längerer Aufenthalt in der Natur ohne Handy und ohne Laptop ist. Ich kann Ihnen sagen, warum das so ist: Weil Sie in dieser Situation abschalten und Ihr bewusstes Denken drosseln konnten, sodass Ihre innere Weisheit zum Vorschein kommen konnte. Was für ein Genuss! Abschalten und die Sinne sprechen lassen. Die Wahrnehmung wird intensiver. Gesteigerte Wahrnehmung führt zu einer tieferen Verbindung mit Ihrem inneren Selbst, zu einer geschärften Aufmerksamkeit – und Ihre Weisheit kann fließen. Um diesen Vorgang zu erleichtern, müssen Sie die Sinneswahrnehmung entwickeln, das heißt die Aufnahme von Informationen mit Ihren Sinnen. Was sagen Ihnen Ihre Haut, Nase, Ohren, Ihr Mund und Ihre Augen? Nehmen Sie tatsächlich sämtliche verfügbaren Informationen auf, und wenn ja: wissen Sie es?

Als ich nach meinem Betriebswirtschaftsstudium als Wirtschaftsprüfer ins Arbeitsleben einstieg, verfügte ich nicht über eine geschärfte Aufmerksamkeit in dem hier beschriebenen Sinn. Ich fühlte mich abgeschnitten von meinen Sinnen und meiner Intuition. Mein Verstand war unaufhörlich beschäftigt, weshalb ich keine neuen Informationen aufnehmen konnte. Ich ging an Probleme heran, indem ich direkt die Lösung anwandte, auf die mich meine Erziehung und meine Ausbildung getrimmt hatten. In nachdenklicheren Momenten ging ich naturwissenschaftlich vor, indem ich eine Theorie entwickelte, nach Lösungsmöglichkeiten suchte und diese testete, um zu einer Lösung zu gelangen. Ich war nicht der Einzige, der so vorging: Für die meisten Berufstätigen sind das auch heute die typischen Werkzeuge der Problemlösung. Wie andere Berufstätige in dieser Situation musste ich feststellen, dass meine Entscheidungen eindimensional und von jedem tieferen Sinn für Weisheit oder von jeder Verbindung zur Weisheit anderer abgeschnitten waren.

Als ich begann in Nakamuras Schule zu meditieren, änderten sich die Dinge langsam. Nicht nur, dass ich mehr mit meinen Sinnen aufnahm, ich entwickelte auch die Fähigkeit, mich auf die Menschen um mich herum »einzustimmen«. Das machte sich im Büro bezahlt, weil ich eine authentischere Beziehung zu meinen Kollegen knüpfen und klarer mit ihnen kommunizieren konnte. Anstatt stets eine vorprogrammierte, automatische Antwort zu geben, konnte ich nun eine Pause machen und mit einem »leeren Geist« zuhören, was mir die Möglichkeit gab, besser zu verstehen, was die anderen dachten und fühlten, um entsprechend zu antworten.

Obwohl ich bei den SEALs nicht bewusst die vertiefte Wahrnehmung übte, enthielt das Trainingsprogramm Elemente wie lange Perioden befohlenen Schweigens sowie Übungen zur Erhöhung der Aufmerksamkeit und zur Schärfung und Abhärtung des Geistes. Ich glaube, es war diese auf Nakamuras Training beruhende Fähigkeit, die es mir möglich machte, die Honor-Man-Plakette zu erringen. Ich konnte den Wechsel zwischen Belastungs- und Entspannungsphasen in den Kampfübungen für die Truppe vorwegnehmen, den Stress durch Verlangsamung meines Atems und meines Denkens bewältigen und auf diese Art inmitten des Chaos Ruhe bewahren. Durch genaue Beobachtung der Augen und der feinen Veränderungen im Mienenspiel der Ausbilder entwickelte ich die Fähigkeit wahrzunehmen, wann es ihnen höllisch ernst war und wann sie uns auf den Arm nahmen.

Meine wachsende Aufmerksamkeit machte mich zu einem geeigneten Führer, obwohl ich vor BUDS keinerlei Führungserfahrung gesammelt hatte – ich konnte zum Beispiel erkennen, wenn ein anderer Kadett den Anschluss verlor, ich fühlte es ebenso im Bauch, wie ich es mit dem Verstand erfasste, und ich wusste, dass er aussteigen würde, lange bevor er sich tatsächlich zu diesem Schritt durchrang. Die wachsende Aufmerksamkeit für meinen inneren Dialog erlaubte mir, meine Gedanken auf das Positive zu lenken. Ich gewöhnte mich daran, den Mund zu halten und mit meinem ganzen Sein zuzuhören, und nur zu sprechen, wenn ich direkt gefragt wurde oder wenn ich dem Team eine wesentliche Einsicht mitzuteilen hatte.

Seit meinem Wiedereinstieg in die Geschäftswelt nach meiner Zeit bei den SEALs haben sich meine Aufmerksamkeit und meine Intuition dank täglicher Praxis in Yoga, den Kampfsportarten und Meditation (die ich während des CBC-Debakels leider unterbrach) weiter verbessert. Heute würde ich an keiner wichtigen Sitzung teilnehmen und kein Telefongespräch führen, ohne meine Sinne einzuschalten und die Information aufzunehmen, die sie mir liefern. Ich kontrolliere zunächst meine Atmung und beruhige meinen Geist, dann durchforste ich meinen Körper auf der Suche nach Hinweisen zum Zustand meines Inneren sowie nach einer Botschaft aus meinem Unterbewusstsein, nach Signalen, die andere Menschen und die Umwelt im Allgemeinen aussenden. Beispielsweise verstehe ich intuitiv, wann sich jemand unwohl fühlt oder misstrauisch ist. Ich konzentriere mich darauf, ihm in die Augen zu sehen oder ihn direkt und freundlich anzusprechen. Möglicherweise spüre ich ein Ziehen im Magen; dann suche ich nach Anzeichen dafür, dass jemand nicht völlig aufrichtig ist, und prüfe sorgfältiger, welche Informationen ich weitergebe. Oft spüre ich die negative Energie einer Person, die mich ausnutzen will. Eine solche Person werde ich meiden wie der Teufel das Weihwasser; zumindest werde ich ihren Einfluss nach Möglichkeit beschränken. Ich werde den Raum verlassen, wenn ich die Negativität einer Person spüre, die sich auf mich konzentriert. Wenn ich das aus Gründen der Höflichkeit nicht tun kann, stelle ich mir einen Schutzschild vor, der meinen Körper umgibt und keinerlei negative Energie durchlässt. Das hilft mir in Geschäftsbesprechungen, mein Gleichgewicht zu bewahren.

Entwickeln Sie Ihre Sinneswahrnehmung, indem Sie sich in Einklang mit Ihren Sinnen bringen, um sie zu aktivieren. Fügen wir das Gelernte zum Repertoire Ihrer Übungen hinzu.

## TRAINING NACH DER SEAL-METHODE

# Schärfe deine Sinne

Halten Sie sich die Ohren zu und schließen Sie die Augen. Horchen Sie in sich hinein und registrieren Sie alle Gefühle und Gedanken. Ihr Atem wird sich wahrscheinlich zunächst wie eine Dampflock anhören, möglicherweise sehen Sie Bilder und blitzende Lichter. Noch einen Augenblick zuvor wussten Sie nicht einmal, dass diese Dinge in Ihrem Inneren überhaupt existieren! Sehen Sie dieses Training als Ihre ganz persönliche Methode zur Reizabschirmung. (Wenn Sie auch andere Techniken einsetzen können, dann machen Sie unbedingt davon Gebrauch. Tatsächlich wird jede Aktivität, die Sie in absolute Stille eintauchen lässt – wie Sporttauchen, Klettern, Fallschirmspringen, Tourenski – die Reizwahrnehmung steigern.) In der Dunkelheit, ohne Lärm und visuelle Reize, können Sie in einen Zustand tiefer Sinneswahrnehmung und geistiger Präsenz gelangen, in dem alles, was in Ihrem Inneren vorgeht, große Bedeutung gewinnt. Dann nehmen Sie Ihre Hände von den Ohren. Sitzen Sie still da und lauschen Sie einfach. Notieren Sie sich, was Sie anfänglich hören … dann hören Sie genauer hin. Was hören Sie noch? Wiederholen Sie diesen Schritt immer wieder. Sie werden verschiedene Schichten von Geräuschen wahrnehmen, die Ihr Gehirn zuvor in Ihr Unterbewusstsein verschoben hat, weil sie als irrelevant betrachtet wurden.

Sie können diese Übung auf alle fünf Sinne anwenden. Auf den Reizentzug folgt eine intensive Konzentration, die Ihnen ermöglicht, tiefer in den von Ihnen isolierten Sinn einzutauchen. Was sehen Sie beispielsweise, wenn Sie die Augen schließen und sich in totaler Dunkelheit befinden? Öffnen Sie die Augen: Was sehen Sie als Erstes? Was sehen Sie, wenn Sie genauer hinschauen?

# Entdecke deine
# »offenkundige Vorgeschichte«

»Es ist notwendig für das Glück des Menschen, dass er sich geistig treu bleibt. Untreu zu sein bedeutet in diesem Zusammenhang nicht, zu glauben oder nicht zu glauben. Es bedeutet vorzugeben zu glauben, was man nicht glaubt.«

*Thomas Paine (1737–1809), englisch-amerikanischer
Politiktheoretiker und Philosoph*

Indem wir uns der äußeren materiellen Umgebung und unserer inneren Landschaft der Sinne bewusst werden, entwickeln wir eine bessere Intuition und lernen, einen Dialog mit unserem Unterbewusstsein zu führen. Aber können wir den Botschaften, die wir erhalten, trauen? Wenn Ihre Umgebung im Chaos versinkt und Sie entschlossen handeln müssen, können Sie sich dann auf Ihr intuitives Gefühl verlassen? Der menschliche Geist ist unglaublich kompliziert – wir haben in diesem Buch viele Wege kennengelernt, ihn zu beherrschen und zu nutzen, aber bedeutet das nicht zwangsläufig, dass er manipulierbar ist?

Lebenserfahrungen, insbesondere Erfahrungen aus unserer frühen Kindheit, können uns eine lange Zeit begleiten. Wir speichern die merkenswerten Bestandteile eines Ereignisses – das, was wir aktiv abrufen müssen, um zu überleben und voranzukommen – in unseren Erinnerungszentren, während der Großteil der restlichen Details auf einem tieferen Niveau, im Unterbewusstsein, abgespeichert wird. Wenn wir zulassen, dass diese Erinnerungen im Unterbewusstsein schwelen, reifen sie oft zu negativen oder destruktiven Überzeugungen, die unser Verhalten in subtiler Weise noch Jahre nach dem Ereignis steuern können. Ich nenne diese verfestigten Überzeugungen liebevoll die »offenkundige Vorgeschichte«, weil sie unseren Augen verborgen bleiben, das heißt für die anderen offensichtlich sind, nicht aber für uns. Das Konzept hat Ähnlichkeiten mit der Idee des »blinden Flecks«, nur dass wir bei der »offenkundigen Vorgeschichte« von unverarbeiteten, destruktiven Überzeugungen und ungelösten negativen Gefühlen sprechen, während der blinde Fleck durch tief verwurzelte Muster und Gedanken entsteht.

Ein Beispiel: Wenn sich Ihre Mutter oft über bedeutungslose Vorkommnisse über die Maßen aufregte – etwa, wenn Sie als Kind eine billige, leicht ersetzbare Vase zerbrachen –, werden Sie als Erwachsener möglicherweise feststellen, dass Sie zu Ängstlichkeit und häufigen Wutausbrüchen neigen. Ihnen selbst erscheinen diese Gefühle und dieses Verhalten völlig gerechtfertigt und auch normal, selbst wenn sie ohne Ursache oder in unverhältnismäßiger Heftigkeit zum auslösenden Ereignis auftreten. Sie werden vielleicht auch feststellen, dass Sie alles tun, um eine Konfrontation zu vermeiden, vor allem dann, wenn Sie glauben, dass jemand wütend auf Sie ist. Tief verborgene Überzeugungen können Ihr Unterbewusstsein dazu veranlassen, direkt oder indirekt gegen Ihre bewussten Wünsche zu arbeiten. Sie können Ihr Vertrauen auf Ihre Intuition und Ihre Entscheidungen sabotieren, vor allem in angespannten oder chaotischen Situationen, wenn es beispielsweise darum geht, mit Altem zu brechen und Neues aufzubauen. Sie können Sie auch davon abhalten, richtig mit Ihren Teamkollegen, Teilhabern und denjenigen, deren Hilfe oder Feedback sie einholen wollen, zu kommunizieren – wenn Sie die Stimmen der anderen auf Grund ihrer »offenkundigen Vorgeschichte« nicht hören können, dann schadet das sowohl Ihnen als auch den anderen.

Wenn Sie auf höchster Ebene erfolgreich sein wollen, dann müssen Sie das Innere mit dem Äußeren in Einklang bringen. Dieses Thema taucht in diesem Buch immer wieder auf, weil Sie diese Aufgabe bewältigen müssen, um optimal funktionieren zu können. Das wird oft bedeuten, dass Sie sich mit Ihren vergessenen Erinnerungen auseinandersetzen oder sie erneut durchleben müssen. Natürlich müssen extreme Fälle (wie anhaltende Depression, gefährliches oder riskantes Verhalten oder lähmende Scham) von einem professionellen Therapeuten behandelt werden. Aber beim Training der Aufmerksamkeit konnte ich feststellen, dass wir einen Großteil dieser Arbeit selbst erledigen können, wenn wir die richtigen Instrumente dafür zur Verfügung haben. Ihr geistiges Fitnesscenter (siehe Prinzip 2) wird Ihr Werkzeug für die Arbeit in Ihrem Inneren sein. Dieses Instrument ist nicht nur die Grundlage für die Visualisierung Ihres zukünftigen Selbst und Ihrer Ziele, sondern ermöglicht Ihnen auch, Ihre Vergangenheit in einem sicheren Umfeld von Neuem zu durchleben. Im geistigen Fitnesscenter können Sie die Vergangenheit aufleben lassen und studieren, wie Sie jene Überzeugungen und Verhaltensweisen entwickelten, die Sie davon abhalten, die richtigen Entscheidungen zu fällen.

Ein Beispiel dafür gibt meine eigene Arbeit an der Entdeckung meiner »offenkundigen Vorgeschichte«. Als Teenager fühlte ich eine große Distanz zu anderen Menschen; es fiel mir schwer, tief greifende Gespräche zu führen. Das Ergebnis waren schmerzliche Erfahrungen in Beziehungen; es gelang mir nicht, die emotionalen Bedürfnisse meiner Partnerinnen zu erfüllen. Dieses Muster begleitete mich bis Ende zwanzig – ich verdanke es der Beharrlichkeit meiner Freundin und Therapeutin, dass ich begann, mich damit zu beschäftigen. Aber ich konnte das Problem nicht lösen, weil ich mich statt des Kernproblems auf mein Verhalten konzentrierte. Das Kernproblem transformierte sich lediglich und äußerte sich auf andere Art. Das erkannte ich, als ich bei einer Beratungsfirma arbeitete. Einmal äußerte eine Kollegin, die erfahrener war als ich, Zweifel an einem meiner Vorschläge. Die Kollegin stellte einfache, sinnvolle Fragen, um mich zum Nachdenken über meine Annahmen zu bewegen – im Rückblick muss ich sagen, dass sie in einigen Punkten völlig recht hatte und dass die Lösung tatsächlich irgendwo in der Mitte lag. Doch ich hatte das Gefühl, dass sie meine Intelligenz und meine Kompetenz anzweifelte. Mein Herzschlag beschleunigte sich und mein Körper war alarmiert; ich bereitete mich auf einen Kampf vor. Ich wurde laut, als ich ihren Fragen antwortete, mein Ton war weit aggressiver als in dieser Situation angebracht.

Ich entschloss mich, ernsthaft an meiner »offenkundigen Vorgeschichte« zu arbeiten, denn ich wollte nicht für immer in diesen destruktiven Mustern gefangen bleiben. Ich wandte mich an einen Therapeuten und begann, meine eigenen Werkzeuge zu entwickeln. Ich ließ die Visualisierung des »zukünftigen Ich« rückwärtslaufen und durchlebte erneut bestimmte Jugendereignisse – vor allem einen schweren Einschnitt in der Kommunikation mit meinen Eltern im Alter von 16 Jahren sowie einige andere Vorfälle, in denen mein Vater unter Einfluss seiner eigenen »offenkundigen Vorgeschichte« aus relativ geringfügigem Anlass die Kontrolle verlor und seinen Zorn an meinem Bruder und mir ausließ. Tiefer in die Angst und die Schuldgefühle eindringend, die mit diesen Ereignissen verbunden waren, erkannte ich bald, dass es derselbe »Selbsterhaltungstrieb« war, der mich als jungen Mann dazu getrieben hatte, mich von den anderen abzuschotten, und mich als Erwachsenem dazu bewegte, auf kritisches Feedback sehr heftig zu reagieren. Ich gewann tiefe Einblicke in mein Inneres, und die Selbsterfahrung war von unschätzbarem Wert für die

Entwicklung meiner Persönlichkeit und meine Kommunikationsfähigkeit in persönlichen und beruflichen Beziehungen.

Eine solche Bemühung erfordert viel Mut und Geduld. Sie müssen der Versuchung widerstehen, angesichts von Schwierigkeiten zurückzustecken! Ich werde Sie im Übungsteil am Ende des Kapitels durch diesen Prozess führen. Die Arbeit in Ihrem geistigen Fitnesscenter wird Sie über Ihr Herz und Ihren Instinkt zu Ihrer Intuition führen, sodass Sie die Gedanken fühlen können, anstatt sie nur zu denken. Wenn Sie Ihre Intuition entwickeln, wird Ihr Körper Sie alarmieren, wenn Sie aufgrund Ihrer »offenkundigen Vorgeschichte« gestützt auf falsche Annahmen handeln – Sie werden einfach fühlen, dass es falsch ist.

# Öffne dich für deine innere Weisheit

»Denken ist leicht, handeln schwer, zu handeln, wie man denkt, ist das allerschwierigste«

*Unbekannt*

Der Magen wird oft als »kleines Gehirn« bezeichnet, weil er Millionen Nervenzellen enthält. Als Grundleistung kann er feststellen, ob genügend Blut zirkuliert, um die aufgenommene Nahrung zu verdauen, oder melden, wenn wir hungrig sind. Auf einer subtileren Ebene aber gibt er Ihnen Auskunft darüber, was im Rest des Körpers vor sich geht. Diese Signale sind oft die Reaktion auf Meldungen aus unserem Unterbewussten. Wenn Gefahr droht oder etwas nicht in Ordnung ist, weiß und fühlt das ein Teil von Ihnen. Ihr Magen erhält das Signal und sendet Blut an die Extremitäten, um sie auf eine Bewegung vorzubereiten. Ihr Gehirn mag die Drohung nicht registrieren, kann aber das Ziehen im Magen fühlen. Dem Bauchgefühl zu vertrauen heißt zu lernen, diese Information wahrzunehmen und zu nutzen. Wenn Sie eine Spannung oder ein mulmiges Gefühl in der Magengegend empfinden, dann wissen Sie, dass etwas nicht in Ordnung ist. Wenn er sich gut anfühlt, dann können Sie selbstbewusst und ruhig Ihren Weg fortsetzen.

Wenn Sie die in diesem Buch beschriebenen Übungen durcharbeiten, werden Sie Ihr unbewusstes Denken besser kennenlernen. Der nächste Schritt in diesem Prozess ist die Öffnung eines Kanals, damit Ihr unterbewusster Verstand besser mit dem bewussten kommunizieren kann: Sie brauchen eine Struktur, durch die Ihre Intuition fließen kann, die Ihnen präzisere Informationen als das Bauchgefühl liefert (obwohl das ein wichtiger Teil der Botschaft sein kann, besonders wenn Sie in der Klemme stecken), und Ihnen ermöglicht, Ballast abzuwerfen, der Ihre Fähigkeit zur Entscheidungsfindung beeinträchtigt (Stichwort: »offenkundige Vorgeschichte«). Die gute Nachricht ist, dass Sie bereits über die Struktur verfügen: Ihr geistiges Fitnesscenter! Unter Prinzip 2 haben Sie gelernt, wie Sie ein Fitnesscenter für Ihren Verstand einrichten können, in dem Sie Ihre Fähigkeit zur Visualisierung trainieren können. Im Übungsteil dieses Kapitels werden Sie lernen, Ihr geistiges Fitnesscenter bewusster einzusetzen, um den Verbindungskanal zwischen Ihrem Bewusstsein und Ihrem Unterbewusstsein zu öffnen und Ihre Aufmerksamkeit und Ihre Intuition zu vertiefen. So entwickeln wir das Fitnesscenter für zwei Ziele: Erstens erhöht die Einrichtung des geistigen Fitnesscenters und tägliche Besuche für mentale Projektionen und Simulationsübungen Ihre Fähigkeit zur Visualisierung und festigt damit die innere Struktur, die es zu einem machtvollen Instrument für uns macht. Zweitens verleiht das geistige Fitnesscenter dem Training der inneren Aufmerksamkeit und Intuition mehr Struktur.

Am besten können Sie die intuitive Entscheidungsfindung nutzen, wenn Sie eine wichtige anstehende Entscheidung in allen Einzelheiten analysiert und auf verschiedene Optionen reduziert haben, aber sich nicht entscheiden können, welche die beste ist. In diesem fortgeschrittenen Stadium der Übung könnten Sie einen imaginären Trainer oder Berater in Ihr geistiges Fitnesscenter einladen, der Sie führen wird. Sie können einfach abwarten, wer erscheinen wird, dieser Berater könnte aber auch jemand sein, den Sie aus dem realen Leben kennen, jemand, dem sie vertraut haben, der aber nicht mehr lebt (wie etwa Ihr weiser, aber verstorbener Großvater), oder eine wichtige Person aus der Vergangenheit. (Napoleon Hill spricht in seinem bahnbrechenden Buch *Think and Grow Rich* von Abraham Lincoln als mentalem Berater, und José Silva ließ seine Kinder einen mentalen Berater in ihren Meditationsraum einladen, wie er in seinem höchst informativen Buch *The Silva Mind Control Method* beschreibt.) Der Berater hilft Ihnen dabei, einer Person »hier drin« eine Frage zu stellen, anstatt eine weniger greifbare Person »dort draußen« fragen zu müssen. Nach meiner Erfahrung sind die Ergebnisse dieser Übung sehr gut.

Wenn ich einen Inspirationsschub oder die Lösung einer Aufgabe anstrebe, dann ziehe ich mich auf der Suche nach Ideen häufig in einen stillen Raum zurück. Zunächst versuche ich, die Aufgabe mit meinem analytischen Verstand zu lösen; das beinhaltet Recherchen und das Durchdenken möglicher Lösungen unter Benutzung der PROP-Methode (Prioritäten, Realität, Optionen, Pfad, siehe Prinzip 3). Wenn ich auf ein Hindernis stoße, fasse ich meine Aufgabe in Worte oder fertige eine Zeichnung an. Dann gehe ich in meinen Meditationsraum, praktiziere einige Minuten lang die tiefe Zwerchfellatmung und gehe in mein geistiges Fitnesscenter, um die Aufgabe zu visualisieren – manchmal befrage ich meinen Berater, manchmal sitze ich einfach da und warte, bis auf der Leinwand, die ich in meinem Fitnesscenter aufgestellt habe, Bilder oder Worte auftauchen. Das ist eine Form wachsamer Meditation, bei der ich nicht aktiv versuche, die geistige Aktivität zu stoppen, sondern lediglich beobachte, was an die Oberfläche kommt, während mein Geist sich im Alpha-Bereich bewegt. Oft taucht die Lösung von selbst auf, manchmal nach einigen Minuten, andere Male nach einigen Stunden, manchmal auch später, in der Nacht, in einem Traum. Ich habe diese Methode auch angewendet, um Möglichkeiten zu identifizieren, wie auch bei der Übung zur Identifizierung von Möglichkeiten.

Jegliche Visualisierungsübung, bei der Sie stillsitzen, um Antworten oder Ideen zu finden, ist wirksamer, wenn Sie sie in Ihrem geistigen Fitnesscenter durchführen. Versuchen Sie, die Übungen, die Sie bisher gelernt haben, in eine Meditation im geistigen Fitnesscenter zu integrieren, um Ihre Effizienz zu steigern und Ihre mentale Härte und Intuition weiterzuentwickeln.

# Übungen

## WECKE DEINE INTUITION

Wenden Sie die im Übungsteil des Kapitels über Prinzip 2 beschriebenen Verfahren an. Gehen Sie in Ihr geistiges Fitnesscenter und halten Sie sich einige Momente einfach dort auf. Drücken Sie Ihren Dank für diesen geistigen Trainingsplatz und für alles aus, was Ihnen das Leben gegeben hat. Laden Sie dann Ihren Berater in das geistige Fitnesscenter ein. Es ist nicht notwendig, dass Sie im Vorhinein wissen, wer das ist – Sie können auch einfach abwarten, wer erscheinen wird! Als ich das tat, erschien ein alter Mann mit den Kräften eines Kriegers – der, wie ich annehme, ein indianischer Fährtensucher war. Er ist bis zum heutigen Tag mein Berater. Wenn Ihr Berater oder Ihre Beraterin auftaucht, danken Sie ihm oder ihr; laden Sie die Person ein, sich zu Ihnen zu setzen (für meinen Berater habe ich einen eigenen Platz reserviert), und stellen Sie ihr dann Ihre Frage. Erwarten Sie nicht, dass Sie sich mit dem Berater unterhalten werden, obwohl viele meiner Schüler gehaltvolle und lehrreiche Unterhaltungen mit ihren Beratern führen, die ungeahntes Wissen mit ihnen teilen. Stattdessen werden Sie möglicherweise Bilder sehen, eine Flut von Emotionen verspüren, oder einfach ein starkes Gefühl für die richtige Antwort entwickeln. Wenn Sie fertig sind, vergessen Sie nicht, sich bei Ihrem Berater für die Zeit zu bedanken, die er Ihnen geopfert hat.

Diese Übung setzt sicherlich ein gewisses Vertrauen voraus, aber ich bin sicher, dass Sie eine gute Beziehung zu Ihrem Berater entwickeln werden und dass er Ihnen für den Rest Ihres Lebens nützlich sein wird, wenn Sie sich erst einmal an ihn gewöhnt haben. Ich rate Ihnen, ein Notizbuch oder ein Aufnahmegerät bereit zu halten. Legen Sie es nahe ans Bett, wenn Sie im geistigen Fitnesscenter eine Frage gestellt oder ein Problem aufgeworfen haben, für den Fall, dass die Antwort in einem Traum gegeben wird oder Ihnen in der Dämmerphase zwischen Einschlafen und Aufwachen kommt.

Wenn Sie eine schwierige Situation analysiert haben und unsicher über das weitere Vorgehen sind, dann versuchen Sie eine sorgfältig formulierte Frage zu stellen, auf die ein einfaches Ja oder Nein die Lösung gibt. Formulieren Sie sie positiv, streichen Sie heraus, dass Sie Ihr inneres Selbst zum Wohl aller Beteiligten befragen. Suchen Sie mit brennendem Verlangen nach einer Antwort für diese Frage; verschwenden Sie nicht Ihre Energie auf alberne Fragen oder Angelegenheiten, die Ihnen nicht wirklich wichtig sind. Nehmen Sie Ihre Frage in der Folge in das geistige Fitnesscenter mit.

Vielleicht verspüren Sie nach der Lektüre dieses Buches das Bedürfnis, Ihr Team umzubauen. Nehmen wir an, Sie überlegen, einen neuen Marketingleiter einzustellen. Gehen Sie in einen ruhigen Raum, setzen Sie sich und besuchen Sie Ihr geistiges Fitnesscenter. Stellen Sie sich (oder Ihrem Berater, wenn sie einen haben) folgende Frage: »Ist X oder Y die richtige Person für diesen Posten?« Achten Sie sorgfältig auf Bilder, Emotionen, oder Empfindungen, die in Ihnen aufsteigen. Wenn nichts geschieht, beenden Sie die Sitzung (vergessen Sie nicht, Ihrem Berater für seine Anwesenheit zu danken) und bleiben Sie für die nächsten 24 Stunden in erhöhter Bereitschaft. Oft werden Sie sofort ein Ziehen oder eine Anspannung in der Magengegend fühlen. Dies ist ein klares Signal: »Nein!« Ein Gefühl der Erleichterung oder Entspannung, das sich über den Körper ausbreitet, bedeutet »Ja!« Möglicherweise sehen Sie ein Symbol oder ein Bild vor Ihrem geistigen Auge. Achten Sie wie zuvor auf die Qualität des Bildes und die Gefühle, die Sie damit verbinden. Sollten Sie ein Schiffswrack sehen ... nun, Sie wissen, was das zu bedeuten hat!

Einige Tipps für Fortgeschrittene, um die Wirksamkeit der Übung im geistigen Fitnesscenter zu gewährleisten:

1. Visualisieren Sie ein Ziel, bevor Sie das geistige Fitnesscenter betreten. Sie müssen sich klar darüber sein, was Sie wollen, und es positiv formulieren, so als ob es schon Wirklichkeit geworden wäre. Dann müssen Sie die Visualisierung mit dem Glauben tränken, dass der Vorgang Ihnen helfen wird, dieses Ziel zu erreichen.

2. Das, was Sie mit der Visualisierung erreichen wollen, muss mit dem, was Ihnen die Überzeugungen Ihrer »offenkundigen Vorgeschichte« sagen, übereinstimmen. Wenn Sie ein finanzielles Ziel visualisieren, von Ihrem Unterbewusstsein jedoch das Signal erhalten, dass Sie dieses Ziel nicht erreichen können oder nicht verdienen, dann werden die positiven Effekte der Visualisierung zunichte gemacht. Sie müssen alle Überzeugungen, die dem gewünschten Ergebnis widersprechen, ausschalten, bevor Sie eine Visualisierung durchführen. In diesem Fall müssen Sie Ihre »offenkundige Vorgeschichte« ergründen, damit die Visualisierung für Sie von Wert sein kann, bevor Sie wieder darangehen können, etwas zu sehen, das glaubwürdig und realisierbar ist.

3. Sie müssen die subtile Fähigkeit erwerben, Informationen aus Ihrem Unterbewusstsein zu erkennen und zu empfangen. Das ist anfangs schwer, aber mit zunehmender Übung und Erfahrung wird es gelingen, wenn Sie offen für die Übung im geistigen Fitnesscenter sind. Die Einladung eines »Beraters« in Ihr geistiges Fitnesscenter kann dabei behilflich sein.

4. Sie müssen durch sich öffnende Türen gehen, wenn Sie die Übung im geistigen Fitnesscenter abgeschlossen haben. Sobald Sie sich Ihrer inneren Weisheit geöffnet haben und lernen, die Eindrücke in Ihrem Unterbewusstsein durch positive Visualisierung zu steuern, werden sich häufiger Erkenntnisse einstellen, und sie werden den Eindruck gewinnen, dass sich das Universum mit Ihrem Unterbewusstsein verschworen hat, Ihnen zum Sieg zu verhelfen!

## Bereinige deine »offenkundige Vorgeschichte«

Es heißt, dass die legendären Tolteken in einem Ritual, das sie »Rekapitulation« nannten, angehende Krieger bei jedem wichtigen Ereignis in deren Leben einen entsprechenden Rekapitulationsprozess bis zurück zur Geburt durchlaufen ließen. Ich verlange nicht von Ihnen, es bis zu diesem Extrem zu treiben, aber es ist wichtig, dass ein Krieger, der den Weg des SEAL geht, mit echtem Selbstbewusstsein operiert, unbehindert von inneren Blockaden und negativem mentalen oder emotionalen Ballast. Ich rate Ihnen, ein reguläres Training zur Erkenntnis Ihrer »offenkundigen Vorgeschichte« zu beginnen, sobald sie die Visualisierung und die »heilige Stille« beherrschen (wenn Sie beispielsweise in der Lage sind, fünf Minuten lang einen klaren, ruhigen Geist zu bewahren, und sensorische Details in Ihre Visualisierung einbauen können, ohne dass Sie durch mentale Störgeräusche abgelenkt werden), wobei Sie mit einer Einheit pro Woche beginnen sollten, um je nach Intensität Ihrer »offenkundigen Vorgeschichte« die Frequenz zu steigern oder zu senken. Gut wäre es, wenn Sie dieses Training in Ihren jährlichen »mentalen Check-up« mit Ihrem Therapeuten aufnehmen würden, auch nachdem Sie die ursprüngliche Menge an negativem emotionalem Gepäck losgeworden sind. Ich werde Ihnen gleich anschließend eine Anleitung geben, wie Sie Ihre Fortschritte sofort messen können, nun aber zuerst die Übung.

So funktioniert es: Wenden Sie die auf Seite 79 beschriebene Vorgehensweise an, um zur Ruhe zu kommen, und begeben Sie sich in Ihr geistiges Fitnesscenter. Dort angekommen, formulieren Sie Ihre Absicht, Ihre »offenkundige Vorgeschichte« zu erforschen. Nun erlauben Sie Ihrem Geist, anstatt auf Ihrer geistigen Leinwand ein Bild Ihrer gewünschten Zukunft zu projizieren, zu Ereignissen zurückzukehren, die unangenehm, abstoßend oder schmerzhaft waren. Gibt es einen bestimmten Vorfall, zu dem Sie zurückgehen wollen, dann tun Sie das ohne Umschweife. Wenn nicht, dann seien Sie einfach offen für das, was hochkommt. (Alternativ können Sie mit einem bestimmten Verhalten oder Ereignis beginnen, das Sie schon beim Betreten des geistigen Fitnesscenters im Kopf hatten.) Wenn Ihr Geist auf eine bestimmte Zeit und einen bestimmten Ort zusteuert, dann bremsen Sie den Fluss der Bilder auf der Leinwand auf Schneckentempo ab und verschmelzen Sie mit dem Bild, als hätten sie eine Zeitreise gemacht. Konkretisieren Sie die Erfahrung mit allen Ihren Sinnen, als ob Sie sie von Neuem durchmachen würden.

Achten Sie auf alle Reize und Emotionen und darauf, wo sie zutage treten und was für einen Grad von Unbehagen sie hervorrufen. Diese Rückmeldungen geben Hinweise darauf, wo negative emotionale Energie gespeichert ist und wie intensiv sie ist. Auf diesen Ort müssen Sie Ihre Aufmerksamkeit für den Rest der Übung richten. Vielleicht spüren Sie ein unangenehmes Gefühl in der Magengrube, oder Sie bemerken, dass Ihr Puls rast und dass sich der Brustkorb anspannt. Die Intensität gibt Aufschluss über den Ernst der Angelegenheit. Ordnen Sie die Intensität auf einer Skala zwischen 1 und 10 ein, wobei 1 der geringsten und 10 der höchsten Intensität entspricht. Wenn eine Reaktion den Wert 10 erreicht, hat die Angelegenheit sehr ernste Auswirkungen auf Sie. Daher werden Sie viel Zeit damit verbringen müssen, sich damit auseinanderzusetzen. Bei einem Wert von 2 müssen Sie nur wenig Zeit darauf verwenden und können sich rasch anderen Fragen zuwenden.

Transportieren Sie in der Folge Ihr jüngeres Selbst in die Gegenwart, um Ihr gegenwärtiges Ich im geistigen Fitnesscenter zu treffen. Wenn das schmerzhafte Ereignis stattfand, als Sie zehn Jahre alt waren, dann stellen Sie sich vor, dass Ihr zehnjähriges Ich vor Ihnen steht. Wenn Sie Ihr jüngeres Ich klar vor sich sehen können, dann sprechen Sie mit ihm über das auslösende Ereignis. Sagen Sie, dass nun alles in Ordnung ist – es war nicht seine Schuld, alles ist vergeben und vergessen. Sagen Sie ihm, dass es in Ordnung ist, den Schmerz und die zornigen Gedanken herauszulassen. Sie werden vielleicht sogar das Bedürfnis haben, Ihr jüngeres Selbst zu umarmen oder auf andere Art und Weise zu trösten. Schließlich bitten Sie Ihr jüngeres Selbst, bevor Sie sich dankbar von ihm verabschieden, sich mit Ihrem gegenwärtigen Selbst zu vereinigen. Vielleicht wird es Ihnen Zustimmung signalisieren, und Sie könnten sogar so weit gehen, sich die Verschmelzung der beiden Körper vorzustellen.

Wenn Ihnen all das albern vorkommt, tun Sie einfach Ihr Bestes. Vertrauen Sie mir, es ist eine wirkungsvolle Übung. Als ich das wegen eines schmerzvollen Ereignisses in meinem eigenen Leben durchmachte, war mein jüngeres Selbst so erleichtert, dass es umherhüpfte und begann, Räder zu schlagen!

Der letzte Schritt der Übung besteht darin, das ursprüngliche Ereignis wieder auf die Leinwand Ihres geistigen Fitnesscenters zu bringen und nochmals Ihr jüngeres Selbst und alle anderen beteiligten Parteien zu visualisieren. Lassen Sie die ganze Szene ablaufen, achten Sie dabei auf jeden Unterschied im Bild oder in Ihren Gefühlen. Steht Ihr jüngeres Selbst weniger unter Druck? Ist seine Körpersprache kraftvoller und selbstbewusster? Wirken die anderen Teilnehmer am Ereignis weniger beleidigend oder zornig? Richten Sie Ihre Aufmerksamkeit auf den Ort, an dem Sie die aufgestaute Emotion lokalisiert haben – wie fühlt es sich nun an? Stufen Sie die Intensität neuerlich ein und vergleichen Sie das Resultat mit dem Ausgangswert. Sie sollten eine Abnahme feststellen, auch wenn sie nur gering ausfällt. Sie werden diesen Prozess für das spezifische Ereignis wiederholen müssen, bis Ihr jüngeres Selbst ausgeglichen und gesund erscheint, dritte Personen keine Bedrohung mehr darstellen und ihre aufgestauten negativen Emotionen verschwunden sind (das heißt, die Intensität liegt nun bei der Rate 1 oder 0).

Es ist gut möglich, dass einige Elemente Ihrer »offenkundigen Vorgeschichte« so tief verwurzelt oder angsterregend sind, dass Sie damit nicht allein fertigwerden können. In diesem Fall werden Sie die Unterstützung eines ausgebildeten Therapeuten brauchen. Ich empfehle eine Person, die in EMDR (www.emdr.com) ausgebildet ist, einem therapeutischen Verfahren, das dazu dient, solche Probleme über das Nervensystem in Angriff zu nehmen. SICHERHEITSHINWEIS: Wurden Sie in Ihrer Kindheit physisch oder emotional schwer misshandelt, dann sollten Sie keinesfalls mit dieser Übung »Selbsthilfe« ohne Unterstützung eines Experten versuchen.

Sie werden sich vielleicht fragen, welche Probleme für diese Übung infrage kommen. Ich vermute, dass Sie bereits eine Vorstellung davon haben, womit in Ihrer »offenkundigen Vorgeschichte« Sie sich auseinandersetzen müssen. Wir alle haben unterschiedliche Erfahrungen und Persönlichkeiten, aber Sie können einige mögliche Elemente Ihrer »offenkundigen Vorgeschichte« ermitteln, indem Sie nach klar ersichtlichen Mustern oder Reaktionen ihrer Persönlichkeit suchen, die optimaler Gesundheit und Leistung, optimalen Beziehungen und ganz allgemein Ihrem Glück im Weg stehen. Dazu gehören extremer oder unbegründeter Zorn, die Neigung zu tyrannischem Verhalten, chronischer Pessimismus (in Bezug auf sich selbst oder die Welt im Allgemeinen), Depression oder abwegiges sexuelles Verhalten. Wenn Sie mutig genug dazu sind, bitten Sie Ihren Partner/Ihre Partnerin, einen vertrauten Freund oder einen Arzt um ihre Eindrücke – oft sehen die anderen die Manifestationen unserer »offenkundigen Vorgeschichte« besser als wir selbst.

# Authentische Kommunikation

Diese Übung ist sehr nützlich, um Ihre Intuition zu verbessern. Sie macht Sie aufmerksamer dafür, wie andere Menschen, aber auch Sie selbst, ihre Gefühle nonverbal ausdrücken. Im Kern besteht die Übung darin, mit konzentrierter Aufmerksamkeit zu beobachten, was Ihnen Ihr Kommunikationspartner sagt, während Sie Ihre Gedanken und Gefühle in Reaktion auf das, was er oder sie kommuniziert, mit entspannter Aufmerksamkeit fließen lassen. Beachten Sie, dass Ihre innere Aufmerksamkeit als natürliche Folge der Vertiefung Ihrer Sinneswahrnehmung und emotionalen Belastbarkeit wachsen wird. Wenn Sie das Verlangen verspüren zu reden (was tatsächlich weit seltener der Fall sein wird, wenn Sie diese Übung routinemäßig durchführen), dann werden Sie zunächst innehalten, bevor sie antworten, um in der Folge nur das Wort zu ergreifen, wenn:

- das, was Sie zu sagen haben, wahr ist
- das, was Sie zu sagen haben, ein nützlicher Beitrag zum Gespräch ist
- das, was Sie zu sagen haben, positiv ist und dem Respekt sowie der aufrichtigen Anteilnahme für den anderen entspringt

# Denke offensiv – in jedem Augenblick

>»Folge nicht einem vorgegebenen Pfad, sondern gehe dort, wo es keinen Pfad gibt, und ziehe eine Spur.«
>
> *Ralph Waldo Emerson, amerikanischer Essayist und Dichter (1803–1882)*

Im Geschäftsleben denken mittlerweile die meisten Akteure defensiv. Wenn etwas schiefgeht, nehmen sie Deckung und warten ab, bis sich der Sturm legt. Ich möchte, dass Sie nie wieder eine defensive Haltung einnehmen – man kann nicht auf das Beste hoffen, aber tatenlos zusehen, dass es eintritt. Studieren Sie stattdessen das Umfeld, rüsten Sie sich für die schlechteste aller Möglichkeiten und handeln Sie beim ersten Anzeichen einer Chance. Seien Sie in jedem Moment darauf vorbereitet zu handeln, ohne Rücksicht auf die Umstände, im Wissen und in der Erwartung, dass Sie siegen werden, wann immer Sie den Kampf beginnen. Um das zu erreichen, müssen Sie sich umstellen, Ihre Einstellung muss dem Leitbild »Denke in jedem Augenblick offensiv« angepasst werden.

Die zwischenmenschliche Interaktion ist schon innerhalb unseres Teams, unserer Familien und Gemeinschaften schwierig genug, aber wenn sie über kulturelle Grenzen hinweg mit anderen Teams, Familien und Gemeinschaften stattfindet, kann sie tatsächlich chaotisch werden. Missverständnisse in persönlichen Beziehungen, geschäftliche Auseinandersetzungen und Kriege zwischen Nationen sind Teil der menschlichen Erfahrung, und das wird noch lange so bleiben. Obwohl die Suche nach einer für alle Beteiligten vorteilhaften Lösung auf persönlicher Ebene, im Team und in Organisationen wichtig und lobenswert ist, ist dieses Ziel auf geopolitischer und multinationaler Ebene nach allgemeiner Einschätzung schwer zu erreichen. Deshalb glaube ich, dass die unkonventionellen Strategien und Werkzeuge der SEALs in Kombination mit einer offensiven Haltung geeignete Instrumente für Führer sind, die auf globaler Ebene operieren. Und da die zunehmende Globalisierung uns alle zu globalen Akteuren macht, sind diese Fähigkeiten auch für kleine und mittelständische Unternehmen wertvoll.

Konfrontiert mit dem Chaos in einer Geschäftswelt, die eher einem Schlachtfeld als einem Konferenzraum gleicht, können Sie sich unmöglich mit der Hoffnung auf den Sieg begnügen: Sie müssen die Umstände zu ihrem Vorteil nutzen, indem Sie:

• unerschütterliches Selbstvertrauen entwickeln
• Ihre Wahrnehmungsfähigkeit schärfen
• das Unerwartete tun
• durch rasche Umsetzung die Führung übernehmen

Gleichgültig ob in persönlichen Beziehungen, im Beruf oder auch in der Freizeit: Ihr Umgang mit Chancen und Bedrohungen wird darüber entscheiden, ob Sie als Sieger oder Verlierer vom Platz gehen. Das Schicksal kann Sie auf jedem Gebiet zu jeder Zeit treffen. Wenn Sie den Weg des SEAL zum Erfolg gehen wollen, müssen Sie einen Siegerinstinkt entwickeln und ein offensiverer Führer werden.

# Unerschütterliches Selbstvertrauen

**»Die Zukunft kann man voraussagen, indem man sie gestaltet.«**

*Abraham Lincoln (1809–1865), US-Präsident*

Vielleicht erinnern Sie sich noch daran, dass ich im Abschnitt über die emotionale Widerstandsfähigkeit beschrieb, wie ich beim SEAL-Team 3 das SCARS-Programm absolvierte – 300 Stunden totales Training in offensivem Denken und im Nahkampf im Zeitraum von 30 Tagen. Das war meine erste »Schulung in Selbstvertrauen«. Das Training der Kriegskünste hatte mir viele wertvolle Werkzeuge und Erfahrungen mit auf den Weg gegeben, aber ich wusste, dass ich noch einen weiten Weg vor mir hatte. Jerry Peterson, der leitende Ausbilder, sagte mir: »Mark, Sie müssen das Karate-Training vergessen. Wer blockt, ist tot.« Im defensiven Karate-Training hatte ich mir eine defensive Einstellung angeeignet. So war es unvermeidlich, dass ich langsam oder überhaupt nicht auf reale Bedrohungen und Chancen reagierte. Ich sah ein, dass ich meine Körpersprache ändern musste, um meine Einstellung zu ändern.

Das bedeutet viel mehr, als sich Mut zu machen und positiv zu denken. Wir können positiv denken und dennoch schwache Worte verwenden, die uns machtlos machen. Wenn ich Worte wie »Verteidigung«, »Block« oder »Ablenkung« verwendete, sandte mein Geist an meinen Körper das Signal zurückzuweichen, sich zu schützen, zurückzuschalten. Worte lösen Vorstellungen aus. In meinem Fall waren diese Vorstellungen defensiv und schwach. Ohne mir dessen bewusst zu sein, hatte ich meine Fähigkeit zu bedingungslosem Einsatz untergraben.

Das war eine große Überraschung für mich – obwohl ich ein klar definiertes Ziel hatte und über die für die SEAL-Ausbildung nötige physische Stärke, Zielstrebigkeit und mentale Härte verfügte, war ich noch nicht auf Sieg programmiert. Theoretisch hatte ich das Konzept des positiven Selbstgesprächs verstanden, doch ich hatte es nicht benutzt, um die schwache, defensive Sprache aus meinem Vokabular zu streichen und sie durch stärkere, offensiv orientierte Worte und Phrasen zu ersetzen. Wenn das auch auf Sie zutrifft, sollten wir üben.

# Ändere deine Worte, ändere deine Haltung

Nehmen Sie eine ehrliche Bestandsaufnahme des Vokabulars vor, das Sie täglich verwenden. Verwenden Sie negative oder »bremsende« Worte? Beachten Sie die Konnotationen, die die Worte in der ersten Spalte der folgenden Liste bei Ihnen hervorrufen. Nun vergleichen Sie die Konnotationen, die Sie mit den Worten in der zweiten Liste verbinden. Ein großer Unterschied, nicht wahr? Schreiben Sie alle anderen defensiven oder negativen Worte auf, die Sie regelmäßig verwenden, und ersetzen Sie sie durch positive Worte oder Phrasen. Wiederholen Sie die Übung zur Konnotation mit Ihren eigenen beiden Spalten, um sicherzustellen, dass Sie auf dem richtigen Weg sind. Verwenden Sie die neue Sprache täglich und notieren Sie sich wöchentlich Ihre Erfahrungen. Behalten Sie das so lange bei, bis sie sich daran gewöhnt haben und die Übung zur zweiten Natur für Sie geworden ist.

| | |
|---|---|
| verteidigen | angreifen |
| gut | großartig |
| blocken | schlagen |
| zurückziehen | vorrücken |
| nicht können | wollen |
| versuchen | tun |
| gescheitert | klüger |
| vielleicht | sicher |

## Nutze deine mentale Härte

Jerry hämmerte uns ein, dass wir positives Denken und eine angriffsorientierte Sprache und Taktik entwickeln mussten, um die Oberhand zu behalten, da wir so die Angreifer aus dem Gleichgewicht bringen und in die Defensive drängen würden. Er verwendete uns als Versuchskaninchen und attackierte alles, was defensiv war oder auch nur den Anschein erweckte, defensiv zu sein, mit »kontrollierter Aggression« (SEAL-Terminologie für die Anwendung kontrollierter Gewalt in militärischem Kontext). Er durchdrang unsere Abwehr, als wären wir aus Pappe. Er zeigte uns, wie langsam eine defensive Einstellung machen kann. Er versuchte auch, uns zu provozieren, um uns mit unserem emotionalen Ballast zu konfrontieren und uns dazu zu bringen, ihn zu kontrollieren.

Oft nahmen wir alle Aufstellung bei der Sandbarriere vor dem SEAL-Gelände und mussten miteinander hügelauf und hügelab eine Stunde lang ohne Pause kämpfen. Wenn wir aufhören wollten, zwangen uns unsere Ausbilder weiterzumachen. Einer der Ausbilder, Lew Hicks, war besonders aggressiv. Er bevorzugte mich für seine Demonstrationen, ich glaube, weil sich meine Fähigkeiten schnell entwickelten und ich daher eine Herausforderung für ihn darstellte. Nach 20 Tagen waren meine Bewegungen flüssiger und viel selbstsicherer und offensiver. Lew wollte mich auf die Probe stellen und durch eine Reihe harter Kämpfe auf Normalgröße zurückstutzen, was bei mir eine starke emotionale Reaktion auslöste. Ich wollte ihn töten. Ich wollte mein beeindruckendes Können an ihm auslassen (ein Vorhaben, das zum Scheitern verurteilt war), als ich die Stimme von Großmeister Nakamura hörte, die Jerrys Rat wiederholte: »Der Karatekämpfer (sprich: Krieger) darf nie die Kontrolle über seinen Geist und seine Emotionen verlieren.« Es gelang mir, meine Emotionen wieder unter Kontrolle zu bringen, indem ich meine Techniken zur geistigen Abhärtung verwendete. Als er mein wiedergewonnenes Selbstvertrauen und meine Ruhe bemerkte, verlor Lew schnell das Interesse an mir und suchte sich ein anderes Opfer.

In den letzten zehn Tagen des Trainings machte ich es mir zur Aufgabe, so offensiv wie möglich zu denken, während ich gleichzeitig meine Werkzeuge zur mentalen Abhärtung einsetzte, um die emotionale Kontrolle zu behalten. Offensives Denken ist das Mittel, das Ihnen erlaubt, Ihre emotionale Energie kontrolliert auf ein

Ziel zu richten. Ein intensiver emotionaler Zustand sieht für das ungeübte Auge in einem Kampf wie rasender Zorn aus und wirkt beängstigend. Aber es ist keine Raserei, sondern kontrollierte Energie. Seit jener Erfahrung arbeitete ich stetig an der Entwicklung meiner emotionalen Kontrolle und Widerstandsfähigkeit.

Mit unerschütterlichem Selbstvertrauen, geprägt durch eine offensive Sprache und verstärkt durch emotionale Beherrschung und mentale Härte, sind Sie auf dem besten Weg zur offensiven Einstellung eines SEAL. Aber das menschliche Gehirn ist außerordentlich komplex und verfügt über eine Reihe von Überlebensmechanismen, die potenzielle mentale Fallen darstellen. Diese Fallen können Sie zum Stolpern bringen und Ihre Bemühungen vereiteln, selbst wenn Sie offensiv denken.

## Vermeide mentale Fallen

Offensives Denken erfordert ein schnelles Urteilsvermögen, und ein unerschütterliches Selbstvertrauen setzt voraus, dass wir unserem Urteil vertrauen können. Aber wir alle sind in bestimmten mentalen Fallen gefangen, die uns dazu bringen, bei diesen spontanen Urteilen von falschen Grundlagen auszugehen. Mentale Fallen machen entscheidende Urteile potenziell zu einem Minenfeld falscher Annahmen. Wenn Sie wissen, wo diese Minen vergraben sind, können Sie ihnen ausweichen, um mit der Stärke und der unerschütterlichen Gewissheit eines SEAL Ihren Weg zu gehen.

Die häufigste mentale Falle ist der »Bestätigungsfehler«. Wenn wir glauben, dass etwas richtig ist, suchen wir nach einer Bestätigung unserer Einschätzung und übergehen Gegenbeweise. Diese Neigung zur Bestätigung ist nur eine der Fallen, die die Entscheidungsfindung beeinträchtigen. Andere häufige Fallen bewegen uns dazu:

- **Dinge zu vermeiden, an denen wir zweifeln, anstatt ihnen auf den Grund zu gehen.** Ein gutes Beispiel dafür ist das Yoga. Lange Jahre dachten die meisten amerikanischen Männer, Yoga sei nur etwas für Frauen, Schlappschwänze oder Sonderlinge mit Tüchern auf dem Kopf. In Wahrheit ist es ein hochentwickeltes Programm zur Entwicklung der Persönlichkeit, das uns einen Stoß gibt und unser Leben verändert. Ich habe mitgeholfen, das Vorurteil zu brechen, indem ich mein SEALFIT-Yoga Tausenden Schülern beibrachte, darunter zahlreichen SEALs.

- **zu glauben, dass wir in der Schuld von Menschen stehen, die uns etwas geben.** Denken Sie an den Hare-Krishna-Anhänger, der am Flughafen Blumen verteilt, oder an die wohltätige Organisation, die uns Adressaufkleber als »Präsent« zuschickt. Wir gehen auf diese offensichtlichen Manipulationen ein, weil wir uns verpflichtet fühlen, ein Geschenk zu erwidern.

- **zu glauben, dass etwas, was für einen anderen gut ist, auch für uns gut ist.** Diese Form des Bestätigungsfehlers nimmt die Form der »Herdenmentalität« an, wenn sie in großem Maßstab auftritt. Für Unternehmen kann er nützlich sein – man denke an Empfehlungen –, aber er schadet uns, wenn die Empfehlung nicht zu uns passt (wenn wir und die empfehlende Person verschiedene Bedürfnisse und Charaktere haben, ist es unwahrscheinlich, dass uns dieselben Dinge nützen wie dieser Person) oder wenn die Herde dem Abgrund eines Pyramidenschemas zutreibt.

- **die Zustimmung der Umgebung abzuwarten, bevor wir handeln.** Der umgekehrte Herdentrieb: Viele Menschen wollen einfach nicht auf etwas Neues reagieren, bevor es nicht von der Mehrheit akzeptiert wurde (beispielsweise bei technischen Neuerungen oder Modetrends). Mit dieser Einstellung verpassen Sie möglicherweise eine große Chance. Berühmt ist der Ausspruch von Warren Buffett, dass man investieren sollte, wenn alle anderen aus einem Markt aussteigen, während man aussteigen sollte, wenn alle anderen einsteigen.

- **sich an Dinge zu klammern, sobald man sie hat.** Dieser Fehler verleitet Menschen dazu, an einer abstürzenden Aktie oder an einer gescheiterten Geschäftsidee bis zum Ende festzuhalten. Menschen, die in dieser mentalen Falle gefangen sind, werden eine Sache niemals aufgeben – selbst wenn es gute Gründe dafür gibt.

- **den Wert oder den Wahrheitsgehalt der Ideen von Autoritätsfiguren zu überschätzen.** Eine Tendenz zu diesem Verhalten spiegelt unsere Sehnsucht wider, das, was wir glauben, kausal zu begründen. Unglücklicherweise haben die Dienstzeit oder die Position in der Hierarchie kaum Einfluss auf die Qualität der Entscheidungen. Stellen Sie Autorität als Maßstab immer infrage!

Als ausgezeichnete ergänzende Lektüre zu mentalen Fallen und zu Modellen, die helfen sie zu vermeiden, empfehle ich wärmstens das bahnbrechende Buch *Schnelles Denken, langsames Denken* von Daniel Kahneman, Nobelpreisträger für Wirtschaftswissenschaften. Sehen Sie sich auch die Arbeiten von Charlie Munger an, dem stellvertretenden Board-Vorsitzenden in Warren Buffetts Unternehmen, der selbst über ein Vermögen von 30 Milliarden Dollar verfügt. Er hat zu unserem Thema viele aufschlussreiche Reden gehalten. Wenn Milliardäre wie Buffett und Munger ihrem Verstand nicht ganz trauen, dann sollten auch Sie und ich skeptisch sein.

# Schalte deinen Radar ein

»Der Wert des Lebens hängt nicht vom nackten Überleben, sondern von Bewusstsein und der Fähigkeit zur Beobachtung ab.«
*Aristoteles (384 v. Chr.–322 v. Chr.), griechischer Philosoph und Universalgelehrter*

Als junger Mann verwechselte ich Angeberei und Selbstvertrauen. Ich hatte einen MBA-Titel, war Wirtschaftsprüfer, hatte gerade einen schwarzen Gürtel errungen und war auf dem Weg, ein Navy SEAL zu werden. Ich dachte, ich sei der Größte. Im Winterurlaub von der Offiziersschule erhielt ich meine nächste Lektion. In Lake Placid im Bundesstaat New York, wo meine Familie ein Ferienhaus besaß, besuchten mein Bruder Brad und ich in einer Neujahrsnacht kurz vor der Sperrstunde eine Bar – wir waren später dran, als gut für uns war. Mein Schädel war rasiert, und mein Auftreten drückte vermutlich aus, dass ich mich für etwas Besonderes hielt, was die Einheimischen reizte (heute würde diese Haltung auch mich reizen). Ich bestellte einen Drink, sah die hübsche Barfrau, lächelte ihr zu und fragte sie nach ihrem Namen. Um ehrlich zu sein, ich war gerade aus einer Art Gefängnis entlassen worden (in der Offiziersschule gab es nicht viel – oder besser: überhaupt kein Sozialleben). Ich suchte nach einer Hand, die ich halten konnte, und es sollte nicht die Hand meines Bruders sein. Aber die junge Frau schien überhaupt nicht beeindruckt und rief: »Jimmy, da ist noch einer!« Ich hatte keine Ahnung, mit wem sie sprach oder was sie meinte, aber im Rückblick steht fest, dass sie nicht an mir interessiert war.

Plötzlich fiel mich ein kleiner, wendiger Bursche gegen Ende zwanzig von hinten an und schlang seine Arme fest um meinen Hals. Zu sagen, dass ich wegen der späten Stunde und meiner Sehnsucht nach weiblicher Aufmerksamkeit unachtsam geworden war, wäre eine Untertreibung. Die Attacke überrumpelte mich völlig, und ich hoffte insgeheim, dass es sich um ein Missverständnis handelte. Als ich nahe daran war, das Bewusstsein zu verlieren, begann ich mich zu wehren. Es war zu spät: Ich ging zu Boden, und wenn nicht in diesem Augenblick mein Bruder von der Toilette zurückgekommen wäre, hätte ich getötet werden können. Als ich einen Moment später wieder zu mir kam, raffte ich mich auf und fühlte mich wie ein Dummkopf. Ich sah meinen Bruder, der hart mit dem Angreifer zu kämpfen hatte. Ich packte Brad am Arm, um ihn vom Angreifer zu trennen, und schleifte ihn aus dem Lokal.

Dieses Ereignis war ein Wendepunkt in meinem Leben. Bis dahin glaubte ich, dass ich mich in jeder Situation verteidigen könnte – schließlich hatte ich einen schwarzen Gürtel in Karate. Während ich in den kommenden zwei Wochen meinen blutunterlaufenen Hals pflegte, dachte ich über die Erfahrung nach und begriff, dass mein Karate-Training nur der Anfang gewesen war. Wenn man eine nicht zu vermeidende Gefahr oder einen Konflikt abwenden und überleben wollte, war die bewusste Wahrnehmung der Umgebung wertvoller als die Fähigkeit, einen Schlag zu landen. Es wurde mir klar, dass ich mir wirkliches, unerschütterliches Selbstvertrauen aneignen konnte, indem ich die Fähigkeit entwickelte, in jeder Situation auf meine Umgebung zu achten, um nie wieder überrumpelt und außer Gefecht gesetzt zu werden.

In den Teams verwendeten wir das Cooper-Farbsystem (benannt nach Oberstleutnant Jeff Cooper, der es beim Schießtraining einsetzte), um unsere Wahrnehmung und unseren inneren Radar zu stärken. Jede Farbe steht für einen unterschiedlichen Grad von Wahrnehmung: von Ahnungslosigkeit bis zu aggressivem Handeln. Weiß steht für die völlige Abkoppelung von der Umgebung, gelb für Alarmbereitschaft, in der man die Umgebung nach Bedrohungen und Chancen durchsucht. Orange steht für eine Eskalation in die Vorbereitungsphase, in der man kampfbereit und für eine weitere Eskalation bereit ist. Rot schließlich stellt totale Einsatzbereitschaft dar: Ziehe am Abzug, vorwärts.

Die SEALs lernen, immer im gelben Bereich zu sein, um schnell und überraschend handeln zu können, wenn sie einen Feind ausmachen. Ich rate Ihnen, dasselbe zu tun. Aber da Sie wahrscheinlich keiner tödlichen Gefahr ausgesetzt sein werden, was für Gefahren oder Feinde gibt es dann, vor denen Sie auf der Hut sein müssen? Ihr Feind ist Ihre Konkurrenz, ob es sich nun um den individuellen Kampf um einen Job oder um ein Konkurrenzprodukt auf einem spezifischen Markt handelt. Alles kann eine Gefahr darstellen, von den ersten Anzeichen, dass sich der Markt ändert, über das jüngste Produkt Ihres Konkurrenten, das erfolgreicher als Ihres ist, bis zu einer globalen Finanzkrise, die Ihr Unternehmen zwingen könnte, Arbeiter zu entlassen oder sogar dichtzumachen.

Die Übung »Gelber Radar« am Ende des Kapitels und die Integration von Konzepten wie die Suche nach Lücken, die Chancen darstellen könnten, werden Ihre situationsbezogene Wahrnehmungsfähigkeit entwickeln, aber auch Ihre geistige Wahrnehmungsfähigkeit stärken. Aber wie ein SEAL müssen auch Sie lernen, aggressiv und schnell zu handeln, sobald Sie eine Bedrohung wahrnehmen. Sie müssen das Unerwartete tun, indem Sie Chancen innovativ und anpassungsfähig nutzen, um Ihre Konkurrenz aus dem Gleichgewicht zu bringen.

# Tue das Unerwartete

»Regeln werden für Menschen gemacht, die nicht willens sind, ihre eigenen aufzustellen.«
*Chuck Yeager (geb. 1923), Brigadegeneral im Ruhestand*

Unter Prinzip 6 haben wir gelernt, Dinge zu zerschlagen, um sie anschließend zu etwas Neuem, Besserem zusammenzusetzen. Nun wollen wir unseren Denkprozess neu zusammensetzen und die Welt mit anderen Augen betrachten, um in der Lage zu sein, das Unerwartete zu tun und unkonventionelle (das heißt: großartige) Ergebnisse zu erzielen.

Das Unerwartete zu tun bedeutet, die Dinge anders zu sehen als alle anderen. Wenn Sie sich darin üben, zu sehen, was die anderen nicht sehen, dann werden Sie die in Ihnen schlummernde Kreativität wecken. Die Menschen glauben, dass die anderen »den Regeln« folgen werden; das können tatsächlich Wettkampfregeln sein, aber auch abstrakte Regeln wie kulturelle Normen. Das Unerwartete zu tun bedeutet folglich oft, die Regeln zu brechen. Für die SEALs »kommen alle Optionen in Frage«: Wir folgen nicht den Spielregeln des Feindes und nicht einmal den eigenen, wenn sie veraltet sind oder nicht mehr funktionieren. Wir klammern uns nicht an den Status quo, und es gefällt uns nicht Dinge so zu tun, wie sie in der Vergangenheit getan wurden.

Eine wesentliche Eigenschaft des unkonventionellen Denkens ist die Fähigkeit zu beurteilen, wann es anzuwenden ist und wann nicht. Die Regeln eines bestimmten ethischen Systems zu brechen, ist eine einmalige, sehr fortgeschrittene Fähigkeit, die den SEALs erlaubt, Chancen zu nutzen, wo andere sie nicht erwarten oder nicht einmal suchen würden. Wenn ein Individuum, eine Kultur oder ein System so festgefahren ist, dass es immer dasselbe tut, dann kann man große Chancen erschließen, indem man die festgefahrenen Bahnen umgeht. Je extremer die Umstände (etwa im Krieg), desto radikaler muss man die Spielregeln brechen. Als ich BUDS absolvierte, sagten die Ausbilder gerne: »Weicheier, wer nicht betrügt, der will nicht wirklich!« Sie verlangten nicht von meinen Kameraden und mir, Lügner und Betrüger zu werden, sondern unkonventionell zu denken und die akzeptierten Verhaltensregeln und Verhaltensnormen nicht einfach so hinzunehmen.

Lassen Sie mich eines klarstellen: Ich rate Ihnen nicht zu *unethischem*, sondern zu *unkonventionellem* Verhalten. Gibt es eine feine Trennlinie? Die SEALs eignen sich auch ein striktes ethisches Fundament an (siehe SEAL-Ethos auf Seite 35), was ihnen erlaubt, klar zu erkennen, welche Regeln gebrochen werden können und wann sie gebrochen werden können.

## Welche Regeln sollten gebrochen werden?

Sie haben nun ein festes ethisches Fundament – Ihre Grundhaltung und Ihre Prinzipien –, sodass sie festen Halt haben und den Blick auf das richtige Ziel richten können. Welche Regeln können Sie unter dieser Voraussetzung brechen? Die Antwort ist nicht einfach, da sie in Wahrheit von der jeweiligen Situation abhängt. Im Allgemeinen sind die Regeln, die gebrochen werden, diejenigen, die:

- schwache Verhaltensmuster widerspiegeln, die möglicherweise auf veralteten Denkmodellen und Strukturen beruhen, die Ihre Leistung behindern (etwa die von den »alten Hasen« vorgegebenen Erwartungen, wie die Dinge in der Firma zu geschehen haben, wenn die alten Hasen die neuen Technologien zur Verbesserung von Produktivität und Effektivität nicht kennen).
- Sie und Ihre Konkurrenz für durchaus akzeptable Optionen blind machen oder Sie dazu verleiten, Ihre Möglichkeiten unabsichtlich selbst zu beschränken (ein Beispiel ist die beim Militär vorherrschende Auffassung, ziviles Material sei nicht für Spezialeinsätze geeignet – McRaven, der Kommandeur von SEAL-Team 3 setzte sich darüber hinweg, als er sich in den 90er-Jahren entschloss, abgedunkelte, geräuschgedämpfte Jetskis für taktische Vorstöße einzusetzen).
- veraltet, unpraktisch oder mit unseren ethischen Grundsätzen unvereinbar sind, gegen international akzeptierte Standards verstoßen oder einfach dumm und mit ein wenig Konsequenz leicht zu instrumentalisieren sind (z. B. bricht eine afghanische Frau, die einen Job anstrebt, in dem sie Seite an Seite mit Männern arbeiten muss, die Regeln ihrer Heimatkultur, obwohl kaum ein Arbeitgeber in der nichtmuslimischen Welt an dieser restriktiven Regel festhalten wird).

Lance Cummings, ein SEAL im Ruhestand, der mittlerweile mein Direktor für das SEAFIT-Training ist, erzählt gerne, wie seine Einheit im Rahmen einer Sicherheits- und Bereitschaftsübung in eine Anlage der Marines eindrang. Die Marines, die von der bevorstehenden Übung informiert worden waren, hatten ihre Sicherheitsvorkehrungen verdoppelt. Cummings und seine Männer rechneten damit und suchten Hilfe beim lokalen Feuerwehrposten. Am Abend rasten sie in einem Löschfahrzeug mit heulenden Sirenen durch das Tor der Basis. Die Marines hatten keinerlei Verdacht, dass es sich um ein Täuschungsmanöver handelte, und öffneten das Tor: Den Wachposten wird nicht beigebracht, Regeln zu brechen, sondern sie zu befolgen.

Die SEALs brachen die kulturellen Regeln der Marines, die Ordnung und Disziplin hochhalten und die Umgehung der akzeptierten Normen ablehnen. Den SEALs war der erfolgreiche Abschluss der Mission wichtiger. Ihre unkonventionellen Methoden waren sehr nützlich für sie, auch wenn sie ein paar Marines blamierten.

Ein ähnlicher Vorfall ereignete sich im Jahr 2004 während meiner Stationierung im Irak als Reserveoffizier, als ich erfuhr, dass eine USSOCOM-Einheit der Marines, die zum SEAL-Team 1 abkommandiert worden war, mit Fahrzeugen für Wüstenoperationen eingetroffen war. Ich fragte mich, wie sie ihre Mission erfüllen sollten, da Ihre Geländewagen nicht für eine urbane Umgebung geeignet waren, in der überall Sprengsätze drohten. Unglücklicherweise würden sie in den sechs Monaten, die das Beschaffungswesen benötigte, um ihnen gepanzerte Humvees zu besorgen, ohnmächtig zuschauen müssen, denn mit ihren Fahrzeugen konnten sie nicht einmal das Lager verlassen. Bis zum Eintreffen der Humvees würden sie zurück in den USA sein.

Zum Glück für die Marines hatten die SEALs keine Hemmungen, die Regeln zu brechen, um sicherzustellen, dass ihre Kameraden den Krieg so kämpfen konnten, wie sie vorhatten. Als unser Kommandeur über die Situation informiert wurde, wandte er sich an Stabsfeldwebel Johnson, den er wohlwollend als seinen »Neuzuteilungsspezialisten« bezeichnete: »Bart, regle das. Du weißt, wie es geht.« Johnson lächelte und gab einem seiner SEALs entsprechende Anweisungen. Eine Woche später sah ich zehn Humvees durch das Tor des Stützpunkts fahren. Die Marines waren verblüfft und dankbar, als sie sie zusammen mit den SEALs gefechtsbereit machten. Der Kommandeur stellte sicher, dass der Einheit der Nationalgarde, die die Fahrzeuge »gespendet« hatte, der Gefallen dreifach vergolten wurde.

## TRAINING NACH DER SEAL-METHODE

---

# Wann man die Regeln brechen sollte

Ziehen Sie anhand der folgenden Fragen die Grenzen für Regelbrüche und legen sie den Zeitpunkt dafür fest:

- Ist die Regel Ihrer Definition nach ethisch?
- Ist die Regel nach Ihrem Rechtsempfinden legal?
- Welche potenziellen Vorteile hätte es, diese Regel zu brechen?
- Kann ein Regelbruch ernste Probleme nach sich ziehen, wenn sie von den »Autoritäten« erwischt werden?
- Ist es in diesem Fall besser, um Verzeihung zu bitten, als um Erlaubnis zu fragen?
- Wird jemand Schaden nehmen, wenn Sie die Regel brechen?
- Können nur die Bösen zu Schaden kommen?
- Was kann schlimmstenfalls geschehen – was wären die Konsequenzen, wenn Sie am nächsten Tag darüber in der *New York Times* lesen würden?

Welche Regeln wurden gebrochen? Nun, vor allem die Beschaffungsvorschriften der Marines und der Nationalgarde. Aber dazu wird jeder Kriegsveteran sagen: »Keine große Sache, im Krieg läuft das immer so.« Darum geht es mir. Die SEALs brachen die Regeln, indem sie das System umgingen, die Marines brachen die Regeln, indem sie die Humvees akzeptierten, und die Nationalgarde brach die Regeln, indem sie ihr Material den SEALs überließ. Aber niemand kümmerte sich darum, weil ein Krieg im Gange war. Die Regeln, die für den Frieden gemacht waren, gefährdeten den Erfolg. Am Ende hängt die Entscheidung darüber, welche Regeln zu brechen sind und wie weit man dabei gehen kann, immer von den Umständen ab. In dieser Kampfsituation würde niemand dem Feldwebel einen Vorwurf machen, weil er etwas tat, das für die Erfüllung einer wichtigen Mission nötig war. In Friedenszeiten hingegen hätte ihn diese Handlung hinter Gitter bringen können.

## Regeln, die sofort gebrochen werden sollten

Unkonventionelles Denken heißt auch, die Regeln zu hinterfragen, die unser eigenes Verhalten steuern, und diejenigen zu brechen, die uns nicht mehr dienlich sind. Solche Regelbrüche werden unsere Kreativität beflügeln und Innovationen und andere gute Leistungen ermöglichen. Um Sie mit einer offensiven Denkweise vertraut zu machen, wollen wir uns nun einige weit verbreitete Regeln ansehen und herausfinden, wie wir unkonventionell mit ihnen umgehen könnten. Wenn Sie diese Regeln brechen, werden Sie mehr Erfolg haben.

**Zu brechende Regel Nr. 1: Mach so viel wie möglich gleichzeitig**
Falls Sie nicht auf dem Laufenden sind: Der Mythos des Multitasking als Voraussetzung für Effizienz ist geplatzt. Trotzdem übt er immer noch eine starke Anziehungskraft auf uns aus, vor allem wegen des Siegeszugs von Smartphones und anderen intelligenten Technologien, die uns dazu bringen, uns mit einem Haufen cooler Dinge abzulenken, anstatt uns auf das zu konzentrieren, was wir gerade tun sollten. Obwohl unser Gehirn eine Reihe von Verarbeitungsprozessen gleichzeitig durchführen kann – beispielsweise können wir einen Kaugummi kauen und uns gleichzeitig den Bauch reiben –, können wir uns nur auf jeweils eine einzige Sache wirklich konzentrieren. Laut Gary Keller, dem Autor von *The One Thing*, führt Multitasking zu Fehlern: durch unseren Hang, neue Information der alten vorzuziehen; durch ein gestörtes Zeitgefühl, das zur Folge hat, dass wir viel länger als nötig brauchen, um die wichtigen Dinge zu erledigen; durch Zeitverlust, der entsteht, wenn wir zwischen verschiedenen Aufgaben hin und her springen (Keller schätzt den Zeitverlust auf 28 Prozent des Arbeitstages!); dadurch, dass wir weniger geistige Energie auf eine einzelne Aufgabe verwenden, was dazu führen kann, dass wir *alle* Aufgaben schlechter erfüllen. Schließlich ist auch interessant, dass Multitasker nach Kellers Erkenntnissen unglücklicher sind als Menschen, die lernen, sich auf eine einzige Sache zu konzentrieren.

**Zu brechende Regel Nr. 2: Nette Menschen haben das Nachsehen**

Ich bin ein sehr netter Mensch, aber würden Sie mich am Beginn eines Kurses im Kokoro-Camp sehen, wären sie wahrscheinlich anderer Meinung. In diesen Momenten könnte mich ein zufälliger Zeuge für ein Monster halten, obwohl ich in Wahrheit nicht einen einzigen negativen Gedanken habe. Konzentrierte Entschlossenheit wird oft fälschlicherweise mit Härte, Kälte oder sogar Bosheit gleichgesetzt. Es ist in Ordnung, nett, aber gleichzeitig höchst konzentriert zu sein, entschlossen zu siegen. »Nett sein« bedeutet in unserer Gesellschaft und in unseren Organisationen üblicherweise, dass man zu weit geht, um sich anzupassen, dass man sich dem Gruppendruck beugt, einen Kotau vor dem Chef macht, ein Unentschieden als Sieg interpretiert und mittelmäßige Mitarbeiter im Team behält, um sie nicht zu verletzen. Das alles führt zu Mittelmäßigkeit. Aber man muss nicht böse sein, um zu siegen, und nette Menschen müssen keine Verlierer sein.

**Zu brechende Regel Nr. 3: Mehr ist besser**

Das trifft nur in Einzelfällen zu, und doch ist dieser Glaube in unserer Kultur fest verwurzelt. Man überträgt einer Person mehr Verantwortung, indem man sie befördert, selbst wenn das nicht in ihrem eigenen oder im Interesse der Organisation ist. Größere Unternehmen werden von »den Märkten« bevorzugt, obwohl sich wachsende Organisationen immer weiter von ihrer ursprünglichen Aufgabe und ihren Kunden, Investoren und Aktionären entfernen. Je mehr Aufgaben, Verpflichtungen, Projekte und Führungsrollen Sie anhäufen, desto weniger sinnvolle Arbeit werden Sie leisten. Besser ist es, die KISS-Regel anzuwenden und nur Dinge zu tun, die Ihren wichtigsten persönlichen oder beruflichen Zielen entsprechen. Dasselbe trifft auf der Organisationsebene zu: Bemühen Sie sich, weniger Dinge besser zu tun, indem Sie Ihre täglichen Tätigkeiten auf eine bis drei kritische Aufgaben beschränken, die Sie Ihren Zielen näherbringen.

**Zu brechende Regel Nr. 4: Kämpfe fair!**

Glauben Sie, dass sich ein Betrunkener in der Kneipe ums Eck beim Trinken zurückhalten wird, wenn er es auf Ihre Kosten tut? Können Sie sich darauf verlassen, dass eine Kollegin, die eine Konkurrentin von Ihnen ist, in einer Präsentation für den Chef für Sie vorteilhafte Details Ihres Projekts oder Ihrer

Resultate herausstreichen wird? Der Kampf (das heißt der Wettbewerb) ist an sich unfair, deshalb gibt es so etwas wie einen fairen Wettbewerb nicht. Wenn Sie kämpfen müssen – gleichgültig, ob tatsächlich die Fäuste fliegen oder eine Diskussion im Management stattfindet –, müssen Sie offensiv und unkonventionell vorgehen. Sie müssen aggressiv sein, das Überraschungsmoment nutzen und schnell handeln, um Ihre Konkurrenten auszustechen. Aber Sie können kompetitiv und zugleich kooperativ sein. Bei den SEALs trainierten wir täglich zusammen – es war eine kooperative Vorgehensweise, die das Team festigte. Und trotzdem kam es in jeder Trainingseinheit zu einem erbarmungslosen Wettbewerb, der die Einsatzbereitschaft und den Siegeswillen stärkte. Die besten Unternehmen halten die gleiche Balance zwischen Wettbewerb und Kooperation. Diese Balance erfordert fest verwurzeltes Vertrauen in Ihre Fähigkeiten und das Einbringen Ihrer individuellen Stärken, um Sie in die Lage zu versetzen, anderen zu helfen, ohne das Gefühl zu haben, dass Sie Ihren eigenen Sieg gefährden.

**Zu brechende Regel Nr. 5: Sage immer die Wahrheit**
Ich kann den allgemeinen Aufschrei schon jetzt hören. Doch, Hand aufs Herz, wer von Ihnen hat noch nie gelogen? Ich will damit sagen, dass es wichtig ist zu lernen, wem man welche Wahrheit sagt – soll man die ganze Wahrheit, die halbe Wahrheit oder gar keine erzählen? Oft tut man gut daran, die Wahrheit zu filtern, um andere zu schützen oder einen Gegner in die Irre zu führen. Manchmal ist es am besten, ganz den Mund zu halten und für dumm gehalten zu werden, anstatt sich zu äußern und tatsächlich dumm zu sein. Ein Beispiel dafür ist der Fall, in dem Sie über Informationen verfügen, die dem Ruf Ihrer Chefin schaden können. Es mag sein, dass Sie etwas Dummes getan hat, aber das charakterisiert sie nicht als Mensch, und es ist nicht Ihre Aufgabe, die Lage Ihrer Chefin noch zu verschlimmern. Danach gefragt, ob Sie Bescheid wussten, können Sie einfach auf eine Antwort verzichten. Auf der anderen Seite ist es manchmal besser, die Dinge beim Namen zu nennen, als jemandem zu erlauben, uns auszunutzen. Was sollen Sie beispielsweise tun, wenn ein Teamkollege Dinge tut, die die Erfolgschancen des Teams ernsthaft gefährden? In diesem Fall sollte die Loyalität gegenüber dem Team und der Organisation Vorrang vor der Loyalität gegenüber dem Teamkollegen haben. Anstatt zu lügen (oder zu schweigen), um ihn zu schützen, könnten Sie ihm

sagen, dass Sie bereits mit dem Chef gesprochen haben und dieser nachsichtiger sein wird, wenn der Kollege selbst gesteht. Mit dieser kleinen Lüge geben Sie ihm die benötigte Hilfestellung, ohne das Team oder die Organisation zu gefährden. Manchmal erfordert es die Situation, die richtigen Leute über die Wahrheit aufzuklären. Rechtschaffenheit bedeutet manchmal, dass man schwere Entscheidungen treffen muss.

**Zu brechende Regel Nr. 6: Drei Hauptmahlzeiten täglich**
Ich habe in diesem Buch nicht viel über Ernährung gesprochen, aber als Führer, der außerordentliche Resultate anstrebt, müssen Sie verstehen, dass die Art, wie Sie Körper und Geist nähren, entscheidend ist. Von der Ernährung hängen mindestens 50 Prozent Ihrer Leistungskraft ab. Der Mythos der »drei richtigen Mahlzeiten« entwickelte sich aus den Arbeitsplänen des industriellen Zeitalters, aber unser Körper ist auf bedarfsangepasste Nahrungsaufnahme programmiert. Ich esse, wenn ich Hunger habe, was mir die wertvolle Mittagspause frei hält. Für die Führungselite ist die Mittagszeit »Trainingszeit«, in der man Sport treiben, seine SEAL-Fähigkeiten üben, einen Spaziergang machen oder einer anderen Beschäftigung nachgehen kann, die nichts mit Arbeit zu tun hat, aber Gehirn, Körper und Geist mit neuer Energie versorgt. Ich ziehe eine modifizierte Paläo-Diät und vegetarische Ernährung vor: Vermeiden Sie Zucker und Kohlehydrate aus verarbeiteten Getreideprodukten (Müsli, Nudeln, Brot), und setzen Sie auf mageres Fleisch oder vegetarische Nahrung wie Nüsse, pflanzliche Kohlehydrate und Obst sowie Fett aus gesunden Quellen wie Avocados und Olivenöl. Weniger ist oft mehr, aber manchmal tut es auch gut, sich den Bauch vollzuschlagen, um den Körper zu verwirren und sich daran zu erinnern, wie gut es tut, weniger zu essen. Meine persönliche Faustregel lautet: 80 Prozent der Zeit Disziplin halten, um 20 Prozent der Zeit dagegen zu verstoßen – das Leben ist zu kurz, um sich selbst zu verleugnen, und so haben Sie etwas, auf das Sie sich freuen können. Für eine genaue Analyse der Ernährung lesen Sie mein Buch *SEALfit in 8 Wochen*.

**Zu brechende Regel Nr. 7: Sei jederzeit authentisch**
Sie sollen mit Ihrem engsten Team Klartext sprechen – Authentizität ist entscheidend für die Führungsrolle. Aber die meisten haben Schwierigkeiten, wenn es darum geht, authentisch gegenüber Menschen aufzutreten, die sie

nicht kennen. Schüchternheit und die Unfähigkeit, er selbst zu sein, schaden einem Führer. Daher muss man bisweilen Authentizität so lange vortäuschen, bis man sie tatsächlich erreicht. Manchmal muss man einfach Theater spielen. Das Studium der Kunst des Schauspiels verleiht Ihnen die vielen Menschen übernatürlich erscheinende Fähigkeit, das Publikum zu fesseln. Um ein guter Schauspieler zu sein, müssen Sie aus sich herausgehen und sich mit der ganzen Bandbreite Ihrer Emotionen auseinandersetzen; dann müssen Sie lernen, diese Emotionen nach Belieben abzurufen und wirkungsvoll einzusetzen. Besuchen Sie eine Schauspiel- oder Rhetorikschule (die Organisation Toastmasters ist eine gute Quelle), um Ihre Leistung zu verbessern, wenn Sie mit einem neuen Team oder weniger vertrauten Kadern Ihrer Organisation kommunizieren.

**Zu brechende Regel Nr. 8: Was gut ist, kann nicht umsonst sein**
Das wertvollste Gut auf dem heutigen Markt ist Vertrauen. Wie gewinnen wir das Vertrauen von Käufern und Kunden? Indem wir ihnen helfen, ihre Ziele zu erreichen, ohne eine Gegenleistung zu verlangen. Konsumenten fordern vermehrt kostenlose Anleitungen, Gratisproben und unentgeltliche Beratung. Was Sie ihnen anbieten, muss wirklichen Wert haben – es wird nicht funktionieren, wenn Sie ihnen etwas anbieten, das sie nicht wirklich brauchen oder nicht verwenden können. Je höher der Wert Ihres kostenlosen Angebots für den Konsumenten, desto größer die Wahrscheinlichkeit, dass er sein hart verdientes Geld bei Ihnen anlegt, indem er Ihre Produkte oder Dienstleistungen kauft, und desto größer die Chance, dass er Sie seinen Freunden empfiehlt, was dazu führt, dass die Macht der so schwer fassbaren Trends für Sie arbeitet. Die meisten werden nicht zu Kunden, aber aus der Minderheit, der Ihr Angebot gefällt, werden Sie eine wachsende und loyale Anhängerschaft rekrutieren. Vor fünf Jahren wäre ich nicht im Traum darauf gekommen, die Inhalte freizugeben, die nun auf SEAFIT.com frei zugänglich sind. Ich mache das gerne und habe auf diese Art Hunderttausende begeisterte Anhänger an mich gebunden.

# Rasche und flexible Umsetzung

»Wenn ein Mensch in seiner Dachkammer ein ausreichend starkes Verlangen hegt, kann er von dieser Dachkammer aus die Welt in Brand setzen.«

*Antoine de Saint-Exupéry (1900–1944), französischer Schriftsteller und Flugpionier*

In seinem Buch *Theory of Spec Ops* (Theorie der Spezialeinsätze) beschreibt Commander William McRaven, der mein kommandierender Offizier beim SEAL-Team 3 war, fünf Prinzipien, die allen erfolgreichen Kommandoaktionen gemeinsam sind: Zielfixierung, Wiederholung, Sicherheit, Überraschung und Tempo. Als Kommandant der amerikanischen Spezialeinheiten befolgte er diese Prinzipien genau, um Osama Bin Laden zu stellen.

Die Prinzipien, auf die ich hier näher eingehen werde – Überraschung und Tempo –, erlauben uns, Feinde und Gegner lahmzulegen. Die SEALs beherrschen das schnelle Handeln so gut, dass sie ihre Feinde fast immer überraschen können. Die SEALs, die Bin Laden stellten, waren so schnell in der Anlage, in der er sich versteckte, dass niemand Zeit hatte zu reagieren – und als die pakistanische Armee aufwachte, waren sie schon wieder weg. Ihre hochentwickelte taktische Fähigkeit, mitten im Einsatz die Gangart zu ändern, ermöglichte es ihnen, die Mission erfolgreich abzuschließen, obwohl einer der zwei Hubschrauber abstürzte! Das ist ein ausgezeichnetes Beispiel dafür, wie Flexibilität hilft, das Tempo beizubehalten, um ein gutes Ergebnis zu erzielen.

Im Geschäftsleben gewährleisten Tempo und Flexibilität, dass Sie Ihrer Konkurrenz voraus sind, die ihr Gleichgewicht nicht wiedergewinnen kann, da Sie sie in jeder Phase überraschen. Apple ist berühmt für seine Kreativität, aber Samsung ist am schnellsten – das Unternehmen überrumpelte den Erfinder des iPad durch das Tempo, mit dem es ein konkurrenzfähiges Tablet auf den Markt brachte. Google wird der Nachruhm für die Erfindung von Google Glasses bleiben, aber es wird interessant sein zu beobachten, wer sich am schnellsten große Marktanteile mit diesem innovativen Produkt sichern kann. Machen wir uns nichts vor: Unsere Vernetzung durch die fast zeitgleiche Übertragung von Informationen hat ein Ausmaß erreicht, das es ganzen Segmenten der Weltbevölkerung ermöglicht, augenblicklich die Richtung zu wechseln.

Wie Sie wissen, beschleunigt die durch technologische Entwicklungen ausgelöste fortschreitende Globalisierung das Tempo des Wandels. Wenn Sie sich nicht weiterbewegen, verlieren Sie an Dynamik, an Wahrnehmbarkeit und verpassen Chancen. Sie stehen wie angewurzelt da, während die Welt an Ihnen vorbeizieht. Die SEALs lernen, mit einer nach militärischen Maßstäben atemberaubenden Geschwindigkeit zu planen und zu handeln. Eine Einheit im Feld braucht normalerweise drei Tage, um ein Ziel anzupeilen und zu erreichen, aber die SEALs bewältigen Planung und Ausführung von Einsätzen in wenigen Stunden, selbst wenn sie auf Hindernisse stoßen. Wie die SEALs schaffen Führer, die den Weg des SEAL gehen, die Voraussetzungen für eine rasche Umsetzung durch:

- Vertrauen in die Ausführenden
- Anwendung von Standardverfahren/Standardvorgehensweisen (SOPs)
- Anwendung des Prozesses »Schießen, vorrücken, kommunizieren«

## Vertrauen in die Ausführenden

Führung funktioniert nur mit Vertrauen. Und zwar mit beidseitigem Vertrauen: Die Soldaten müssen ihren Offizieren vertrauen, und die Offiziere müssen ihren Soldaten vertrauen. Geringes Vertrauen führt zu kostspieligerer und langsamerer Umsetzung, da die Umsetzenden weniger risikobereit sind und nicht zu Innovationen neigen – letztlich beraubt es sie der Fähigkeit, flexibel zu handeln, und behindert auf diese Art ihren Einsatz. Tiefes Vertrauen bewirkt das Gegenteil.

Natürlich ist es leichter, Vertrauen zu entwickeln, wenn die Ausführenden direkten Kontakt zueinander haben; schwieriger wird die Sache, wenn sie einander nie getroffen haben oder die meiste Zeit von verschiedenen Standorten aus agieren. Das wird in modernen Unternehmen zunehmend zum Problem. Die Internetfirma Yahoo! beispielsweise begann früh, mit einer verstreuten virtuellen Belegschaft zu arbeiten; dies schien die Zukunft der Arbeit zu sein. Als Jahre später die neue Geschäftsführerin Marissa Mayer ihre Arbeit aufnahm, stellte sie fest, dass die Produktivität vieler Fernarbeiter deutlich gesunken war. Sie hatte die schwierige Aufgabe, eine Firmenkultur zu ändern, in der ein großer Teil des Personals zu Hause blieb (und den Zusammenhalt sowie die Konzentration auf Zusammenarbeit verloren hatte). Trotz des Protestgeheuls vieler Mitarbeiter eliminierte Yahoo! die Heimarbeit Anfang 2013 und legte den Beschäftigten, die nicht ins Büro kommen konnten oder wollten, die Kündigung nahe. Dies ist ein ernstes Problem für viele Unternehmen, obwohl die flexiblen Arbeitsverträge weiter auf dem Vormarsch sind. Teammitglieder müssen eng miteinander verbunden sein, um Leistungen auf höchstem Niveau bringen zu können. Stellen Sie sich ein SEAL-Team vor, dessen Mitglieder aus der Entfernung über E-Mail und mit Konferenzanrufen kommunizieren und einander nur an dem Tag sehen, an dem sie Bin Laden schnappen sollen.

Heißt das, dass Angestellte nicht aus der Entfernung arbeiten können? Ob es uns gefällt oder nicht, es gibt keinen Ersatz für den direkten Blickkontakt zwischen Menschen und für persönliche Beziehungen. Außerdem ist es schwierig, Vertrauen zu jemandem zu entwickeln, der nicht »im Büro« ist. Wenn es Ihnen unmöglich ist, alle Mitarbeiter im Büro zu haben, hier ein paar Tipps für vertrauensbildende Maßnahmen:

- Setzen Sie nach Möglichkeit Videokonferenzen ein. Ich verwende dafür häufig Skype.
- Pochen Sie bei wichtigen programmatischen Treffen auf persönliche Anwesenheit. Wenn jemand nicht dabei sein kann, schalten Sie diese Personen per Videokonferenz zu.
- Führen Sie zur Koordinierung der Arbeit wöchentliche Einsatzbesprechungen ein – Teilnahme in Person oder per Telefonkonferenz.
- Feiern Sie den Abschluss von Projekten und ermuntern Sie die Leute zur persönlichen Teilnahme.
- Erleichtern Sie persönliche Begegnungen von Gruppenmitgliedern.

Als ich das landesweite Beratungsprogramm für SEAL-Kandidaten einführte, machte ich es mir zur Aufgabe, jedes der 26 Rekrutierungsbüros im Land zu besuchen. Ich hätte an meinem Schreibtisch hocken bleiben und mich der Illusion hingeben können, dass die Arbeit per E-Mail erledigt werden konnte. Tatsächlich war ich nicht vertraglich verpflichtet, mich in den Rekrutierungsbezirken aufzuhalten, schon gar nicht zwei Wochen im Monat auf eigene Kosten. Raten Sie, was passierte? Alle kommandierenden Offiziere und Rekrutierungsteams waren begeistert von den Besuchen. Es wurden viele Fragen und Probleme aufgeworfen, die andernfalls nicht an die Oberfläche gekommen wären. Das Programm wurde ein großer Erfolg.

Die Strategen in der Etappe, ob Firmenchefs oder SEAL-Offiziere, genießen den Luxus, sich für ihre Entscheidungen ausreichend Zeit nehmen zu können, sodass ihre Sicherheit gewährleistet ist, doch ihre Abkoppelung von der Realität an der Front macht es ihnen oft schwer, den Informationen, die von den Leuten vor Ort kommen, zu vertrauen und die beste Vorgehensweise zu erkennen. Auf der einen Seite können sie die Entscheidung gut abwägen, weil sie sich in einer strategischen Position befinden und Berater zur Seite haben. Auf der anderen Seite fließen oft keine an der Front gesammelten Erkenntnisse in die Entscheidungen ein. Sie kommen zur falschen Zeit oder ergeben in der unmittelbaren Situation keinen Sinn für den vor Ort Ausführenden.

Ich habe die Erfahrung gemacht, dass im Hauptquartier aufgrund mangelnden Vertrauens mehr schlechte als gute Entscheidungen fallen. Daher ist es wichtig, den Meinungen und Entscheidungen der Menschen an der Front, die näher am Geschehen sind, zu trauen. Wenn Führer fern von der Front Mikromanagement betreiben, schwindet das Vertrauen aller Beteiligten in eine Entscheidung, und die Frontoffiziere werden aus Angst vor Kritik und Zurechtweisung auch dann zögern, zum Telefonhörer zu greifen, wenn sie sich ihres Urteils sicher sind. Das führt zu einer Leistungsminderung und zu kostspieligen Fehleinschätzungen. Im Gegensatz dazu erlauben Führer, die vom Hauptquartier aus nur das Makromanagement übernehmen, dem Frontteam, den Gegebenheiten vor Ort angemessene Entscheidungen zu fällen. So kann man sich in der Etappe auf die Entscheidungen beschränken, die der jeweiligen Ebene angepasst sind, etwa wie eine Mission unterstützt und in die richtige Bahn gelenkt werden kann. Man kann sich mit den Unwägbarkeiten auseinandersetzen und den Ausführenden Rückendeckung geben, indem man sie mit Ausrüstung versorgt und die Verantwortung übernimmt, wenn die Fronteinheit die Sache verpatzt. Das Vertrauen in die Entscheidungen des Frontteams erlaubt es der Führung, mit höherem Tempo und größerer Flexibilität zu handeln, die Kosten zu senken und die Ergebnisse zu verbessern. Stellen Sie sicher, dass die Ausführenden den Plan kennen, vertrauen Sie darauf, dass sie ihre Arbeit machen werden und ziehen Sie sich zurück.

## SOPs – Standardverfahren

Standardverfahren oder Standardvorgehensweisen sind vereinfachte Routineabläufe für häufig wiederkehrende Aufgaben, die den Männern an der Front erlauben, den Kopf frei zu haben. Sie erlauben ihnen, ihre Aufgaben gleichsam mit dem Autopiloten durchzuführen, während sie ihre wertvollen Ressourcen nutzen können, um sich mit dem kleinen Prozentsatz von Problemen auseinanderzusetzen, die neu und einmalig sind. Für die SEALs wären das etwa Abläufe wie die Planung der Mission und die Einsatzbesprechung, die Organisation spezifischer Routineaufgaben (z. B. Patrouillen in der Region, Hubschrauberflüge, Eindringen in eine Anlage bei einem Angriff) sowie Kommunikationsprotokolle. Wir trainieren diese Abläufe so lange, bis jeder SEAL sie jederzeit mit Präzision ausführen kann. So können die Akteure ihre wertvolle Zeit und Energie für die Planung schwierigerer Aspekte einer Mission nutzen und unmittelbar auf die Veränderungen in der Umgebung reagieren.

Sehen wir uns die Einführung eines neuen Produkts auf dem Markt an. Die Grundfunktionen – zum Beispiel Projektmanagement, Management der Urheberrechte, Vermarktung, Aufbau einer Website und Optimierung der Suchmaschine – folgen jedes Mal dem gleichen Ablauf. Deshalb wird eine Aufgabe beim zweiten oder dritten Mal leichter, vorausgesetzt die Organisation ist lernfähig und muss nicht jedes Mal das Rad neu erfinden. Diese Prozesse sind praktische Routineabläufe, ohne die keine Markteinführung möglich ist (zumindest keine erfolgreiche). Daher eignen sie sich zur Anwendung von Standardverfahren. Genauso können Sie bestimmte Probleme, die immer wieder auftauchen – beispielsweise Serverabstürze oder Verspätungen in der Produktion – voraussehen und entsprechende Notfallpläne gestalten. Natürlich sind unabhängig davon bei jeder neuen Markteinführung die Feinheiten der Verkaufskampagne zu planen und umzusetzen – jedes Produkt spricht einen anderen Zielmarkt mit anderen

Versprechungen an. Wenn Ihr Team bereits die üblichen Abläufe automatisch durchführen kann, hat es die Möglichkeit, seine ganze Zeit und Kreativität darauf zu richten, herauszuarbeiten, was ein Produkt einmalig macht, und innovative Wege zu finden, um seine idealen Abnehmer zu erreichen. Und wenn etwas Unvorhergesehenes eintritt, etwa die Veröffentlichung einer neuen Studie, die die öffentliche Wahrnehmung des Produkts beeinflusst, können Sie schnell Ihren Schwerpunkt verlagern und das Problem bekämpfen, ohne sich Sorgen um den Fortgang der Mission machen zu müssen.

Einige Bereiche, in denen Sie SOPs entwickeln können, sind:

• Kampfrhythmus – tägliche, wöchentliche, monatliche, vierteljährliche und jährliche Planung
• Chancenanalyse unter Anwendung der KISS-Methode
• Kommunikationsprotokolle, speziell E-Mails, Meetings, Briefings und Medienanfragen
• Notfallpläne für Naturkatastrophen und Ereignisse wie Schießereien oder Entführungen

Die Entwicklung von Standardverfahren setzt bei der Analyse der kritischen Knotenpunkte eines Prozesses an. Kritische Schnittstellen sind Bestandteile eines Prozesses, die im Fall der Störung ein ganzes System wie ein Kartenhaus einstürzen lassen.

Entwickeln Sie Standardverfahren zum Schutz kritischer Knotenpunkte und zur Bekämpfung von Fehlern, die trotz aller Anstrengung aufgetreten sind. Setzen Sie auch Ressourcen ein, um Systeme zu stabilisieren, die unbedingt intakt bleiben müssen, damit sie sich nicht später zu Störfaktoren entwickeln. Wie die meisten Konzepte kann man auch dieses alleine, im Team oder in der Organisation entwickeln. Welche Systeme oder Abläufe würden im Fall von Fehlern die ganze Mission stoppen? Welche Systeme und Aktivitäten würden Ihre Fähigkeit zu flexiblem Handeln und Tempo direkt beeinflussen?

Mein Kommandant beim SEAL-Team 3, Commander McRaven, führte eine Analyse der kritischen Knotenpunkte des Teams durch, als er 1994 das Kommando übernahm. Er stellte fest, dass unsere Infrastruktur und allgemein unsere Politik uns am besten auf einen Krieg in Südostasien vorbereiteten – wir waren immer noch für einen Einsatz in Vietnam gerüstet. Außerdem fehlten uns die notwendigen Sprachkenntnisse, um Flexibilität und kulturelles Einfühlungsvermögen in der Region zu entwickeln, die er als Amerikas nächstes Schlachtfeld betrachtete, das heißt im Nahen Osten. Da er erfasste, dass die Schwächen dieser Knotenpunkte die Fähigkeit des Teams, neuen Bedrohungen außerhalb Südostasien zu begegnen, beeinträchtigen konnten, entwickelte er einen Präventionsplan. McRaven richtete den Ressourceneinsatz auf den Nahen Osten aus und schickte seine Männer in Arabisch- und Farsi-Kurse. Indem er die kritischen Knotenpunkte stabilisierte, ohne seine Mission als kommandierender Offizier zu vergessen, die darin bestand, uns für maritime Spezialeinsätze zu trainieren und zu positionieren, bereitete er uns nicht auf einen vergangenen, sondern auf einen zukünftigen Krieg vor. Als al-Qaida im Jahr 2001 angriff, reagierte das SEAL-Team 3 dank McRavens Bemühungen schnell und flexibel.

Wenn Sie Ihre kritischen Knotenpunkte identifiziert haben, müssen Sie die Routineabläufe von den wechselnden Aufgaben trennen, um ihre zentrale Rolle im Gesamtablauf des Unternehmens zu wahren und bestimmte, häufig wiederholte Missionen zu realisieren. Sie sollten auch bedenken, welche einmaligen Aufwendungen nötig sind, um die kritischen Knotenpunkte zu stärken; so können Sie Ihre Missionen im Visier behalten. Entwickeln Sie schließlich Standardverfahren für die Routineabläufe (üblicherweise Listen oder auch Programmablaufpläne, die Aufschluss darüber geben, wer eine bestimmte Aufgabe zu erledigen hat) und üben Sie sie, bis das Team sie wie im Schlaf durchführen kann. So kann das Team wertvolle Energie sowie Planungs- und Durchführungszeit auf die wichtigen und neuen Aufgaben der Mission richten.

Jedes Teammitglied, das für die Durchführung einer bestimmten Aufgabe zuständig ist, muss die entsprechenden Standardverfahren beherrschen. Für kompliziertere oder kritische Standardverfahren, etwa diejenigen an kritischen Knotenpunkten, müssen Sie sicherstellen, dass zumindest zwei Teammitglieder dieselben Verfahren beherrschen, genauso wie Pilot und Kopilot die Checklisten für den Flug mit einer Boeing 747 beherrschen lernen. Gleichzeitig müssen Sie Standardverfahren für den Umgang mit Notfällen entwickeln und schriftlich festhalten, denn, wie schon gesagt, kein Plan überdauert den ersten Feindkontakt.

Standardverfahren können nicht über Nacht entwickelt und trainiert werden. Wenn Sie sie aber erst einmal effektiv einzusetzen gelernt haben, erlaubt Ihnen dieser einfache Dokumentations- und Übungsprozess bei konsequenter Anwendung, Ihr Vorgehen mit der für eine offensive Einstellung charakteristischen Geschwindigkeit und Präzision zu planen und auszuführen.

## Schießen, vorrücken, kommunizieren

Flexibilität und Tempo sind für Führungskräfte im modernen Geschäftsumfeld, das immer mehr einem Schlachtfeld ähnelt, entscheidend und eine wesentliche Komponente einer offensiven Einstellung. SEAL-Führer bleiben flexibel, indem sie die situative Aufmerksamkeit aufrechterhalten, zuverlässige Standardverfahren entwickeln und anwenden, Redundanzen und Notfälle einplanen und sich die Fähigkeit aneignen, die »Feuerkraft umzuleiten«, das heißt, Neues ohne Angst vor Fehlschlägen auszuprobieren und aus Fehlern zu lernen. Diese Flexibilität ermöglicht dem Führer, bei einer Mission das Tempo aufrechtzuerhalten. Um in der Hitze des Gefechts die Flexibilität und das Tempo zu steigern, wenden die SEALs das Verfahren »Schießen, vorrücken, kommunizieren« an, das auch als »BOEH-Schleife« bezeichnet wird. Geprägt vom verstorbenen Luftwaffenoberst John Boyd, kann dieses einfache und elegante Instrument auch Führungskräften im Geschäftsleben helfen, Flexibilität und Tempo bei ihren Geschäftsentscheidungen zu wahren.

»Schießen, vorrücken, kommunizieren« beruht auf einem militärischen Entscheidungsfindungskonzept mit den Bausteinen »Beobachten, Orientieren, Entscheiden, Handeln« (BOEH, englisch OODA für »Observe, Orient, Decide, Act«). BOEH wurde entwickelt, um im Luftkampf in Sekundenbruchteilen Entscheidungen über Leben und Tod zu fällen. Genau diesen Prozess benötigen wir auch für schnelle Entscheidungen im Geschäftsleben. Die BOEH-Schleife ist ein mentales Modell, das Sie zwingt, Informationen schnell zu verarbeiten und zu nutzen. Mit seiner Hilfe können Sie sehr schnell entscheiden. Sie lernen zu vermeiden, Dinge zu lange zu analysieren, und Sie werden nicht zu halben Lösungen neigen, die oft aus Gruppenentscheidungen hervorgehen.

Boyd machte die einfache, aber entscheidende Beobachtung, dass das Pendel zu unseren Gunsten ausschlägt, wenn wir unseren eigenen Entscheidungsprozess beschleunigen und den unseres Gegners verlangsamen. Sie können Ihren Entscheidungsprozess beschleunigen, indem Sie Standardverfahren anwenden, effektiv langfristig planen und aggressiv Entscheidungen fällen. Das Tempo und der Überraschungseffekt blockieren den Feind (Konkurrenten) mental, indem sie ihn dazu zwingen zu reagieren. Sie halten ihn in der Defensive und verlangsamen seinen Entscheidungsprozess. Derjenige, der die BOEH-Schleife am schnellsten durchführt, wird die Oberhand behalten.

Als mein Freund Alden den Perfect Pushup auf den Markt brachte, erkannten die anderen Fitness-Firmen mit Liegestützgriffen die Gefahr nicht. Alden hatte seine Situation analysiert und festgestellt, dass sein ursprüngliches Produkt gescheitert war. Er konzentrierte sein Denken und seine schwindenden Ressourcen auf die Entwicklung eines einfacheren Geräts – des Perfect Pushup. Dann entschied er sich für eine Direktmarketingstrategie, die die gewohnten Marketingkanäle der Konkurrenz umging, womit er sie überraschte und ihr keine Zeit zum Reagieren ließ. Während seine Konkurrenten an traditionellen Vertriebsmodellen für ihre Trainingsgeräte festhielten – dem Verkauf über große Einzelhandelsketten wie Walmart, Target und Sport Authority –, sprach Alden durch gezielte Werbung in Zeitschriften und Werbespots die Kunden direkt an. Schnell gewann er die Aufmerksamkeit seiner Zielkunden und hielt den Druck durch tiefere Marktdurchdringung mit weiteren Werbespots aufrecht, wobei er seine ersten Gewinne in das Marketing reinvestierte. Erst als Perfect Pushup gut im Bewusstsein der Kunden verankert war, platzierte er sein Produkt neben denen seiner Konkurrenten in den Regalen. Er setzte die BOEH-Schleife fort: Er fällte seine Entscheidungen in immer kürzeren Abständen, während die Konkurrenz auf Grund des langsameren Entscheidungsprozesses zurückfiel.

Ein offensiver Führer übertreibt den Planungsprozess nicht. Passen Sie sich geänderten Umständen – die Umstände ändern sich laufend – an, indem Sie die BOEH-Schleife einsetzen (mehr dazu im Übungsteil).

Offensives Denken in allen Situationen richtet das Denken und die Einstellung auf eine offensive, aktive Bemühung. So können Sie allen Problemen mit unerschütterlichem Vertrauen in Ihre Fähigkeit zum Sieg begegnen. Während die Konkurrenz ihre Mittel zum Selbstschutz einsetzt oder auf Nummer sicher geht, um Verluste zu vermeiden, sammeln Sie Ihre Kräfte und handeln; gleichzeitig registrieren Sie Veränderungen und passen sich dem Wandel durch Ihre Fähigkeit zu ungewöhnlich effektivem Handeln blitzschnell an. Gestützt auf Ihre geschärfte Aufmerksamkeit werden Sie so schnell und professionell handeln, dass Ihre Konkurrenten Sie nicht einmal wahrnehmen werden – auch dann nicht, wenn Sie an ihnen vorbeiziehen, um eine Gelegenheit beim Schopf zu packen. Warum nicht? Weil Sie die SEAL-Methode anwenden, die Ihnen einen Vorsprung verschafft und Ihnen dabei hilft, in jeder Situation zu siegen.

# Übungen

## Der gelbe Radar

Mit dieser Übung lernen Sie, immer im »gelben Bereich« der passiven Aufmerksamkeit zu bleiben. Wenn Sie zum Beispiel in ein Restaurant gehen, sollte der »gelbe Radar« eingeschaltet sein. Scannen Sie die Umgebung vor dem Restaurant und speichern Sie ab, was Sie beobachten. Versuchen Sie festzustellen, wie viele Menschen dort versammelt sind und was sie tragen. Achten Sie auf Verhaltensmuster. Als Nächstes filtern Sie die Umgebung nach allem, was nicht in das Muster passt. Wartet dort beispielsweise jemand, der alleine essen will? Gibt es jemanden, der nicht den Eindruck erweckt, ein bestimmtes Ziel zu haben oder etwas Bestimmtes vorzuhaben? Notieren Sie einfach alles Ungewöhnliche (ohne paranoid zu werden), und verlassen Sie sich auf Ihren Instinkt, um ein Gefühl für die Vorgänge in Ihrer Umgebung zu entwickeln.

Wenn Sie das Restaurant betreten, scannen Sie den Raum wie zuvor das äußere Umfeld. Achten Sie auf Muster und alles, was nicht passt. Bitten Sie den Kellner, Ihnen einen Platz am hinteren Ende des Raumes zu geben, von wo aus Sie während des Essens beiläufig das Geschehen beobachten können. Führen Sie geistig Protokoll über die Vorkommnisse im Restaurant. Bleiben Sie im passiv beobachtenden »gelben« Bereich. Wiederholen Sie diese Übung, wenn Sie ins Kino, ins Einkaufszentrum oder auf die Bank gehen. So erreichen sie einen ständigen Zustand erhöhter Aufmerksamkeit, der Ihnen zu Hause, am Arbeitsplatz, auf Reisen und sogar beim Spielen nützlich sein wird.

## Entwickle deine eigenen Standardverfahren

Durch offensives Denken rüsten Sie sich für die Zukunft. Sie lenken Ihre Konzentration auf Ihre Fähigkeit zu schnellem und richtigem situationsbedingten

Handeln. Um die Bereiche Ihrer Firma zu identifizieren, in denen Sie Standardverfahren entwickeln können, stellen Sie sich folgende Fragen:

• Welche Abläufe oder Aktivitäten wiederhole ich und mein Team häufig?
• Was sind die kritischen Knotenpunkte dieser Prozesse?
• Welche Kernaufgaben in Verbindung mit diesen entscheidenden Schnittstellen sind wiederholbar, messbar, trainierbar?

Halten Sie nun Ihre Standardverfahren Schritt für Schritt schriftlich fest und entwickeln Sie für alle Akteure einen einfachen Trainingsplan. Wenden Sie für optimale Ergebnisse das Modell »krabbeln, gehen, rennen« an: Achten Sie zunächst auf Genauigkeit bei der Ausführung der Aufgabe, gefolgt von Genauigkeit bei mäßigem Tempo. Das Ziel ist die genaue Ausführung bei hohem Tempo. Vergessen Sie nicht, Leerläufe einzuplanen für den Fall von unerwarteten Problemen – vergessen Sie nicht: die Welt ist chaotisch, und das Schicksal begünstigt diejenigen, die vorgebaut haben.

## BOEH-Schleifen

Die BOEH-Schleife ist ein schnelles Planungsinstrument – erinnern Sie sich an den ursprünglichen Einsatz im Luftkampf. Führungskräfte im Geschäftsleben setzen dieses Instrument am besten dann ein, wenn sie unter Druck stehen, schnelle Entscheidungen in einem im Fluss befindlichen Umfeld zu fällen (denken Sie an das Beispiel des Perfect Pushup).

**Beobachten** Sie die Position, die Sie im Verhältnis zu Ihrer Konkurrenz einnehmen. Wie wird der nächste Zug der Konkurrenten Sie beeinflussen? Nutzen Sie die situative Aufmerksamkeit, um sowohl die Details als auch das gesamte Bild im Auge zu behalten. Ihr Produkt beispielsweise ist das erste auf dem Markt und von höherer Qualität, jedoch eines der teureren Produkte im Segment. Sie beobachten, dass Ihre Konkurrenz eine billigere Kopie auf den Markt bringt, und Sie rechnen damit, dass sie Sie überholen wird.

**Orientieren** Sie sich so schnell wie möglich an der neuen Realität, vorerst ohne aktiv zu werden. Was ist Ihr Ziel: Wollen Sie die Konkurrenz ausstechen und um jeden Preis Marktanteile zurückgewinnen, oder wollen Sie die Qualität halten, was bedeuten könnte, dass Sie neue Märkte erschließen müssen, Märkte, die Qualität schätzen und weniger preissensibel sind? Wollen Sie die Produktlinie aufgeben, um eine neue aufzubauen, oder neue Wege finden, um die Kunden über den Wert aufzuklären? Was für Auswirkungen wird eine Preissenkung auf Ihre Gewinnspanne haben? Wie wird Ihre Konkurrenz reagieren? Wird sie einen Preiskrieg beginnen, und was würde das für Ihre Firma bedeuten? Sich zu orientieren bedeutet, die gesammelte Information schneller als im normalen Planungskreislauf aufzunehmen und auszuwerten. Bei SEAL-Operationen bedeutet die BOEH-Schleife nahezu Echtzeit. Bei einer Firma kann das bedeuten, dass Planungszyklen von Monaten auf Wochen und Tage verringert werden.

**Entscheiden** Sie sich für eine Vorgehensweise. Das ist der Punkt, an dem Sie zur Tat schreiten. Eine gute Entscheidung in die Tat umzusetzen ist besser als die beste Entscheidung nicht umzusetzen. Fällen Sie eine gute Entscheidung, eine Entscheidung, die Ihre BOEH-Schleife beschleunigt und Ihnen die Chance gibt, die anderen Akteure in Ihrem Katz-und-Maus-Spiel zu bremsen. In unserem Beispiel bedeutet das, Ihr Produkt mit einer Informationskampagne zu stützen, in der Sie seine überlegene Qualität und das Prestige, es zu besitzen, hervorheben, um sich von der Konkurrenz abzuheben. Parallel dazu beanspruchen Sie gerichtlichen Schutz für Ihre Urheberrechte. und veranlassen Ihre loyalen Kunden, in Blogs darüber zu schreiben, dass Ihr Produkt wunderbar ist und dass man sich vor Imitaten in Acht nehmen muss.

Handeln Sie und holen Sie sofort Feedback ein. Prüfen Sie die Blogs der Meinungsführer in Ihrem Bereich und registrieren Sie jede Reaktion Ihrer Konkurrenz. Ziehen Sie Lehren aus jedem Feedback, beginnen Sie erneut mit der Beobachtung und durchlaufen Sie die Schleife von Neuem.

# Trainieren nach der SEAL-Methode

»Möglicherweise werden wir nie erfahren, welche Ergebnisse unsere Handlungen haben. Aber wenn wir nicht handeln, wird es keine Ergebnisse geben.«

*Mahatma Gandhi, indischer Menschenrechtsaktivist und Politiker (1869–1948)*

Ich bin fest davon überzeugt, dass wir uns ab einem bestimmten Alter zurückentwickeln, wenn wir im Leben nicht unentwegt nach Wachstum streben. Offensichtlich gilt das für unseren Körper: Überlassen wir ihn dem natürlichen Gang der Dinge, so entwickelt sich der menschliche Körper, erreicht am Ende seiner Reifezeit einen Leistungszenit, auf dem er eine Weile bleibt, beginnt langsam zu degenerieren und verliert anfangs langsam und im Lauf der Zeit schneller an Kraft. Wir können unseren Körper jedoch mit richtiger Ernährung und geeigneten Aktivitäten dazu anregen, entsprechend den verschiedenen Lebensphasen weiter zu wachsen. Aber dasselbe gilt auch für unsere geistige Leistungsfähigkeit, die um die Mitte unseres dritten Lebensjahrzehnts weitgehend entwickelt ist. Aber was geschieht danach? Wir können uns weiter um stetige Verbesserung bemühen, oder wir können es dabei belassen, dass wir sind, wer wir sind.

Wir müssen keineswegs auf dem intellektuellen Niveau verharren, das wir als junge Erwachsene erreicht haben, sondern können unsere geistigen Fähigkeiten weiterentwickeln. In diesem Buch zeige ich Ihnen, wie Sie das bewerkstelligen können. In Ihrem Training werden Sie die Prinzipien fest in Ihr Leben integrieren, sodass sie ein Teil von Ihnen werden und Ihre gegenwärtige und zukünftige Realität prägen. Die Werkzeuge werden Ihnen auf dem Weg dienen, und Sie werden immer wieder überrascht feststellen, dass Sie den nächsten Schritt getan haben, um die Klarheit, den Fokus und die Kraft zu entwickeln, die Sie brauchen, um außergewöhnliche Resultate zu erzielen.

Bevor wir beginnen, ist eine Warnung angebracht: Vollkommenheit gibt es nicht. Wir alle weisen verblüffende Mängel auf. Aber es gibt sehr wohl die *vollkommene Bemühung*. Durch vollkommene Bemühung werden Sie trotz zeitweiliger Rückschläge und gelegentlicher Misserfolge erfolgreich trainieren. (Denken Sie daran: Jeder Fehlschlag ist eine Gelegenheit, zu lernen und zu wachsen.) Sie werden Tag für Tag in jeder Hinsicht besser und besser werden. Selbst wenn Sie jeden Tag nur um 1 Prozent besser werden, sind Ihnen verblüffende Resultate sicher. Sie werden täglich auf eine Art und Weise trainieren und üben, die Ihrem gegenwärtigen Zustand angemessen ist. Im Lauf der Zeit werden Sie den Trainingsplan entwickeln, um ihn Ihren veränderten Bedürfnissen und Ihrem Reifungsprozess infolge der Arbeit anzupassen. Sehen wir uns die Grundlagen des Trainings genauer an, bevor wir uns daranmachen, den Trainingsplan zu entwerfen.

# Langsam ist fließend, fließend ist schnell

»Gib niemals einen Traum auf, weil es lange dauern wird, ihn zu verwirklichen. Denn die Zeit vergeht, ob du es versuchst oder nicht.«
*Earl Nightingale (1921–1989), amerikanischer Motivationsredner und Autor*

Als ich mit diesem integralen Training begann, dachte ich, ich könne meine Entwicklung einfach dadurch beschleunigen, dass ich härter arbeitete. Ich versuchte, mit Zen-Meditation, Karateklassen, Dutzenden Büchern, Seminaren und noch mehr körperlichem Training, als ich sowieso schon machte, rascher auf die nächste Stufe zu gelangen. Ich nahm an, mehr würde mich schneller dorthin bringen. Das war ein Irrtum. Diese Vorgehensweise führte nur zu Frustration und Erschöpfung, und schließlich musste ich das Training unterbrechen.

Man kann die eigene Entwicklung nicht erzwingen. Man kann sie nur ermögli-chen. Nachdem ich das verstanden habe, ermutige ich Sie, die Methode »Lang-sam ist fließend« anzuwenden. Wenn wir unsere Bemühungen verlangsamen und die vollkommene Bemühung anstreben, saugen unser Körper und Geist die Konzepte und Techniken vollständiger auf. So können wir sie »fließend und schnell« abrufen, wenn wir handeln müssen.

Bei den SEALs wandten wir ein ähnliches Konzept an und nahmen die verschie-denen Ausbildungsphasen im Rhythmus »krabbeln, gehen, rennen« in Angriff. Wie ein Kind müssen Sie krabbeln können, bevor Sie gehen lernen, und Sie müssen gehen können, bevor Sie rennen lernen. Im »Krabbelstadium« unseres Trainings werden Sie sich die theoretischen Grundlagen und die wichtigsten Fähigkeiten aneignen – dies haben Sie in den vorangegangenen Kapiteln des Bu-ches gelernt. Das Grundlagentraining wird Sie auch in die Lage versetzen, sich schneller voranzubewegen und das Training zu vertiefen. Ohne diese Grundlage könnten Sie vom Kurs abkommen und aus dem Gleichgewicht geraten, und es bestünde sogar die Gefahr, dass Sie aus Frustration vollkommen aufgeben. Für dieses Stadium können Sie so viel Zeit aufwenden, wie Sie benötigen. Wie lange Sie sich damit beschäftigen, wird davon abhängen, von welchem Leistungsni-veau Sie ausgehen und welche zeitlichen Beschränkungen Sie haben – manche meiner Schüler brauchen nur ein paar Wochen, um aufbauend auf den Grund-lagen zu beschleunigen, während andere bis zu einem Jahr damit verbringen. Verinnerlichen Sie den Prozess und genießen Sie es, sich die neuen Fähigkeiten anzueignen.

Normalerweise werden Sie den Prozess nach ein oder zwei Monaten regelmäßi-gen Trainings beschleunigen wollen. Nun treten Sie ins Stadium des »Gehens« ein: Mittlerweile sind Sie mit den Praktiken vertraut und sehen Fortschritte, aber Sie haben das Training nicht vollkommen verinnerlicht und es sich noch nicht zur Gewohnheit gemacht. Sie beginnen, die körperliche und gegenseitige Kontrolle und die emotionale Robustheit zu entwickeln, um die Herausforde-rungen des Lebens zu bewältigen. Sie spüren die Erleichterung über ein verein-fachtes Leben und sehen Ergebnisse, weil es Ihnen gelingt, Ihre Missionen zu jedem Zeitpunkt im Visier zu behalten. Sie beginnen, anders auf andere Men-schen zu wirken – ungewöhnlich selbstsicher und erfolgreich. Aber im Stadium des Gehens müssen Sie zahlreiche Hindernisse überwinden: Manch einer bricht das Training an diesem Punkt ab und fällt in sein gewohntes Verhalten zurück, sobald die Begeisterung über all das Neue nachlässt. Dieses Kapitel enthält einige Tipps dazu, wie Sie angesichts dieser Herausforderung Kurs halten können.

Im letzten Entwicklungsstadium, beim »Rennen«, bringen Sie in einem Strom unbewusster Kompetenz ständige Höchstleistungen. Denken Sie daran: Den Weg des SEAL zu gehen, bedeutet nicht, hart zu arbeiten, bis man einen mystischen Bestimmungsort erreicht, den Ritterschlag erhält und in eine Tafelrunde aufgenommen wird. Ich spreche vom »Weg«, weil Ihnen diese Methode eine Richtung für Ihre Reise gibt und Sie mit einer Strategie, Taktiken, Werkzeugen und der Motivation ausstattet, die Sie auf dieser Reise brauchen werden. Wenn wir den Weg des SEAL beschreiten, entwickeln wir auf der Reise wachsende Bewusstheit und Kraft. Wenn Sie diesen Weg einmal beschritten haben, beginnen Sie herausragende Ergebnisse zu erzielen, indem Sie gewöhnliche Dinge außergewöhnlich gut tun. Und diese Art des Handelns wird schließlich zu einem natürlichen Bestandteil Ihres Wesens werden. Das ist die Meisterschaft.

# Das integrale Entwicklungsmodell für den Weg des SEAL

»Ein unbewusst gelebtes Leben ist nicht wert, gelebt zu werden.«
*Sokrates (469–399 v. Chr.), griechischer Philosoph*

In diesem Buch halte ich Sie an, eine Vielzahl von Fähigkeiten zu erwerben und zu vertiefen, die Sie in die Lage versetzen werden, wie ein Elitesoldat zu denken und zu handeln, um in Ihrem Leben außergewöhnliche Ergebnisse zu erzielen. Um Ihnen zu helfen, diese Fähigkeiten zu erwerben und zu beherrschen, biete ich Ihnen eine Reihe von Übungen und Werkzeugen an. Zum Beispiel ist »Stille Wasser gründen tief« eine Technik, die Ihnen helfen wird, die »heilige Stille« zu finden, in der Sie die geistige Präsenz oder Aufmerksamkeit pflegen können.

FITS, PROP und SMAKK sind Werkzeuge für die Planung von Missionen, die Ihnen dabei helfen werden, ihre Ziele im Visier zu behalten. Ich habe auch verschiedene Praktiken beschrieben, ohne direkte Anleitungen dazu zu geben, weil ich annehme, dass Sie bereits wissen, worin sie bestehen, oder sich eine genauere Anleitung für jene Praktiken suchen werden, die Sie anwenden wollen. Yoga zum Beispiel ist eine Praktik, die ich meinen Schülern empfehle, weil sie alle »fünf Berge« beinhaltet und viele Fähigkeiten verstärkt, in denen geistige Präsenz und bewusste Wahrnehmung gefordert sind, einschließlich physiologische Kontrolle, Aufmerksamkeitssteuerung, Flexibilität, Kernstärke und andere.

Mittlerweile ist Ihnen vermutlich bewusst, dass einige dieser Praktiken dazu bestimmt sind, bei Bedarf angewandt zu werden, während andere Aktivitäten am wirksamsten sind, wenn sie regelmäßig durchgeführt werden, und sei es auch nur für einige Minuten. Eine der besten Methoden, um all diese Information in einen integralen Trainingsplan einzubauen, besteht darin, ein morgendliches und abendliches Ritual zu entwickeln. Eine Anleitung dazu finden Sie in Anhang 2. Selbst wenn es sehr kurz sein muss, empfehle ich Ihnen, für den Anfang zumindest diese Trainingsbestandteile zu verwenden, die eine Reihe von wichtigen Übungen zu einer täglichen Sequenz verbinden. Sie werden Ihnen dabei helfen, Ihren Bemühungen eine Richtung zu geben und gleichzeitig jeden Tag mit einer wirkungsvollen Trainingseinheit zu beginnen und zu beenden. Ich habe die Erfahrung gemacht, dass die Morgen- und Abendrituale für meine Schüler unverzichtbar sind, weil sie gewährleisten, dass Sie jeden Tag den mentalen, emotionalen, intuitiven und spirituellen Berg mit grundlegenden Techniken festigen. Das Morgenritual eignet sich besonders gut dazu, Sie mit positiver Energie für den Tag zu erfüllen, sodass es Ihnen besser gelingen wird, Übungen an Ihrem ruhigen Ort durchzuführen und Ihre neuen Fähigkeiten wirksamer einzusetzen. Das Abendritual ist die perfekte Ergänzung, hilft es Ihnen doch, das im Lauf des Tages Geleistete zu verarbeiten, die wichtigsten Lektionen oder Erkenntnisse zu verinnerlichen und sich in einem Gefühl der Zufriedenheit bezüglich des Geleisteten und zuversichtlich bezüglich der Zukunft schlafen zu legen.

In Anhang 2 finden Sie auch Erläuterungen zu zwei weiteren Ritualen: dem Vor-Ereignis-Ritual und dem Nach-Ereignis-Ritual. Vor oder nach einem Wettkampf oder einer geschäftlichen Sitzung absolviert, sorgen diese Rituale für optimale Leistung und ermöglichen Ihnen einen guten Abschluss der Erfahrung, indem sie Ihnen dabei helfen, festzustellen, wo Sie herausragende Leistungen erbracht haben und wo es noch Spielraum für Verbesserungen gibt. Diese Praktiken ermöglichen es Ihnen, auch Rückschlägen oder Fehlern etwas Positives abzugewinnen, aus der Erfahrung zu lernen, den Trainingsplan den neuen Erkenntnissen anzupassen und sich wieder der Gegenwart zuzuwenden.

Zusätzlich zu den Ritualen werden Sie – abhängig von Ihrer Erfahrung in der persönlichen Entwicklung, Ihren zeitlichen Beschränkungen und Ihren spezifischen Erfordernissen – verschiedene andere Übungen und Praktiken in Ihren Trainingsplan aufnehmen, um auf dem Weg des SEAL voranzukommen. Zur Erinnerung: Integrales Training bedeutet, dass Sie die fünf Fähigkeiten der »fünf Berge« trainieren werden, die ich in der Einleitung des Buches kurz behandelt habe. Dies sind:

1. **Physisch:** Entwicklung der funktionalen Fitness und der Körperbeherrschung.
2. **Mental:** Entwicklung der Konzentration und der geistigen Robustheit.
3. **Emotional:** Entwicklung der emotionalen Kontrolle und Widerstandsfähigkeit.
4. **Intuitiv:** Entwicklung von bewusster Wahrnehmung und Intuition.
5. **Spirituell:** Entwicklung Ihres Geistes oder *kokoro*, Verschmelzung von Herz und Verstand im Handeln.

Diese Fähigkeiten umfassen die acht Prinzipien der SEAL-Methode und sind so eng miteinander verflochten, dass es kaum möglich ist, sie getrennt voneinander zu schulen. Stattdessen werden Sie fähigkeitenübergreifend trainieren, um die »fünf Berge« gemeinsam zu entwickeln, und das wiederum wird Sie in dem Bemühen unterstützen, die Prinzipien der SEAL-Methode zu beherrschen. In diesem Buch habe ich mich vor allem auf den mentalen, den emotionalen und den intuitiven Berg und darauf konzentriert, dass die Schulung dieser Fähigkeiten Ihre Kriegermentalität auf natürliche Art festigen wird. Mit dem physischen Berg habe ich mich nicht eingehend beschäftigt. Aber in diesem Kapitel werden Sie sehen, dass sämtliche Trainingspläne die körperliche Aktivität als notwendigen Bestandteil beinhalten.

Die körperliche Aktivität beziehe ich aus demselben Grund in das Training ein, aus dem ich meine SEALFIT-Schüler zuerst körperlich trainiere: Im körperlichen Training sind Fortschritte – oder mangelnde Fortschritte – am leichtesten zu sehen. Ich will, dass meine SEALFIT-Schüler (und Sie) körperliche Grenzen überwinden, denn die Überwindung dieser Hindernisse macht es uns leichter, die vier anderen Berge zu überwinden. Zudem wird Ihnen das körperliche Training helfen, die Kontrolle über Ihren Körper zu erlangen, und es wird eine gesunde und stabile Grundlage für Ihr gesamtes Leben sein.

Wenn Sie Ihren Plan für das körperliche Training zusammenstellen, rate ich Ihnen dringend, sich auf funktionale Fitness zu konzentrieren: Das Programm sollte Ihre Stärke, Widerstandsfähigkeit, Ihr Durchhaltevermögen und Ihre Arbeitsfähigkeit fördern. Die funktionale Fitness ermöglicht es Ihnen, sämtliche körperlich belastenden Aufgaben zu bewältigen, gleichgültig, ob Sie eine 30 Kilometer lange Bergwanderung unternehmen wollen oder einfach nur die Einkaufstaschen aus dem Supermarkt nach Hause schleppen müssen. Ich empfehle Ihnen auch, das funktionale Fitnesstraining durch eine somatische, Körper und Geist umfassende Praktik wie Yoga oder Tai Chi zu ergänzen, die neben Beweglichkeit und Muskelkraft auch Konzentration, Ruhe und Selbstwahrnehmung verbessert. (Solche Praktiken erfüllen jedoch nicht sämtliche alltäglichen körperlichen Erfordernisse und sind kein Ersatz für ein körperliches Training.)

# Bestimmung des Ausgangspunkts

»Von deinem Potenzial hängt es ab, wozu du imstande bist. Deine Motivation entscheidet darüber, was du tust. Deine Einstellung bestimmt, wie gut du es tust.«
*Lou Holtz (geb. 1939), amerikanischer Sportautor und ehemaliger Footballtrainer*

Ich habe es bereits an anderer Stelle gesagt, aber es lohnt sich, es zu wiederholen: Wenn Sie wirklich etwas in Ihrem Leben ändern möchten, wird es Ihnen nicht gelingen, indem Sie sich darauf konzentrieren, was Sie *nicht* wollen. Fehlschläge zu erleben; sei es auch nur in Ihrer Vorstellung, wird lediglich Angst wecken, die entmutigend wirken wird. In diesem Buch haben Sie stattdessen gelernt, wie Sie den Erfolg im Voraus durchleben können, indem Sie sich den Sieg vorstellen und positive geistige und körperliche Energie auf das Ziel richten, das Sie erreichen wollen. Aber um den Sieg zu erringen, müssen Sie Ihren Ausgangspunkt kennen.

In diesem Abschnitt werden wir eine Selbstanalyse durchführen, die Ihnen dabei helfen wird, die für Sie geeigneten Werkzeuge und Trainingsmethoden auszuwählen. Während Sie die Fragen beantworten, wird Ihnen klar werden, ob Sie Ihre Fähigkeiten in einem bestimmten Bereich erweitern müssen. Haben Sie diesen Prozess einmal abgeschlossen, können Sie eine Liste jener Prinzipien erstellen, die Ihnen an dem Punkt, an dem Sie sich gegenwärtig in Ihrem Leben befinden, besonders wichtig scheinen – bei der Lektüre des Buchs haben Sie sich vermutlich von einem oder mehreren Prinzipien augenblicklich angesprochen gefühlt. Schließlich werden Sie eine Liste aller außerplanmäßigen Aktivitäten erstellen, denen Sie gegenwärtig nachgehen. Vielleicht machen Sie regelmäßig Yoga oder nehmen seit Jahren an CrossFit teil. Vielleicht praktizieren Sie bereits die Visualisierung und bedienen sich positiver Mantras.

Die Erkenntnisse, die Sie bei dieser Analyse sammeln, werden Sie möglicherweise dazu bewegen, einige Praktiken einzuschränken oder durch andere zu ersetzen, aber vielleicht stellen Sie auch fest, dass Sie bestimmte Erfordernisse schon jetzt erfüllen. Wenn Sie bereits ein Kampfsportler sind, können Sie vielleicht auf Yoga verzichten. Wenn Ihre funktionale Fitness bereits gut ist, müssen Sie Ihren Plan nicht durch zusätzliches körperliches Training ergänzen (vielleicht entschließen Sie sich sogar, einen Teil Ihrer Trainingszeit für andere Zwecke zu nutzen). Möglicherweise können Sie sich die Zeit, die Sie mit der Visualisierung verbringen, besser einteilen.

Sobald Sie eine klare Vorstellung von Ihrem Ausgangspunkt haben, werden wir dazu übergehen, geeignete Werkzeuge und Praktiken sowie einen »Kampfrhythmus« für Ihren maßgeschneiderten Trainingsplan auszuwählen.

# Fragen zur Selbstanalyse

## Körperlich

1. Halte ich mich an einen sorgfältig entworfenen Trainingsplan im Fitnesscenter, anstatt lediglich den Crosstrainer und ein paar Geräte zu verwenden oder ein paar Kilometer in der Nachbarschaft zu laufen?
2. Fühle ich mich in meinem Körper den ganzen Tag und während der körperlichen Aktivität wohl und stabil?
3. Bin ich in der Lage, lange Zeit stillzusitzen, ohne mich körperlich unwohl zu fühlen?
4. Schätzt mein Arzt mich entsprechend meinem Alter als gesund ein?
5. Ist mir bewusst, was ich im Lauf des Tages esse und trinke, oder nehme ich mir immer, was gerade zur Hand ist oder worauf ich Appetit habe?
6. Leide ich normalerweise nicht unter Verletzungen, Krankheiten oder allgemeinem Unwohlsein? Bin ich in der Lage, meinen Verpflichtungen ohne Probleme nachzukommen, meine Arbeit zu machen und gesellschaftlichen Aktivitäten nachzugehen?

Wenn Sie mehr als drei dieser Fragen mit »Nein« oder »Vielleicht« (was in Wahrheit »Weiß nicht« bedeutet) beantwortet haben, wäre ein umfassendes Trainingsprogramm für die funktionale Fitness ratsam für Sie. Ich empfehle Ihnen, mit einem Routineprogramm wie SEALFIT, CrossFit oder P90X zu beginnen und dreimal wöchentlich eine Stunde zu trainieren. Wenn Sie mehrere dieser Fragen mit »Vielleicht« beantworten, sollten Sie über Möglichkeiten zur Verbesserung Ihrer gegenwärtigen Routine nachdenken (es gelten dieselben Empfehlungen). Wenn Sie die meisten dieser Fragen mit »Ja« beantworten können, ist alles in Ordnung: Sie machen Ihre Sache in diesem Bereich gut und müssen nichts an Ihrem Programm ändern.

## Mental

1. Trainiere ich regelmäßig, um meine mentale Stärke zu erhalten, so wie ich meinen Körper trainiere?
2. Reagiere ich auf Belastungssituationen wie ein Flugzeugpilot, der ruhig eine Checkliste der erforderlichen Schritte in Notfällen abarbeitet? Habe ich meine Reaktion unter Kontrolle?

3. Bin ich in der Lage, die »Analyseparalyse« zu umgehen und rasch Entscheidungen zu fällen, von deren Richtigkeit ich überzeugt bin, um anschließend zu handeln?

4. Kann ich in jeder Situation problemlos zwischen Fakten und Interpretationen unterscheiden?

5. Bleibe ich normalerweise beharrlich, wenn ich mit Herausforderungen konfrontiert werde, und gebe nur selten auf?

Wenn Sie drei oder mehr dieser Fragen mit »Nein« oder »Vielleicht« beantwortet haben, sollten Sie der mentalen Entwicklung in Ihrem Trainingsplan mehr Platz einräumen. Für den Anfang sollten Sie die Vier-Punkt-Atmung und das »Stille Wasser«-Werkzeug einsetzen, um anschließend Ihr Verfahren der geistigen Neuausrichtung zu entwickeln, indem Sie täglich eine Konzentrationsübung machen, negative Einwirkungen beseitigen und ein positiv geladenes Mantra formulieren. Wenn Sie »Ja« geantwortet haben, können Sie sich auf andere Trainingsbereiche konzentrieren und sich darauf beschränken, an Ihren gegenwärtigen Übungen zur mentalen Entwicklung festzuhalten. Ich empfehle Ihnen auch die Vier-Punkt-Atmung und sämtliche Komponenten der geistigen Neuausrichtung.

## Emotional

1. Bin ich in der Lage zu verhindern, dass meine negativen emotionalen Reaktionen zu Entscheidungen, Handlungen oder Aussagen führen, die ich später bereuen werde?

2. Bin ich in der Lage, gesunde Emotionen zu fühlen und diese Emotionen produktiv auszudrücken?

3. Bin ich in einem sehr emotionalen Augenblick fähig, über negative Gefühle nachzudenken und mir bewusst zu machen, was mich antreibt? Weiß ich, was bei mir am häufigsten emotionale Reaktionen auslöst?

4. Bin ich in einer Stresssituation – beispielsweise, wenn ich im Straßenverkehr gereizt und wütend werde oder am Schalter einer Fluglinie mit einem Problem konfrontiert werde – in der Lage, meinen emotionalen Zustand zu steuern?

5. Kann ich mich an eine Situation erinnern, in der ich wütend war, mich jedoch entschloss, die Sache einfach auf sich beruhen zu lassen und auf

diese Art Frieden für alle Beteiligten zu schaffen (und zwar nicht aus Furcht vor einer Konfrontation)?

6. Fällt es mir leicht, mich auf andere Personen einzulassen und in Beziehungen offen für die andere Seite zu sein?

Wenn Sie drei oder mehr dieser Fragen mit »Nein« oder »Vielleicht« beantwortet haben, müssen Sie Ihrer emotionalen Entwicklung größere Aufmerksamkeit schenken. Die wichtigsten Werkzeuge sind eine authentische Kommunikation, emotionale Wahrnehmungsfähigkeit und die Übung zur Visualisierung der »offenkundigen Vorgeschichte«. Yoga ist hier ebenso eine gute langfristige Hilfe wie die Faktor-20-Challenges, die Sie sich selbst aussuchen. Wenn Sie diese Fragen alle mit »Ja« beantworten können, können Sie sich Intuition und Geist zuwenden.

**Intuitiv**

1. Habe ich in meinen letzten Gesprächen mehr zugehört als ich gesprochen habe?

2. Kann ich die Kleidung und das Erscheinungsbild von drei Fremden beschreiben, die ich heute gesehen habe?

3. Bilde ich mir nur langsam ein Urteil, um unangenehme Situationen zu vermeiden und keine übereilten Schlüsse zu ziehen?

4. Bin ich im Allgemeinen im Frieden mit mir? Habe ich normalerweise ein hohes Selbstwertgefühl und bin zufrieden?

5. Kann ich mich an drei Gelegenheiten in der vergangenen Woche erinnern, bei denen ich einer anderen Person aktiv und authentisch zuhörte?

6. Erkenne ich intuitive Einfälle oder Einsichten an, oder tue ich sie als zufällig oder unbedeutend ab?

Wenn Sie drei oder mehr dieser Fragen mit »Nein« oder »Vielleicht« beantwortet haben, schlummert Ihre Intuition. Wecken Sie sie auf! Die wichtigsten Werkzeuge, die Ihnen dafür zur Verfügung stehen, sind »Stille Wasser gründen tief«, das geistige Fitnesscenter, die Vier-Punkt-Atmung sowie Yoga oder eine andere somatische Praktik.

## Spirituell

1. Beziehe ich in einem Augenblick der Krise oder der Unentschlossenheit klar Stellung und halte an meinen Wertvorstellungen fest?
2. Kenne ich mein Ziel und verwende ich den Großteil meiner Zeit und Energie darauf, dieses Ziel zu erreichen?
3. Bin ich imstande, das »große Bild« zu sehen und Probleme oder Rückschläge mit einem Lächeln und einer positiven Einstellung hinzunehmen?
4. Bin ich bereit und imstande, Opfer zu bringen, um meine Ziele und Träume zu verwirklichen?
5. Habe ich das Gefühl, dass mein Leben wertvoll ist?
6. Habe ich im Allgemeinen das Gefühl, gegenwärtig und im Frieden mit mir selbst zu sein?

Wenn Sie drei oder mehr dieser Fragen mit »Nein« oder »Vielleicht« beantwortet haben, sollten Sie sich genauer mit den Komponenten der Prinzipien 1 und 2 beschäftigen. Insbesondere sollten Sie sich Zeit für die Selbstbeurteilung nehmen und die Fokusplan-Arbeitsblätter in Anhang 1 ausfüllen. Ich empfehle Ihnen, Ihre täglichen und wöchentlichen Fokuspläne zweimal am Tag durchzugehen (machen Sie diese Übung zu einem Teil Ihres Morgen- und Abendrituals). Außerdem sollten Sie sich jede Woche mindestens 20 Minuten Zeit für Ihren monatlichen Fokusplan nehmen, um sicherzustellen, dass Sie der Fokusplan für die folgende Woche Ihren Zielen näherbringt. Auch sollten Sie sich einmal im Monat mindestens 20 Minuten mit Ihrem vierteljährlichen und/oder jährlichen Fokusplan hinsetzen, um einen Ihrer Entwicklung entsprechenden Plan für den nächsten Monat zu entwerfen. Ich empfehle Ihnen auch, eine religiöse oder spirituelle Praktik Ihrer Wahl auszuüben. Wenn Ihnen die spirituelle Tradition, in der Sie erzogen wurden, nicht glaubwürdig erscheint, sollten Sie sich zu der Entscheidung durchringen, eine andere zu finden. Ob Sie nun an einem christlichen Gottesdienst teilnehmen, zu einer hinduistischen Gottheit beten oder für Atheisten geeignete Meditationsübungen machen: Eine Schwäche in diesem Bereich korrigieren Sie am besten, indem Sie regelmäßig einer Praktik nachgehen, die Ihnen Frieden bringt und Ihnen das Gefühl gibt, dass das Leben einen tieferen Sinn hat oder dass es eine höhere Macht gibt.

# Wenn es an Zeit mangelt

Ich weiß, dass es schwierig sein wird, in Ihrem ohnehin schon hektischen Leben Zeit für zusätzliche Aktivitäten zu finden. Bei oberflächlicher Betrachtung mag es den Anschein haben, als müssten Sie Ihren Job aufgeben, um sich ganztags auf das Training für den Weg des SEAL zu konzentrieren, aber das ist ein Irrtum. Tatsächlich ist es ganz einfach, diese Werkzeuge und Praktiken zu erlernen und in Ihr Leben einzubauen. Und je länger Sie im Training stehen, desto zielgerichteter, einfacher und klarer wird Ihr Leben werden, und das wird Ihnen zusätzliche wertvolle Trainingszeit verschaffen.

Nach Angaben der amerikanischen Behörde für Arbeitsmarktstatistiken verbringt der Durchschnittsamerikaner ab dem 15. Lebensjahr täglich 2,8 Stunden vor dem Fernsehgerät. Das sind fast 20 Stunden in der Woche! Stellen Sie sich vor, was man in derart vielen Stunden alles tun könnte, um Geist und Körper positiv zu beeinflussen. Ich weiß, dass es nicht leicht ist, aber sofern Ihr Lebensunterhalt nicht davon abhängt, dass Sie ständig über alle aktuellen Ereignisse auf dem Laufenden sind, rate ich Ihnen, auf das Fernsehen zu verzichten. Wenn Sie dazu absolut nicht in der Lage sind, sollten Sie zumindest zu Beginn des Trainings 30 Tage lang vollkommen darauf verzichten, Fernsehnachrichten zu sehen. Von da an sollten Sie den Fernseher nur einschalten, wenn etwas wirklich Wichtiges passiert, über das Sie informiert bleiben müssen (zum Beispiel eine Naturkatastrophe).

Warum sollten Sie auf die Fernsehnachrichten verzichten? Das Problem ist, dass die meisten Leute süchtig nach einem stetigen Strom von Neuigkeiten sind, die als »News« verkauft werden, obwohl das meiste davon nur oberflächlicher Klatsch über Promis, Politiker und unbedeutende Ereignisse ist. Und da die Sender den »Panikfaktor« brauchen, um die Zuschauer vor dem Fernseher zu halten (die Einschaltquoten wiederum werden gebraucht, um die Werbezeit zu verkaufen, von der die Sender leben), werden wir vom Fernsehen mit negativen Nachrichten überhäuft, was im Lauf der Zeit erheblichen Einfluss auf unser Unterbewusstsein hat: Wie bei jedem leistungsfähigen Computer hängt der Output unseres Verstands auch davon ab, mit welchen Informationen wir ihn füttern.

Um wertvolle Zeit zu sparen, sollten Sie sich nur über jene Information auf dem Laufenden halten, die Sie wirklich brauchen, und negativen Input vermeiden. Überfliegen Sie die Schlagzeilen in Zeitungen und Online-Nachrichten. Wenn Ihnen die Information wichtig scheint, können Sie sich den Artikel durchlesen. Ich werfe zweimal täglich einen Blick auf die Schlagzeilen von Google News, und wann immer ich kann, blättere ich im *Wall Street Journal* auf der Suche nach Schlagzeilen, die für mein Leben relevant sind und Hinweise auf Trends im Wirtschaftsleben oder auf Bedrohungen geben, die sich persönlich und beruflich auf mich auswirken können.

Hier einige weitere Tipps für diejenigen unter Ihnen, die das Gefühl haben, keine freie Minute mehr in ihrem Tagesplan zu haben:

- Bleiben Sie etwas kürzer in der Dusche, nehmen Sie sich etwas weniger Zeit für die Lektüre der Morgenzeitung, oder stehen Sie eine halbe Stunde früher auf, um sich Zeit für Ihr morgendliches Ritual zu verschaffen, für das Sie nicht mehr als 20 Minuten brauchen. Nehmen Sie Yoga oder andere geistig wirksame Übungen (fünf Minuten), Vier-Punkt-Atmung (fünf Minuten) und eine »Stille Wasser«-Visualisierung (fünf Minuten) in das Programm auf. Gehen Sie rasch Ihren Fokusplan für diesen Tag durch und visualisieren Sie kurz Ihren perfekten Tag (fünf Minuten).
- Im Lauf des Tages sollten Sie hin und wieder innehalten, um die Übung »Welchen Hund fütterst du?« zu machen und Ihr Kraftmantra aufzusagen, das besonders wirksam ist, wenn Sie in schlechter Stimmung sind, die Konzentration einbüßen oder die Kontrolle über Ihren Tag verlieren. Für diese Übungen genügt ebenfalls eine Pause von fünf Minuten, beispielsweise, während Sie einen Kaffee trinken oder auf den Aufzug warten.
- Anstatt essen zu gehen, können Sie die Mittagspause für ein körperliches Training nutzen: Eine gute Trainingseinheit für die funktionale Fitness können Sie in weniger als einer Stunde abschließen. Essen können Sie später an Ihrem Schreibtisch. Oder tanken Sie bei Bedarf Energie, indem Sie im Lauf des Tages immer wieder kleine nahrhafte Imbisse zu sich nehmen, wenn Sie hungrig werden.

- Schieben Sie am Nachmittag eine zehnminütige Power-Pause ein, um die Batterien wieder aufzuladen, und achten Sie darauf, den Arbeitstag mit Entschlossenheit abzuschließen. Versuchen Sie es mit der Vier-Punkt-Atmung (fünf Minuten) und der kurzen Visualisierungsübung »Ich in der Zukunft« (fünf Minuten).
- Schalten Sie beim Abendessen Ihre Telefone und das Fernsehgerät aus und führen Sie ein echtes Gespräch mit Ihrer Familie.
- Statt sich vor den Fernseher zu setzen oder im Internet zu surfen, sollten Sie am Abend ein Buch lesen – eine Viertelstunde mit einem guten Roman oder einem anregenden Sachbuch kann dazu beitragen, Sie in eine andere Welt zu versetzen und einen besseren Menschen aus Ihnen zu machen. Da die Lektüre Ihre Aufmerksamkeit von Ihnen selbst ablenkt, ist sie außerdem geeignet, um auf angenehme Art Ihre Konzentration zu verbessern, Ihr Selbstvertrauen zu stärken und eine positive Einstellung zu fördern.
- Bevor Sie sich schlafen legen, sollten Sie Ihr zwanzigminütiges Abendritual absolvieren, das Folgendes beinhalten sollte: Vier-Punkt-Atmung (fünf Minuten), »Finde den Silberstreif am Horizont« (fünf Minuten), Niederschrift des Fokusplans für den folgenden Tag (fünf Minuten) und Visualisierung des nächsten Tages, der vor Ihrem Auge angenehm vorbeifließt, während Sie die gesteckten Ziele erreichen (fünf Minuten).

Jeder kann einen Weg finden, um ein wenig Training in seinen Tagesablauf hineinzupressen. Vielleicht müssen Sie dazu Ihre Schlaf- oder Arbeitszeiten geringfügig anpassen. (Natürlich dürfen Sie nicht auf eine erholsame Nachtruhe verzichten: Wenn Sie früher aufstehen, um mehr Zeit der Stille zu haben, müssen Sie auch früher zu Bett gehen.) Vielleicht müssen Sie Ihr Leben vereinfachen, indem Sie sich von einigen Verpflichtungen befreien oder Aufgaben an andere delegieren. Aber für die meisten Leute geht es einfach darum, nicht gut genutzte Zeit in gut genutzte Zeit zu verwandeln. Aber wie auch immer Sie es anstellen und wie gering Ihre Fortschritte auch sein mögen: Das Training für den Weg des SEAL wird Ihr Leben verändern und Ihnen die Ruhe und Konzentration verschaffen, die Sie brauchen, um Ihre Ziele zu erreichen. Und gleichzeitig wird es Sie in die Lage versetzen, sich selbst und Ihrer Familie die Liebe und Unterstützung zu geben, die Sie alle verdient haben.

# Ihr Trainingsplan für den Weg des SEAL

»In 20 Jahren wirst du nicht über die Dinge enttäuscht sein, die du getan hast, sondern über die Dinge, die du nicht getan hast. Also Leinen los. Segle aus dem sicheren Hafen hinaus. Lasse zu, dass die Passatwinde deine Segel füllen. Erkunde. Träume. Entdecke.«

*Mark Twain (1835–1910), amerikanischer Autor und Humorist*

Mittlerweile haben Sie eine klare Vorstellung davon, was Sie gegenwärtig tun und was Sie tun müssen. Sehen Sie sich jetzt die unten stehende Anleitung »Trainingswerkzeuge auf einen Blick« an. Bei jeder der dort aufgelisteten Übungen und Praktiken finden Sie Angaben dazu, wie Sie beim Erklimmen der einzelnen Berge und bei der Verwirklichung der Prinzipien der SEAL-Methode hilft. Außerdem finden Sie einen Hinweis dazu, wie viel Zeit Sie jeder dieser Übungen widmen sollten. Gehen Sie die Liste durch und wählen Sie ausgehend von Ihrer Selbstanalyse die geeigneten Werkzeuge und Praktiken für ihren Trainingsplan aus. Wenn es bei der vorgeschlagenen Trainingszeit Spielraum gibt, sollten Sie die Trainingsdauer abhängig von Ihrer Erfahrung mit dieser Aktivität und entsprechend Ihren Bedürfnissen wählen. Wenn Sie beispielsweise Erfahrung mit der

## Trainingswerkzeuge auf einen Blick

| Übung/Ritual | Prinzip/Fähigkeit | Zeiterfordernis |
|---|---|---|
| Selbstanalyse* | Festlegung des Angelpunkts | Monatliche Kontrolle zur Feststellung erforderlicher Aktualisierungen/Änderungen |
| Visualisierung »Ich in der Zukunft« | Festlegung des Angelpunkts | 5–15 Minuten täglich |
| »Stille Wasser gründen tief«* | Ziel im Visier behalten | 5–15 Minuten täglich |
| Das Ziel in der Fantasie (Visualisierung) | Ziel im Visier behalten | 5–15 Minuten täglich |
| Der Torwärter* | Ziel im Visier behalten | Mehrmals täglich 1 Minute |
| Mentale Neuausrichtung* | Ziel im Visier behalten | Mehrmals täglich 1 Minute |
| KISS* | Ziel im Visier behalten | 5–15 Minuten im Monat |
| Das Ideenlabor | Mission wasserdicht machen | 5–15 Minuten, je nach Bedarf |
| Schmerz in positives Denken umwandeln | Tu heute, was andere nicht tun wollen | 5 Minuten, je nach Bedarf |

Visualisierung haben, können Sie sich auf eine kurze tägliche Übung von »Ich in der Zukunft« beschränken, während sich jemand, dem das Konzept der Visualisierung neu ist, eher eine Viertelstunde oder mehr am Tag damit beschäftigen sollte, diesen Muskel und seine mentale Härte zu trainieren.

Der Großteil Ihres Trainingsplans wird aus täglichen Aufgaben bestehen, die in einem wöchentlichen Format festgehalten werden. Das sehen Sie in den folgenden drei Beispielplänen. Dazu kommen ein paar wöchentliche, monatliche, vierteljährliche und jährliche Bausteine, die ich ebenfalls bei jedem einzelnen Plan anführen werde. Die täglichen Aufgaben im Rahmen meines persönlichen Plans nehmen drei bis vier Stunden in Anspruch. (Den Großteil der Zeit brauche ich für das körperliche Training, das die Grundlage für meinen Lebensstil und meine Karriere ist und daher den Löwenanteil meiner täglichen Trainingszeit in Anspruch nimmt.) Wenn Sie weniger Zeit für das Training haben, müssen Sie Ihren Plan entsprechend anpassen – wenn Sie den Zeitaufwand für das körperliche Training verringern, können Sie alle Aufgaben in ein oder zwei Stunden bewältigen. Ich möchte jedoch darauf hinweisen, dass ich verblüfft bin, wie viel Zeit ich mir dank der Verbesserung in allen fünf Bereichen langfristig erspare, da ich in verschiedensten Alltagssituationen effektiver denken und handeln kann. Dank meiner guten körperlichen Gesundheit verliere ich auch weniger Zeit durch Krankheiten, Arztbesuche und Genesungsphasen.

| Körperlich | Mental | Emotional | Intuitiv | Spirituell | Seite |
|---|---|---|---|---|---|
| | × | × | | × | 42 |
| | × | | × | × | 48 |
| | × | × | × | × | 61 |
| | × | | | | 67 |
| | × | × | × | | 77 |
| | × | × | × | | 78 |
| | × | × | | × | 81 |
| | × | | × | | 100 |
| × | × | × | | | 114 |

| Übung/Ritual | Prinzip/Fähigkeit | Zeiterfordernis |
|---|---|---|
| Lass dich darauf ein! | Tu heute, was andere nicht tun wollen | Wöchentlich oder monatlich |
| Finde deinen Faktor 20* | Tue heute, was andere nicht tun wollen | Vierteljährlich oder jährlich |
| Umwandlung der Emotionen | Mentale Härte | Je nach Bedarf |
| Vier-Punkt-Atmung* | Mentale Härte | 5–15 Minuten täglich |
| Stress in Erfolg umwandeln* | Mentale Härte | 5–15 Minuten, je nach Bedarf |
| Welchen Hund fütterst du?* | Mentale Härte | Mehrmals täglich 1 Minute |
| SMART-Ziele festlegen | Mentale Härte | Tägliche Prüfung / monatliche, vierteljährliche und jährliche Aktualisierung |
| Entschlossenheit zur Gewohnheit machen | Ziel im Visier behalten | Je nach Bedarf |
| Abwechslung zur Gewohnheit machen | Ziel im Visier behalten | Je nach Bedarf |
| Den Silberstreif am Horizont finden* | Ziel im Visier behalten | 1–2 Minuten täglich oder je nach Bedarf |
| Chancen erkennen | Ziel im Visier behalten | 10–20 Minuten pro Vierteljahr |
| KIM-Spiel | Entwicklung der Intuition | 5–15 Minuten wöchentlich |
| Schärfe deine Sinne | Entwicklung der Intuition | 5–15 Minuten wöchentlich |
| Wecke deine Intuition* | Entwicklung der Intuition | 5–15 Minuten je nach Bedarf |
| Authentische Kommunikation* | Entwicklung der Intuition | 10–30 Minuten täglich |
| Ändere deine Sprache, ändere deine Einstellung* | Offensives Denken | Je nach Bedarf |
| Gelber Radar* | Offensives Denken, in jedem Augenblick | In regelmäßigen Abständen |
| SEALFIT, CrossFit o.ä.* | Funktionale Fitness | 3–5-mal pro Woche 60 Minuten |
| Heilige Stille (»Stille Wasser gründen tief« oder andere Meditation)* | Geistige Präsenz/ bewusste Wahrnehmung | 5–15 Minuten, je nach Bedarf |
| Somatische Praktik (Yoga, Chi Gong, Tai Chi, Tanz)* | Geistige Präsenz/ bewusste Wahrnehmung | 5–15 Minuten täglich und bis zu 60 Minuten 2–3-mal pro Woche |
| Positive Selbstgespräche und Mantra* | Positive Autosuggestion/ Aufmerksamkeitssteuerung | Je nach Bedarf |
| Fokusplanung und Zielüberprüfung* | | 5–15 Minuten täglich |
| Professionelle Therapie* | | 60 Minuten, je nach Bedarf (Minimum pro Jahr) |

| Körperlich | Mental | Emotional | Intuitiv | Spirituell | Seite |
|---|---|---|---|---|---|
| × | × | × | | | 123 |
| × | × | × | | × | 123 |
| × | | × | | | 133 |
| | × | | × | × | 141 |
| × | × | | | | 142 |
| × | × | × | | | 143 |
| | × | | | | 144 |
| | × | × | | | 163 |
| | × | × | | | 167 |
| | × | × | | | 168 |
| | × | | | | 169 |
| | × | | | | 176 |
| | | | × | | 181 |
| | | | × | | 188 |
| | × | × | × | × | 194 |
| | × | × | × | | 198 |
| | × | × | × | | 224 |
| × | × | | | | |
| | × | × | × | × | |
| × | × | × | × | × | |
| | × | × | | × | |
| | × | | | | |
| | × | × | × | × | |

Anmerkungen zu den Trainingswerkzeugen:

• Grundlegende Elemente sind mit einem Sternchen gekennzeichnet.
Dies sind Komponenten für jeden, der anhand der SEAL-Methode
führen will, gleichgültig, an welchem Punkt er sich in seinem Training
befindet. Allerdings wird es von Ihrer Erfahrung und Ihren Erfordernissen
abhängen, wie oft Sie diese Elemente in Ihren Trainingsplan einfügen
wollen.
• Bei den Zeitvorgaben handelt es sich um eine vorgeschlagene
Bandbreite, in der Sie sich abhängig von Ihrem Zeitplan und Ihren
Entwicklungserfordernissen bewegen können. Wenn kein Zeitrahmen
vorgegeben ist, so bedeutet dies, dass es kein Mindesterfordernis gibt.
Sie können den Zeitaufwand auf eine Aktivität nach Ihrem Ermessen
erhöhen, wenn Sie mehr Zeit dafür brauchen oder wollen. Möglicherweise
werden Sie auch feststellen, dass Sie für einige Aktivitäten, wie KISS oder
die mentale Neuausrichtung anfangs mehr Zeit benötigen, den Aufwand
jedoch verringern können, sobald Sie die entsprechenden Konzepte und
Methoden verinnerlicht haben.
• Werkzeuge wie jene für die Planung der Mission (Prinzip 3) sind in dieser
Matrix nicht enthalten, weil ihre Anwendung nicht an sich geübt wird.
Einen vollständigen Index aller Übungen und Werkzeuge finden Sie am
Ende des Buches.

## Ihr Kampfrhythmus

Im Folgenden finden Sie den täglichen Ablauf meines persönlichen Trainingspro-
gramms sowie der Programme von zwei Schülern, Melanie und Jeff. Sie werden
feststellen, dass sich der Trainingsrhythmus in allen drei Plänen an den Werktagen, an denen ein strikt geregeltes Training an den durchschnittlichen Arbeitstag
von 9 bis 17 Uhr angepasst wurde, vom Wochenendplan unterscheidet, das für
viele Amerikaner für die Familie und die Erholung reserviert ist. Diese Beispiele
dienen einfach dazu, Ihnen zu zeigen, wie drei Personen mit unterschiedlichen
Erfordernissen und Verpflichtungen ihre Trainingspläne gestalten. Sie selbst müssen möglicherweise abhängig von Ihren Arbeitszeiten und Ihrem Lebensstil alle

Übungen um eine oder zwei Stunden vorziehen oder nach hinten verschieben, oder Sie müssen am Wochenende mehr trainieren als während der Arbeitswoche.

## Marks wöchentlicher Trainingsplan

Ich brauche aufgrund meines strikten Zeitplans für das körperliche Training, das der Höhepunkt meines Tages ist, insgesamt täglich etwas mehr als vier Stunden für das Gesamttraining (ich widme dem körperlichen Training jeden Tag zwei Stunden. Ich nutze auch die Mittagspause für das Training. Dieser Zeitplan wirkt vielleicht etwas zu strikt für ein Anschauungsbeispiel, aber in Wahrheit ist durchaus Platz für Abwandlungen. Wenn ich zum Beispiel einen besonders intensiven Arbeitstag habe, mache ich vielleicht nur eine 20-minütige Yogasitzung in der Mittagspause. Oder ich reserviere mir mehr Zeit für ein bestimmtes berufliches Projekt. Und im gesamten Tagesverlauf passe ich die Trainingszeiten meinem Terminkalender an und wandle die Übungen an meinem ruhigen Ort abhängig davon ab, an welchen Dingen ich arbeiten muss und will.

An den Wochenenden erlaube ich mir, länger zu schlafen und nur zu arbeiten, wenn eine Schulung oder ein wichtiges Projekt bevorsteht. In dieser Zeit möchte ich mich meiner Familie widmen. Ich halte am morgendlichen körperlichen Training fest; am Samstag mache ich leichtere Übungen, und am Sonntag betreibe ich »aktive Erholung«, die aus Surfen, einem Langlauf, einer Wanderung oder einer Fahrradtour mit meinem Sohn Devon bestehen kann.

Jeden Monat ergänze ich meine Routine durch eine Faktor-20-Challenge, zwei Therapiesitzungen, zwei Massagetherapien, zwei Langläufe, Wanderungen mit Ausrüstung oder Schwimmtouren, eine KISS-Prüfung, eine Selbstbeurteilung sowie abendliches Ausgehen mit meiner Frau (mein Ziel ist es, einmal wöchentlich auszugehen, aber manchmal ist das unmöglich, weil ich auf Reisen bin).

Einmal alle drei Monate ergänze ich Folgendes: ein Wochenendseminar zur persönlichen oder beruflichen Entwicklung; eine vierteljährliche Überprüfung von Fokusplan und Zielen; einen Ausflug über ein verlängertes Wochenende mit meiner Frau, meinem Sohn oder beiden. Auch wenn ich am Wochenende nicht zu Hause bin, mache ich ein somatisches Geist-Körper-Training wie Yoga, Chi Gong, Selbstverteidigung oder Meditation.

Einmal im Jahr ergänze ich Folgendes: ein einwöchiges (oder längeres) Seminar oder eine Klausur; eine jährliche Überprüfung von Fokusplan und Zielen; zwei 10- bis 14-tägige Urlaube mit der Familie. Während Seminaren und im Urlaub trainiere ich weiter nach einem modifizierten Zeitplan, abhängig davon, wo wir uns aufhalten und was ich tue.

## Marks wöchentlicher Trainingsplan

| Uhrzeit | Montag | Dienstag | Mittwoch |
|---|---|---|---|
| 5:30 | Aufstehen | Aufstehen | Aufstehen |
| 5:30–6:00 | Morgenritual | Morgenritual | Morgenritual |
| 6:00–6:45 | Frühstück / Devon bei der Vorbereitung für die Schule helfen | Frühstück / Devon bei der Vorbereitung für die Schule helfen | Frühstück / Devon bei der Vorbereitung für die Schule helfen |
| 7:00–9:00 | SEALFIT | Devon zur Schule bringen / SEALFIT | SEALFIT Kraft (1 Stunde) / SEALFIT Selbstverteidigung (1 Stunde) |
| 9:00–12:00 | Arbeit | Arbeit | Arbeit |
| 12:00–13:00 | Yoga (30–45 Minuten) / Mittagessen | Vier-Punkt-Atmung (10 Minuten) / Spaziergang mit geistiger Präsenz (45 Minuten) / Mittagessen | Yoga (30–45 Minuten) / Mittagessen |
| 13:00–17:00 | Arbeit (Fokuszeit für besondere Projekte) | Arbeit (Fokuszeit für besondere Projekte) | Arbeit (Fokuszeit für besondere Projekte) |
| 17:00–18:00 | Tai Chi | Chi Gong | Tai Chi |
| 18:00–18:15 | »Muthund« und Visualisierung »Ich in der Zukunft« (15 Minuten) | »Muthund« und Visualisierung »Ich in der Zukunft« (15 Minuten) | »Muthund« und Visualisierung »Ich in der Zukunft« (15 Minuten) |
| 19:00–21:00 | Authentische Kommunikation und Abendessen mit der Familie | Authentische Kommunikation und Abendessen mit der Familie | Authentische Kommunikation und Abendessen mit der Familie |
| 21:00–22:00 | Lektüre und Zeit mit Sandy | Lektüre und Zeit mit Sandy | Lektüre und Zeit mit Sandy |
| 22:00–22:30 | Abendritual (10 Minuten) / Täglicher Fokusplan (20 Minuten) | Abendritual (10 Minuten) / Täglicher Fokusplan (20 Minuten) | Abendritual (10 Minuten) / Täglicher Fokusplan (20 Minuten) |
| 22:30 | Bett | Bett | Bett |

| Donnerstag | Freitag | Samstag | Sonntag |
|---|---|---|---|
| Aufstehen | Aufstehen | | |
| Morgenritual | Morgenritual | Morgenritual | |
| Frühstück / Devon bei der Vorbereitung für die Schule helfen | Frühstück / Devon bei der Vorbereitung für die Schule helfen | Morgenritual | Morgenritual |
| SEALFIT | SEALFIT Kraft (1 Stunde) / SEALFIT Selbstverteidigung (1 Stunde) | CrossFit | Entspannung und Spiel mit der Familie (den ganzen Tag) |
| Arbeit | Arbeit | | |
| Vier-Punkt-Atmung (10 Minuten) / Spaziergang mit geistiger Präsenz (45 Minuten) | Yoga (30–45 Minuten) / Mittagessen | Authentische Kommunikation und Zeit mit Devon (den Großteil des Tages, wenn ich nicht auf Reisen oder in einem Seminar bin) | |
| Arbeit (Fokuszeit für besondere Projekte) | Arbeit (Fokuszeit für besondere Projekte) | | |
| Chi Gong | SEALFIT-Teamtraining | | |
| »Muthund« und Visualisierung »Ich in der Zukunft« (15 Minuten) | »Muthund« und Visualisierung »Ich in der Zukunft« (15 Minuten) | | |
| Authentische Kommunikation und Abendessen mit der Familie | Authentische Kommunikation und Abendessen mit der Familie | Ausgehen oder geselliger Abend | Authentische Kommunikation und Abendessen mit der Familie |
| Lektüre und Zeit mit Sandy | Lektüre und Zeit mit Sandy | | |
| Abendritual (10 Minuten) / Täglicher Fokusplan (20 Minuten) | Abendritual (10 Minuten) / Täglicher Fokusplan (20 Minuten) | | Abendritual (10 Minuten) / Täglicher Fokusplan (20 Minuten) |
| Bett | Bett | Bett | Bett |

## Melanies wöchentlicher Trainingsplan

Als alleinerziehende Mutter, die sich sehr anstrengen musste, um über die Runden zu kommen, stellte Melanie fest, dass sie die wichtigsten Dinge in ihrem Leben aus den Augen verlor, vor allem ihre Familie. Sie erzählte mir, dass Sie vor unserer Begegnung nicht gewusst hatte, wie sie ihr Leben ändern konnte. »Ich fand mich langsam damit ab, als gescheiterte Frau ein Kind großziehen zu müssen. Ich hatte das Gefühl, die Kontrolle verloren zu haben, ich war erschöpft und verängstigt!« Ich frage mich, wie viele alleinerziehende Mütter in derselben Notlage sind. Meine Frau Sandy war einige Jahre eine alleinerziehende Mutter, bevor wir einander kennenlernten, und die Unbeugsamkeit dieser Frauen verblüfft mich.

Melanie besuchte einen Kurs für Kindererziehung, in dem sie einiges darüber lernte, wie sie Ihr Leben bewältigen konnte. Aber das waren nur Tipps und Tricks für den Umgang mit zwei kleinen Kindern (ihre Tochter Lillian war sechs, ihr Sohn Drake vier Jahre alt). Melanie hatte das Gefühl, dass es möglich sein musste, noch einen Schritt weiter zu gehen und ihr Leben vollkommen neu zu gestalten. In meinem CrossFit-Zentrum entdeckte Melanie das Programm Unbeatable Mind. In der ersten Lektion geht es darum, den Geist zu beruhigen und Klarheit zu finden, eine Aufgabe, die Melanie reizte. Sie hatte noch nie in ihrem Leben meditiert. Nachdem sie so viele Jahre auf Hochtouren gelaufen war, hatte sie die Fähigkeit verloren, auch nur für einen Augenblick Stille und Ruhe zu finden. Jetzt musste sie jeden Tag die »Heilige Stille« praktizieren. Innerhalb kürzester Zeit fand sie ihren inneren Frieden und gewann die Fähigkeit wieder, sich auf ein Ziel zu konzentrieren.

Der zweite wichtige Schritt zu einer positiven Wandlung gelang Melanie, als sie den Rückzug aus dem mentalen Geplapper übte, um einen Blick auf das Gesamtbild zu werfen (wie wir es mit dem Werkzeug der mentalen Neuausrichtung tun). Melanie stellte fest, dass ihr Leben keine »emotionale Achterbahnfahrt« sein musste, bei der sie nur auf die nächste Überraschung warten konnte, die sie dazu bringen würde, dass sie in Gelächter oder Tränen ausbrach oder zu schreien begann. Stattdessen konnte sie ihre Gedanken und Gefühle aus einer gewissen Distanz betrachten. So gelang es ihr, sich aus ihrem reaktiven Zustand in einen Zustand der geistigen Präsenz zu versetzen, was ihr half, sich weiter zu beruhigen. Ihre Zuversicht wuchs.

Schließlich half ihr das neue Trainingsprogramm, sich aus einer zutiefst negativen, von der Angst geprägten mentalen Feedback-Schleife zu befreien und ihre Selbstsicherheit wiederzufinden. Ohne Hilfe von außen hatte sie lange Zeit große Mühe gehabt, über die Runden zu kommen. Sie befand sich in einer prekären finanziellen Lage und lebte in ständiger Furcht vor einem Absturz in die Armut. In den Übungen zur positiven Einstellung (»Welchen Hund fütterst du?«) lernte sie, sich selbst zu vertrauen und sogar eine zuversichtliche Einstellung zu ihrer Zukunft zu entwickeln. Nach einigen Monaten im Training sagte sie zu mir: »Meine Kinder fühlen sich von meiner neuen Energie und von meinem inneren Frieden angezogen. Aufgrund meiner Arbeit habe ich manchmal nur wenig Zeit für die Kinder, aber die Zeit, die ich mit ihnen verbringen kann, ist ungeheuer wertvoll. Endlich bin ich die Mutter, die ich immer zu sein hoffte!«

Melanie findet an den Werktagen eine Stunde Zeit für ein körperliches Training. Dazu kommen über den Tag verteilt eine Stunde und 45 Minuten für andere SEAL-Praktiken. Am Mittwoch nimmt eine Nachbarin die Kinder mit in die Schule, sodass sie einen Yoga-Kurs besuchen kann. Sie frühstückt an ihrem Schreibtisch, wenn sie ins Büro kommt, und isst zu Mittag, wenn sie nachmittags von ihrem Training ins Büro zurückkehrt. An manchen Abenden tollt sie mit den Kindern herum, aber sie hält an ihren »Ruhiger Ort«-Übungen fest, während die Kinder ihren Aktivitäten nachgehen. An Abenden, an denen sie frei hat, geht sie mit den Kindern surfen oder macht Yoga, während die Kinder bei ihrer Großmutter sind. Die Wochenenden sind flexibler und weniger strukturiert.

Jeden Monat ergänzt Melanie ihre Routine durch Folgendes: Sie nimmt eine Faktor-20-Challenge an, erlernt eine neue Fähigkeit in CrossFit und liest ein Buch.

Vierteljährlich ergänzt sie Folgendes: ein Wochenendseminar zur persönlichen oder beruflichen Weiterentwicklung, eine Schicht als freiwillige Helferin in einem Obdachlosenheim, einen Wochenendausflug mit ihren Kindern.

Einmal im Jahr ergänzt sie Folgendes: ein einwöchiges Seminar oder eine Klausur, eine Überprüfung ihres jährlichen Fokusplans und ihrer Zielsetzungen und einen einwöchigen Urlaub mit ihren Kindern.

# Melanies wöchentlicher Trainingsplan

| Uhrzeit | Montag | Dienstag | Mittwoch |
|---|---|---|---|
| 6:00 | Aufstehen | Aufstehen | Aufstehen |
| 6:00–6:30 | Morgenritual | Morgenritual | Morgenritual |
| 6:30–8:00 | Frühstück / Kindern bei der Vorbereitung für die Schule helfen | Frühstück / Kindern bei der Vorbereitung für die Schule helfen | Yoga (1 Stunde) |
| 8:00–12:00 | Arbeit | Arbeit | Arbeit |
| 12:00–13:00 | CrossFit (1 Stunde) / Mittagessen | CrossFit (1 Stunde) / Mittagessen | CrossFit (1 Stunde) / Mittagessen |
| 13:00–16:00 | Arbeit | Arbeit | Arbeit |
| 16:00–16:10 | »Muthund« und Atmung (10 Minuten) | »Muthund« und Atmung (10 Minuten) | »Muthund« und Atmung (10 Minuten) |
| 16:10–17:30 | Arbeit | Arbeit | Arbeit |
| 17:30–19:00 | Yoga oder Aktivitäten mit den Kindern | Yoga oder Aktivitäten mit den Kindern | Yoga oder Aktivitäten mit den Kindern |
| 19:00–21:00 | Authentische Kommunikation und Abendessen mit der Familie | Authentische Kommunikation und Abendessen mit der Familie | Authentische Kommunikation und Abendessen mit der Familie |
| 21:30–22:00 | Abendritual | Abendritual | Abendritual |
| 22:00 | Bett | Bett | Bett |

| Donnerstag | Freitag | Samstag | Sonntag |
|---|---|---|---|
| Aufstehen | Aufstehen | | |
| Morgenritual | Morgenritual | | |
| Frühstück / Kindern bei der Vorbereitung für die Schule helfen | Frühstück / Kindern bei der Vorbereitung für die Schule helfen | Morgenritual (30 Minuten) | Morgenritual (30 Minuten) |
| Arbeit | Arbeit | CrossFit (1 Stunde) / Ausruhen und Spiel mit den Kindern (während des restlichen Tags) | Kirche (2 Stunden) / Ausruhen und Spiel mit den Kindern (während des restlichen Tags) |
| Yoga (1 Stunde) / Mittagessen | CrossFit (1 Stunde) / Mittagessen | | |
| Arbeit | Arbeit | | |
| »Muthund« und Meditation (10 Minuten) | »Muthund« und Atmung (10 Minuten) | | |
| Arbeit | Arbeit | | |
| Surfen oder Aktivitäten mit den Kindern | Zeit mit Freunden | | |
| Authentische Kommunikation und Abendessen mit der Familie | Authentische Kommunikation und Abendessen mit der Familie | | |
| Abendritual | Abendritual | Abendritual | |
| Bett | Bett | Bett | |

## Jeffs wöchentlicher Trainingsplan

Jeff entdeckte SEALFIT und die Unbeatable Mind Academy während eines beruflichen Auslandsaufenthalts in Europa. Er hatte einen sehr stressintensiven Managerposten bei einem Großunternehmen und war ständig auf Reisen. Er hatte das Gefühl, das innere Gleichgewicht zu verlieren. Jeff wollte seinen allgemeinen Gesundheitszustand und seine Fitness verbessern und begann darüber nachzudenken, sein eigenes Unternehmen zu gründen. Er wollte auch seine Ehe stabilisieren, die unter seiner häufigen Abwesenheit und negativen Manifestationen der beruflichen Belastung litt.

Drei Jahre später: Jeff leitet sein eigenes Unternehmen für Managementcoaching in Zürich und ist im Alter von 42 Jahren gesünder und fitter als je zuvor. Er hat die ehelichen Probleme gelöst und führt eine vertrautere Beziehung mit seiner Frau. Das Leben eines Unternehmers ist nie stressfrei, aber mittlerweile sagt er: »Ich gehe jetzt auf ganz andere Art und zweifellos auf eine gesündere Art mit dem Stress um. Ich bin nie so glücklich gewesen, habe nie ein so erfülltes Leben gehaben und nie so zuversichtlich in die Zukunft geblickt wie heute.«

Für Jeff waren die Atem- und Visualisierungsübungen, die »heilige Stille« (Meditation) und das Yoga nicht nur die überraschendsten, sondern auch die wirkungsvollsten Bestandteile des Programms: Gemeinsam haben sich diese Praktiken nachhaltig auf seine innere Ruhe, seine Kreativität und seine Problemlösungsfähigkeiten ausgewirkt. »Ich wünschte, ich hätte diese Dinge in all den Jahren gekannt, die ich in Marathonsitzungen verbrachte!«, sagt er. Im Verlauf seines Trainings lernte er, seine negative Einstellung und seine Ängste zu bewältigen. Unter anderem war es eine große Herausforderung für ihn, einen sicheren Posten in einem Großunternehmen aufzugeben, um in einem fremden Land sein eigenes Unternehmen zu gründen, und mehr aus seinem Verstand herauszuholen, der oft so mit dem Löschen verschiedenster Brandherde beschäftigt war, dass er sich nicht auf die langfristige Weiterentwicklung und das kreative Unternehmertum konzentrieren konnte.

Die physische Komponente von SEALFIT war eine große Herausforderung für Jeff, aber es gelang ihm, sie Schritt für Schritt zu erschließen. Seine Fitness verbesserte sich, und schließlich traute er sich zu, am Kokoro-Camp teilzunehmen.

Er weckte seine schlummernde musikalische Neigung, und mittlerweile tritt er öffentlich auf. Das, was ihn diese Erfahrungen über Teamarbeit, Führung und Erfolg unter widrigen Umständen lehrten, war ihm in seinem Wirtschaftsstudium und in Dutzenden Managementbüchern nie so unmittelbar und eindrücklich vermittelt worden.

Jeff trainiert und übt an Werktagen rund drei Stunden täglich. Sein Mittagessen nimmt er normalerweise am Schreibtisch zu sich, oder er füllt die Energiespeicher im Tagesverlauf bei Bedarf auf, damit er sich am Nachmittag eine Stunde Zeit für Yoga oder Meditationsübungen nehmen kann. Oft macht er am Nachmittag eine kleine Pause, um einen geistig anregenden Spaziergang zu unternehmen oder eine Übung wie die Vier-Punkt-Atmung zu machen, je nachdem, was seine Situation gerade erfordert. An den Wochenenden ist sein Zeitplan flexibler und weniger intensiv. Da die Wochenenden eine wichtige Zeit für die Familie sind, betreibt er Freiluftsport, besucht ein Konzert, nimmt an einem Familientreffen teil oder besucht mit seiner Frau eine Kulturveranstaltung.

Monatlich oder vierteljährlich ergänzt Jeff seine Routine wie folgt: eine Faktor-20-Challenge; Erwerb einer neuen CrossFit-Fähigkeit oder mentale Entwicklung; ein Konzert besuchen; zwei Bücher lesen (eines für die persönliche und eines für die berufliche Entwicklung); Überprüfung von Fokusplan und Zielsetzungen; Teilnahme an einem Projekt im Programm Big Brother; Ausgehen am Abend (viermal monatlich).

Jährlich fügt Jeff Folgendes hinzu: ein einwöchiges Seminar oder eine Klausur; Überprüfung von jährlichem Fokusplan und Zielsetzungen; öffentlicher Auftritt als Musiker; ein längerer Urlaub mit Freiwilligendienst im Rahmen seines Engagements für benachteiligte Jugendliche (normalerweise mehrere geplante Aktivitäten im Zeitraum von zwei Monaten).

# Jeffs wöchentlicher Trainingsplan

| Uhrzeit | Montag | Dienstag | Mittwoch |
|---|---|---|---|
| 5:00 | Aufstehen | Aufstehen | Aufstehen |
| 5:00–5:30 | Morgenritual | Morgenritual | Morgenritual |
| 6:00–8:00 | SEALFIT | SEALFIT | SEALFIT |
| 8:00–12:00 | Arbeit | Arbeit | Arbeit |
| 12:00–13:00 | Yoga (1 Stunde) / Mittagessen | Meditation (1 Stunde) / Mittagessen | Yoga (1 Stunde) / Mittagessen |
| 13:00–18:00 | Arbeit | Arbeit | Arbeit |
| 18:00–18:10 | »Muthund« und Atmung (10 Minuten) | »Muthund« und Atmung (10 Minuten) | »Muthund« und Atmung (10 Minuten) |
| 19:00–21:00 | Authentische Kommunikation und Abendessen mit der Familie / Musizieren | Authentische Kommunikation und Abendessen mit der Familie | Authentische Kommunikation und Abendessen mit der Familie / Musizieren |
| 21:00–22:00 | Lesen (50 Minuten) / Abendritual (10 Minuten) | Lesen (50 Minuten) / Abendritual (10 Minuten) | Lesen (50 Minuten) / Abendritual (10 Minuten) |
| 22:00 | Bett | Bett | Bett |

| Donnerstag | Freitag | Samstag | Sonntag |
|---|---|---|---|
| Aufstehen | Aufstehen | | |
| Morgenritual | Morgenritual | | |
| SEALFIT | SEALFIT | Langlauf | Morgenritual (30 Minuten) |
| Arbeit | Arbeit | Ausruhen und Zeit mit Ehefrau (fast den gesamten restlichen Tag) | Yoga (2 Stunden) / Ausruhen und Zeit mit Ehefrau (fast den gesamten restlichen Tag) |
| Meditation (1 Stunde) / Mittagessen | Yoga (1 Stunde) / Mittagessen | | |
| Arbeit | Arbeit | | |
| »Muthund« und Meditation (10 Minuten) | »Muthund« und Atmung (10 Minuten) | | |
| Authentische Kommunikation und Abendessen mit der Familie | Authentische Kommunikation und Abendessen mit der Familie / Musizieren | Ausgehen | |
| Lesen (50 Minuten) / Abendritual (10 Minuten) | Lesen (50 Minuten) / Abendritual (10 Minuten) | Lesen (50 Minuten) / Abendritual (10 Minuten) | |
| Bett | Bett | Bett | |

# Den Kurs halten

>»Disziplin ist die Brücke zwischen unseren Zielen und ihrer Verwirk-
lichung.«

*Jim Rohn (1930–2009),*
*amerikanischer Unternehmer, Autor und Motivationsredner*

Wie bereits an anderer Stelle erwähnt, kommt es häufig vor, dass jemand abgelenkt wird, das Interesse verliert und wieder in seinen alten Trott zurückfällt,
wenn die Begeisterung nachlässt, sobald er in das Stadium des »Gehens« eintritt.
Das Schwierige an der ganzheitlichen Persönlichkeitsentwicklung ist, dass die
Veränderungen durch das körperliche Training unübersehbar sind, während die
Fortschritte beim inneren Wandel manchmal schwer zu sehen sind. Der Grund
dafür ist, dass das innere Wachstum im Gegensatz zur körperlichen Entwicklung
nicht linear verläuft – man hebt nicht einfach eine Hantel und wird stärker. Das
innere Wachstum verläuft nicht linear und exponentiell. Manchmal bemerkt
man lange Zeit keinerlei Resultate, um dann plötzlich einen Durchbruch zu
schaffen und festzustellen, dass man ein vollkommen neues Weltbild hat, sich
auf einer höheren Bewusstseinsebene befindet oder ein Gefühl des inneren Frie-
dens hat.

Hier sind einige Empfehlungen, die Ihnen dabei helfen, auf Kurs zu bleiben,
damit Sie den Punkt erreichen können, an dem Ihnen das Training zur Gewohnheit und schließlich zur Lebensart wird, die eine Aufwärtsspirale für le-
benslangen Erfolg in Gang bringt:

- **Richten Sie einen permanenten Raum ein.** Es ist wichtig, dass Sie zu Hause
  einen eigenen Raum für Ihre Trainingssitzungen haben, an dem Sie vor
  allem bei den Morgen- und Abendritualen keinerlei Ablenkungen ausgesetzt
  sind. Haben Sie einmal einen geeigneten Raum gefunden, so richten Sie
  ihn angenehm ein und bringen Sie die benötigten Werkzeuge dorthin. Im
  Lauf der Zeit wird sich dieser Raum mit der Energie Ihrer Übung füllen
  und ein wichtiger struktureller Bestandteil Ihres Trainings werden. Viele
  meiner Klienten, die als Manager tätig sind, bieten an Ihren Arbeitsplätzen

mittlerweile einen Trainingsraum für Zeit der Stille, Yoga und andere Entwicklungsaktivitäten an. Damit fördern sie die Akzeptanz der Praktiken in ihren Organisationen und die Integration des Trainings in den Berufsalltag.

# Was ist mit meinen Kindern?

Viele Eltern in meinem Unbeatable-Mind-Programm berichten über bahnbrechende Erfolge bei ihren Kindern, denen sie einige einfache Prinzipien der SEAL-Methode beibringen. Die meisten dieser Praktiken können für den gemeinsamen Einsatz in der Familie angepasst oder so gestaltet werden, dass Ihre Kinder sie allein anwenden können. Zu den wirkungsvollsten zählen:

- Authentische Kommunikation. Sie fördert eine engere Beziehung und ein tieferes Verständnis, das sehr viel besser als Strafen geeignet ist, um Ihre Kinder dazu zu bewegen, die Wertvorstellungen zu verinnerlichen, die Ihnen wichtig sind.
- »Welchen Hund fütterst du?« Geeignet, um eine positive Grundhaltung zu bewahren.
- KISS und »Im Visier behalten« (mit Zwerchfellatmung und Entwicklung einer Grundhaltung), um Diskussionen über Ziele und Werte anzuregen.
- Yoga und funktionale Fitness. So bringen Sie Ihren Kindern bei, Ihre Atmung zur Verbesserung der Selbstbeherrschung einzusetzen, ihre körperliche und mentale Aufmerksamkeit zu entwickeln sowie Flexibilität und Grundstärke zu verbessern.

Aus diesen und weiteren Gründen empfehle ich Ihnen, nicht davor zurückzuschrecken, Ihre Familie in Ihr Training einzubeziehen. Es wird Ihnen dabei helfen, die Zielfokussierung aufrechtzuerhalten und Ihrer Familie wirksame neue Werkzeuge an die Hand geben, um das Leben in Angriff zu nehmen. Gleichzeitig wird es eine bemerkenswerte Erfahrung für die ganze Familie sein. Eine Familie, die zusammen trainiert, wächst zusammen.

- **Sichern Sie sich Unterstützung.** Es kann sein, dass Ihre Familie das Gefühl hat, die Zeit, die Sie für das Training aufwenden, ginge auf Kosten der Zeit, die Sie für die Familie haben. Vielleicht versteht Ihre Familie auch einfach nicht, dass es notwendig ist, Dinge wie Yoga und Meditation zu praktizieren. Dies sind begründete Einwände, die nicht unter den Teppich gekehrt werden dürfen. Der beste Weg, um Ihre Familien zu einem Team zu machen, besteht darin, sie in das Gespräch und sogar in das Training einzubeziehen.
- **Halten Sie die Motivation aufrecht.** Erschöpfung oder Verletzungen – insbesondere, wenn sie die Folge des körperlichen Trainings sind – können Sie aus der Bahn werfen. Indem Sie sich die Vorzüglichkeit zur Gewohnheit machen und sich »Mumm« aneignen (Prinzip 5), können Sie schwierige Phasen, in denen keine Fortschritte möglich sind, überstehen. Außerdem müssen Sie sich möglichst oft mit Ihrem »Warum?« auseinandersetzen. Ich prüfe mein Ziel täglich; das hilft mir, das Training im Visier zu behalten.
- **Messen Sie Ihre Fortschritte.** An manchen Tagen werden Sie unweigerlich das Gefühl haben, keine Fortschritte zu machen. Warum nehmen Sie also all die Mühe auf sich? Um dieses Hindernis zu überwinden, können Sie Ihre Fokuspläne heranziehen, um Ihre Fortschritte an sorgfältig ausgewählten Mikrozielen und übergeordneten Zielen zu messen. Zudem können Sie ein Tagebuch führen. Wenn Sie über Ihre Leistungen und darüber nachdenken, wie Sie sich in der Welt manifestieren, werden Sie feststellen, dass das Training Wunder wirkt.
- **Frischen Sie Ihren Plan auf.** Die Neuheit hat sich abgenutzt … und was jetzt? Bleiben Sie am Ball und seien Sie mit vollem Einsatz bei der Sache, aber bringen Sie ein wenig Abwechslung in Ihren Plan (Prinzip 6). Bei den vierteljährlichen und jährlichen Überprüfungen können Sie neuen Schwung in das Training bringen, indem Sie Ihren Plan auffrischen. Probieren Sie eine neue Praktik aus oder nehmen Sie sich vor, sich eine neue Fähigkeit anzueignen. Wandeln Sie den gewohnten Zeitplan ab, und setzen Sie sich ein paar neue Ziele.
- **Schließen Sie sich Trainingsgruppen an.** Sie müssen das hier nicht alleine machen. Indem Sie einen Partner für das Schwimmtraining oder eine Trainingsgruppe finden, können Sie Ihre Verantwortlichkeit erhöhen und den Ansporn einer Gruppe für sich nutzen. Eine solche Gruppendynamik

ist spontan in der Online-Community unseres Programms Unbeatable Mind entstanden. Sie hilft den Teilnehmern sehr, in ihrem Training auf Kurs zu bleiben.

# Das »Ich« im Team

»Normen sind keine Regeln, die vom Chef ausgegeben werden. Sie sind eine kollektive Identität. Denken Sie immer daran: Normen sind die Vorgaben, an die Sie sich immer halten und auf deren Grundlage Sie einander zur Rechenschaft ziehen.«

*Mike Krzyzewski (geb. 1947),*
*Trainer des amerikanischen Basketballnationalteams*

Was die Effektivität als Team anbelangt, sind die SEALs unschlagbar. Die Grundlage für die Durchschlagskraft ihrer Techniken und Taktiken ist die kollektive Energie von Einzelkämpfern, die nach einer Herrschaft über ihr Schicksal von der Art streben, wie wir sie in diesem Buch behandelt haben. Aber so leistungsfähig jeder dieser Elitesoldaten ist, machen sie doch nie irgendetwas allein. Sind Sie je Mitglied eines Siegerteams gewesen, das auf Hochtouren lief? Erinnern Sie sich, dass die Synergie zwischen den Teammitgliedern, das geteilte Verantwortungsgefühl und die Konzentration auf die Mission spürbar waren? Alle waren zufrieden, gesund, motiviert. Sie überwanden unüberwindlich scheinende Hindernisse, um ihre Ziele zu erreichen. Aber wie Sie wahrscheinlich vermutet haben, sind solche Teams leider sehr selten! Wenn Sie schon einmal Mitglied eines Eliteteams gewesen sind, können Sie sich glücklich schätzen. Aber warum werden die meisten Teams den Erwartungen nicht gerecht, obwohl es ungezählte Bücher über das Thema gibt und eine Milliardenindustrie entstanden ist, die sich auf die Teambildung konzentriert hat?

Teilweise kann es mit dem mangelnden Bekenntnis der einzelnen Teammitglieder erklärt werden, alles zu tun, um herausragend zu werden. Doch ein Siegerteam ist mehr als nur eine Ansammlung von Individuen, die auf höchstem Niveau agieren können. Die Qualität der einzelnen Teammitglieder ist nur ein Drittel der Gleichung. Kultur und Geist des Teams machen das zweite Drittel aus, und die Strukturen und die Unterstützung der Organisation vervollständigen die Mischung. Es würde sich lohnen, über jede dieser drei Voraussetzungen für die umfassende Anwendung der SEAL-Methode auf Ebene des Teams und der Organisation ein Buch zu schreiben, und ich hoffe, dass ich eines Tages Gelegenheit haben werde, diese Bücher zu schreiben. Bis es soweit ist, möchte ich kurz über das »Ich« in Ihrem Team sprechen. Wie können Sie beginnen, in Ihrem Team Veränderungen herbeizuführen, um Ihre persönliche Entwicklung voranzutreiben – und wie können Sie dafür sorgen, dass sich Ihre persönliche Entwicklung positiv auf Ihr Team auswirkt?

Sie werden sich in Bezug auf Bewusstsein und Selbstverständnis in einem Team rascher entwickeln als durch Meditation in Tibet. Wir alle gehören Teams an – Familien, sozialen Gemeinschaften und Arbeitsgruppen –, in denen wir viel Zeit verbringen. Diese Zeit sollten wir als Trainingszeit nutzen. Gleichgültig, ob Sie eine Führungsposition einnehmen oder nicht, Sie können viele der in diesem Buch behandelten Prinzipien in Ihrem Team anwenden. Atemübungen, gelenkte Visualisierung und Planungswerkzeuge eignen sich hervorragend, um die Arbeit Ihres Teams positiv zu beeinflussen. Nutzen Sie Besprechungen, um Ihre wachsende Aufmerksamkeit zu testen. Wenden Sie die Taktiken, wie man Ziele im Visier behält, auf ihre nächste Aufgabe an. Und wann immer es angebracht ist, sollten Sie Ihrem Team die SEAL-Methode nahebringen, indem Sie Details Ihres Trainings und Ihrer Erfahrungen mit den anderen Teammitgliedern teilen: Zeigen Sie Ihren Kollegen, wie die Methode bei Ihnen funktioniert.

Wenn wir die Tätigkeit im Team als »Arbeit an uns selbst« verstehen, während wir »im Team arbeiten«, dann tragen wir als Person zur Kultur des Teams als Eliteeinheit bei. Das wiederum hebt unsere persönlichen Leistungen in einer Aufwärtsspirale des individuellen und kollektiven Erfolgs auf ein höheres Niveau.

## Mit brutaler Aufrichtigkeit kommunizieren

In vielen Führungsmodellen wird großer Wert darauf gelegt, die Truppen mit einer überzeugenden Vision zu motivieren, aber in der Realität gewinnt man ihr Vertrauen eher, indem man ihnen zuhört. Eine große gemeinsame Vision kann durchaus ein Bezugspunkt für die Kultur Ihres Teams werden, aber Sie sollten bedenken, dass jedes Teammitglied die Vision aufgrund seiner individuellen blinden Flecken und seines Ballastes anders verstehen wird.

Die Tatsache, dass die Mitglieder Ihres Teams nicht von einer gemeinsamen Erfahrung ausgehen, führt zu einer mangelhaften Kommunikation, und diese wiederum verschärft das Problem des fehlenden gemeinsamen Verständnisses und führt zu Misstrauen. Das Endergebnis ist, dass die Teammitglieder ihre Aufgaben nicht richtig erfüllen. Deshalb bedarf es einer effektiven Kommunikation mit brutaler Aufrichtigkeit. Dies ist eine unverzichtbare Teamfähigkeit. Damit in einem Team Vertrauen entstehen kann, müssen die Mitglieder den klaren Auftrag erhalten, zuzuhören und zu kommunizieren, und es bedarf einer Struktur, die diese Kommunikation ermöglicht. Bei den SEALs besteht diese Struktur in den Einsatzbesprechungen und den Nachbesprechungen. Sehen wir uns diese beiden wertvollen Werkzeuge, die unterschiedlichen Zwecken dienen, genauer an.

Die unter Prinzip 2 behandelte Einsatzbesprechung findet vor jeder Übung und vor jeder realen Mission statt. Sie gibt den Einsatzleitern die Möglichkeit, dem Team die benötigte Information klar zu vermitteln. In dieser Besprechung können die Teammitglieder auch Fragen zur Mission und ihrer individuellen Rolle stellen. Ohne die Einsatzbesprechung würden die Aussichten auf einen Erfolg der Mission deutlich sinken. Man kann alle in diesem Buch beschriebenen Werkzeuge für Zielsetzung und Planung von Missionen problemlos auf der Teamebene anwenden.

Die Nachbesprechung findet nach Abschluss der Mission statt und stellt einen wichtigen Mechanismus dar, um Feedback zu sammeln und Korrekturen vorzunehmen. In der Nachbesprechung untersucht das Team sämtliche Facetten der Mission auf Informationen, die Verbesserungen des Verhaltens einzelner Teammitglieder oder der Leistungen der Gruppe ermöglichen. Es werden auch alle Merkmale der Organisationsstruktur festgehalten, die sich negativ oder vorteilhaft auf die Mission ausgewirkt haben, um sie auf den höheren Hierarchieebenen zur Debatte zu stellen. Der Prozess ist leicht verständlich, aber nicht leicht anzuwenden, da er ein hohes Maß an Vertrauen und Verantwortungsbewusstsein im Team voraussetzt. Der Prozess sieht so aus:

1. Die Nachbesprechung sollte möglichst rasch stattfinden, sobald die Mission abgeschlossen ist. Normalerweise moderiert der Teamleiter die Besprechung, Sie können aber auch jemand anderen mit dieser Aufgabe betrauen. Geben Sie allen Beteiligten im Rundlaufverfahren die Möglichkeit, sich zu äußern – alle Teammitglieder sollten ermutigt werden, etwas beizutragen (manchmal haben die Zurückhaltenden die interessantesten Dinge zu sagen).

2. Alles, was im Verlauf der Mission geschehen ist, sei es nun nützlich oder von Nachteil gewesen, muss zur Diskussion gestellt werden: die persönlichen Beiträge und Teamleistungen, die aus der Mission gezogenen Lehren, Fehler und Erfolge sowie im Verlauf des Einsatzes spontan erreichte Innovationen. Sie können die Themen entweder gliedern, um dem Gespräch eine Richtung zu geben, oder die Teammitglieder der Reihe nach zu Wort kommen lassen, um zu sehen, was zum Vorschein kommt.

3. Alle Beteiligten bemühen sich, nichts persönlich zu nehmen: Die Egos werden an der Tür abgegeben. Was in der Nachbesprechung über die individuellen Leistungen gesagt wird, bleibt in diesem Raum, es sei denn, es müssen auf organisatorischer Ebene Fehler korrigiert werden. Neue Teammitglieder lernen, dem Team zu vertrauen, da sie sehen, dass sich sowohl die Teamleitung als auch alle Teammitglieder an diese Regel halten. Gleitet die Diskussion in persönliche Anfeindungen ab, so sollte der Moderator die Übung »Welchen Hund fütterst du?« einstreuen oder eine andere Methode anwenden, um das Team zu einem produktiven Gespräch zurückzuführen und die Aufmerksamkeit wieder auf die Fakten zu lenken.

4. Analysieren Sie sämtliche Punkte auf Möglichkeiten für Verbesserungen auf individueller, Team- oder Organisationsebene. Mit anderen Worten,

die Nachbesprechung ist nicht dazu da, um Dampf abzulassen. Die Zeit muss optimal genutzt werden, um die Erfolgskultur des Teams kontinuierlich weiterzuentwickeln.

5. Halten Sie fest, wo Maßnahmen ergriffen werden sollten, und setzen Sie nach, indem sie die individuellen Trainingspläne oder die betrieblichen, administrativen oder logistischen Prozesse abwandeln.

Die Nachbesprechung war eines des wichtigsten Werkzeuge, die ich als Berater des amerikanischen Frauenradteams für die Olympischen Spiele in London 2012 einführte. Das Team hatte Probleme in der Kommunikation mit dem Trainerstab, und das Vertrauen zwischen den Sportlerinnen war gestört. Nachdem sie jahrelang nie mehr als ein paar Wochen am Stück zusammen trainiert hatten, waren sie jetzt seit mehr als zweieinhalb Monaten täglich zusammen. Individuell waren sie daran gewöhnt, Spitzenleistungen zu bringen, aber als Mannschaft waren sie fünf lange Sekunden von einer Zeit entfernt, mit der sie um eine Medaille mitfahren konnten.

Zunächst ermutigte ich Jennie Reed, die erfahrenste Sportlerin in der Gruppe, eine Führungsrolle zu übernehmen und offen und direkt mit dem Trainerstab zu kommunizieren. Zusätzlich führten wir eine Nachbesprechung nach jeder Trainingseinheit ein – anfangs setzten sich nur die Sportlerinnen zusammen, später wurden auch die Trainer eingebunden. »Anstatt uns mit dem Gefühl der Machtlosigkeit abzufinden«, sagte Jennie zum Team, »sollten wir uns hinsetzen und darüber nachdenken, was wir als Team tun müssen, um das Training richtig zu gestalten und diese fünf Sekunden aufzuholen!« Sie forderte ihre Teamkameradinnen auf, das Trainingsprogramm zu überarbeiten und die korrigierte Version dem Trainerstab vorzulegen.

Lange Zeit hatten sich die Fahrerinnen darauf beschränkt, sich zu beklagen: »Die Trainer verlangen, dass wir dies und das machen, aber es funktioniert nicht.« Doch es dauerte nicht lange, da sagten sie: »Wir tun genau das, was uns unserer festen Überzeugung nach ermöglichen wird, den Rückstand aufzuholen und in die Nähe der Medaillenränge zu kommen.« Sie lernten, sich nicht vor Rückschlägen und Konflikten zu fürchten, die zum richtigen Zeitpunkt kamen – sie leugneten oder ignorierten ihre Angst vor dem Versagen und ihre Unsicherheit nicht, sondern setzten positive Energie ein: »Wir können es schaffen, wenn wir es gemeinsam tun.«

Als das Außenseiterteam nach London aufbrach, hatte es sich ein lange Zeit unvorstellbares Selbstvertrauen angeeignet. Das Team überraschte die Welt (und sich selbst), indem es im Halbfinale die favorisierten Australierinnen schlug und sich erst im Kampf um Gold den Britinnen geschlagen geben musste. Nach dem Gewinn der Silbermedaille sagten mir die Sportlerinnen: »Wir haben gelernt, dass man weder eine Institution noch eine Tradition oder Doping braucht, um herausragende Leistungen bringen zu können. Wenn man sich auf die richtigen Dinge konzentriert, wird ein Durchbruch wie dieser möglich.« Die verblüffende Leistung dieser Radsportlerinnen wurde in dem Dokumentarfilm *Personal Gold* dargestellt.

Damit Einsatz- und Nachbesprechung gut funktionieren können, müssen die Teammitglieder lernen, richtig zuzuhören. Ich empfehle Ihnen, die Übung zur authentischen Kommunikation (Prinzip 7) auf Teamebene in die Nachbesprechung zu integrieren. Das wird Ihnen helfen, Ihre innere Stimme des Zweifels zum Schweigen zu bringen, damit Sie sich auf das einlassen können, was Ihr Teamkollege zu sagen hat. Die übrigen Teammitglieder werden dasselbe lernen: Sie werden lernen, einander wirklich zuzuhören, und was noch wichtiger ist, sie werden lernen, wirklich zu hören, was der andere meint.

## NACHWORT

# Mit dem Herzen führen

»It matters not how strait the gate,
How charged with punishments the scroll,
I am the master of my fate:
I am the captain of my soul.«

William Ernest Henley (1849–1903), britischer Poet und Kritiker

Wenn Sie sich daranmachen, Ihr Schicksal in die Hand zu nehmen, verpflichten Sie sich zu Wahrheit, wachsender Weisheit und schließlich liebender Führung. Die Wahrheit findet man durch Vervollkommnung des Intellekts, aber Weisheit und Liebe findet man durch moralischen Mut. Diesen Mut stärkt man, indem man sich auf Verlust und Scheitern einlässt – indem man sich der Herausforderung stellt, begegnet man seinem wahren Selbst. Ich habe mich in meinem Leben auf Herausforderungen eingelassen und mit Verlust und Scheitern gekämpft, und beides hat sehr zu meinem Wachstum beigetragen. Jetzt sind Sie an der Reihe.

Der globale Paradigmenwechsel, mit dem wir konfrontiert sind, der Aufwand, der nötig ist, um das Schiff in eine neue Richtung zu lenken, ist viel zu groß, um zu erwarten, dass ein einzelner politischer, spiritueller, akademischer oder militärischer Führer auftauchen wird, der uns durch diese Wirren leiten kann. Vielmehr bedarf es einer individuellen und systemumfassenden Anstrengung, in der wir uns alle zusammenschließen müssen, um uns für Ehre, Mut und Pflicht-

267

bewusstsein einzusetzen. Diesmal geht es nicht nur um Ihre Heimmannschaft, sondern um die Heimmannschaft des Planeten, um die Menschheit. Welche Inspiration kann ich Ihnen zur Orientierung anbieten? Wie wäre es mit einem Bekenntnis zum Weg des SEAL:

1. Ich weiß, warum ich tue, was ich tue. Ich werde nicht zulassen, dass mich die Böen von Leid und Genuss vom Kurs abbringen, und ich werde nicht zulassen, dass mich die Wünsche anderer von meinem Ziel ablenken. Ich begrüße Risiken, Verluste und Fehlschläge als notwendige Lehrer und Reisegefährten.
2. Ich werde im Geist siegen, bevor ich versuche, auf dem Schlachtfeld zu siegen. Ich bin entschlossen, die Herrschaft über mein Schicksal zu erlangen.
3. Angesichts von Herausforderungen werde ich in den sauren Apfel beißen und die nächste Aufgabe in Angriff nehmen. Ich habe begriffen, dass ich 20-mal mehr schaffen kann, als ich mir zutraue.
4. Ich zeige in Wort und Tat Integrität und Authentizität –allein, in Gesellschaft meiner Teamkollegen und in den »Systemen«, die mein Leben beherrschen.
5. Ich drücke mich nie um schwierige Führungsaufgaben, aber ich halte mich zurück, wenn jemand anderer an der Reihe ist. Es geht mir nicht um Macht, Ruhm oder Geld, sondern darum, im Streben nach der Herrschaft über mein Schicksal zu führen und zu dienen.
6. Ich werde nicht von der Sucht nach Titeln und Anerkennung, sondern von meiner Leidenschaft und meinem Daseinszweck angetrieben.
7. Ich nehme die Herausforderung an und bemühe mich um Selbstbeherrschung. Ich will meine mentale Härte erhöhen, um mir jeden Tag einen Trident zu verdienen.
8. Ich gebe im Training oder in einer »Operation« niemals auf und lasse nie einen Teamkameraden zurück.
9. Ich bin offen für meine innere Weisheit und stets bemüht, meine Aufmerksamkeit zu erhöhen, fehlerhaftes Denken zu beseitigen und eine feste Bindung zwischen Verstand, Körper und Seele zu pflegen.
10. Ich tue alles, um in allem, was ich tue innovativ, kreativ und offensiv zu sein. Ich fürchte mich nicht vor Fehlschlägen und schrecke nie vor einem Risiko zurück. Ich lerne und wachse unentwegt.

11. Ich trainiere realistisch und aggressiv und kehre häufig zu den Grundlagen zurück. Ich betrachte nichts als selbstverständlich und arbeite unermüdlich, um meine Fähigkeiten zu erhöhen und außergewöhnliche Resultate zu erzielen.

Vor nicht allzu langer Zeit unterhielt ich mich mit Glen Doherty über das Training in der SEALFIT-Zentrale. Glen, ein ehemaliger SEAL, der zu meinen besten Stabstrainern gehört, war begeistert von unseren Programmen, verdiente seinen Lebensunterhalt jedoch im Wesentlichen als Auftragnehmer der CIA.

»Wann geht es wieder zurück auf den Spielplatz, Glen?«, fragte ich.

»Am Mittwoch bin ich weg«, sagte er. »Ich hoffe, das wird mein letzter Auftrag sein.«

»Wirklich? Das wäre toll!« Meine freudige Reaktion verriet die Hoffnung, dass Glen seine andere Beschäftigung bald an den Nagel hängen würde. Nach 20 Jahren als SEAL und Auftragnehmer »sonstiger Behörden« hatte er bereits so viel gegeben und riskiert. Er hatte ein großes Herz und hielt sich in allem, was er tat, an die SEAL-Methode. Trotzdem machte ich mir Sorgen um ihn.

»Ja, ich habe diesen Mist langsam satt. Ich will zur Ruhe kommen und mich wirklich in etwas vertiefen«, sagte Glen.

Es war das letzte Mal, dass ich ihn sah. Ich erhielt die Nachricht am 12. September 2012 von unserem gemeinsamen Freund Brandon Webb, dem Autor von *The Red Circle*: »Schlechte Nachricht. Glen wurde in Libyen getötet.« Ich hatte von den Unruhen in Bengasi gehört, die durch ein angebliches Schmähvideo gegen den Islam ausgelöst worden waren. Es überraschte mich, dass es einem Mob gelungen war, die amerikanische Botschaft zu stürmen. Die amerikanischen Gesandtschaften sind normalerweise gut geschützt. Mein Team und ich waren am Boden zerstört. Wir wollten mehr darüber wissen, was mit Glen geschehen war.

Ich erfuhr, dass Glen an jenem schicksalhaften Tag erwartungsgemäß den Ehrenkodex des Kriegers hochgehalten und das Ethos des Muts für uns alle verteidigt hatte. Obwohl noch immer neue Details auftauchen, wissen wir mittlerweile, dass Glen und sein Kamerad Ty Woods, der ebenfalls ein ehemaliger SEAL war, in ihrem sicheren Unterschlupf in Bengasi Schüsse hörten. Im Radio hörten sie Hilferufe aus der Botschaft, und ich nehme an, dass sie höchstens eine Sekunde nachdachten, bevor sie ihrem Vorgesetzten mitteilten, dass sie den bedrängten Landsleuten zur Hilfe eilen würden, und in ihr Auto sprangen. In der Botschaft angekommen, nahmen Glen und Ty fliehenden libyschen Wachmännern die Waffen ab, kämpften sich einen Weg in die Botschaft frei und befreiten 18 Amerikaner. Als die Botschaft nach einem vierstündigen Feuergefecht schließlich wieder unter Kontrolle gebracht worden war, kehrten Sie in ihren Unterschlupf zurück. Leider wurden sie von den Militanten, die die Botschaft angegriffen hatten, verfolgt und gestellt. Sie kämpften zehn Stunden lang mit Löwenmut gegen die hundertfach überlegenen Gegner, bis eine Mörsergranate ihr letztes Gefecht beendete.

Glen ist eine Inspiration für mich, und dieses Buch ist von seinem Geist durchdrungen. Die ganze Geschichte der Geschehnisse in Bengasi muss erst noch erzählt werden. Aber Glen und andere echte Krieger wie er lehren uns, wie wichtig es ist, mit dem Herzen zu führen und alles zu riskieren, um das Richtige zu tun. Vermutlich riskieren Sie nicht Ihr Leben, aber wenn Sie jeden Tag so handeln, als hinge Ihr Leben davon ab, wenn Sie sich für jene Momente rüsten, in denen Höchstleistungen von Ihnen verlangt werden, indem Sie sich die Vorzüglichkeit zur Gewohnheit machen und sich in jedem Augenblick an den höchsten Maßstäben messen, dann können Sie dieselben außergewöhnlichen Ergebnisse erzielen, die Generationen von Helden vor Ihnen erzielt haben.

Lassen wir uns vom Opfer dieser Krieger inspirieren. Erweisen wir ihnen und uns selbst Ehre und treten wir vor.

# Anhang 1
# Fokuspläne

Indem Sie regelmäßig Ihre Fortschritte an den Fokusplänen messen, können Sie jeden Tag wirksame KISS-Maßnahmen ergreifen. Sie werden keine Zeit mit Dingen vergeuden, die ungeeignet sind, Sie Ihren Zielen näherzubringen. Wenn Sie sich jeden Tag, jede Woche, jeden Monat, jedes Vierteljahr und das ganze Jahr vollkommen auf die zwei oder drei wichtigsten Dinge konzentrieren, die Ihre Leidenschaft, Ihr Daseinszweck und Ihre Mission sind, werden Ihre Gedanken und Handlungen ganz natürlich damit verschmelzen. Wenn Sie im Einklang sind, wird es leichter, Erfolge zu sammeln, die Ihr Selbstvertrauen wachsen lassen. Das wachsende Selbstvertrauen wird es Ihnen erleichtern, Ihre Bemühungen zu vereinfachen, und so bewegen Sie sich in einer Aufwärtsspirale des Erfolgs!

Machen Sie sich so viele Fotokopien der folgenden Arbeitsblätter, wie Sie benötigen. Vergessen Sie nicht, auf jedem Blatt das Datum anzugeben.

**Täglicher/Wöchentlicher Fokusplan für** _____

Die »eine Sache« (das Wichtigste, was ich an diesem Tag und/oder in dieser Woche erreichen werde):

_____

_____

_____

Prioritäre Aufgaben (die ich heute oder in dieser Woche erfüllen muss):

_____

_____

_____

Projekte (mindestens ein Schritt an jedem Tag):

_____

_____

_____

Kontakte (Anrufe/E-Mails an Personen, mit denen ich Kontakt aufnehmen muss):

_____

_____

_____

Gewohnheit (woran ich in dieser Woche arbeite und wie):

_____

_____

_____

Anmerkungen, Ideen und Inspirationen (alle Ideen, die ich während des Morgenrituals – Anhang 2 – gehabt habe):

_____

_____

_____

**Vierteljährlicher Fokusplan für** _____

Die »eine Sache« (das Wichtigste, was ich in diesem Quartal erreichen werde):

_____

_____

_____

Die 3 vorrangigen Ziele für dieses Quartal:

_____

_____

_____

Die 3 vorrangigen Aufgaben für jedes Ziel:

_____

_____

_____

Wichtigste Kontakte, die ich herstellen muss:

_____

_____

_____

Neue Gewohnheit, die ich integrieren muss:

_____

_____

_____

Anmerkungen, Ideen und Inspirationen:

_____

_____

_____

**Jährlicher Fokusplan für** _____

Zweck/Vision für mein Leben (weiterverfolgen und meiner Entwicklung anpassen):

_____

_____

_____

Vision für mein Unternehmen oder meine berufliche Funktion (weiterverfolgen und meiner Entwicklung anpassen):

_____

_____

_____

Die wichtigsten 6 Werte (und was ich in diesem Jahr tun kann, um sie zu verwirklichen):

_____

_____

_____

Ziele der 3 wichtigsten Missionen in meinem Leben (weiterverfolgen und meiner Entwicklung anpassen):

_____

_____

_____

Ziele der 3 wichtigsten Missionen in den nächsten 3 Jahren (weiterverfolgen und meiner Entwicklung anpassen):

_____

_____

_____

Die 3 wichtigsten Ziele für dieses Jahr:

_____

_____

_____

Dinge, die ich unbedingt tun muss, um meine 3 wichtigsten Ziele zu erreichen:

_____

_____

_____

Die wichtigsten 20 Kontakte, die ich herstellen muss:

_____

_____

_____

Neue Gewohnheit, die ich integrieren muss:

_____

_____

_____

Anmerkungen, Ideen und Inspirationen (Liste Haben/Sein/Tun):

_____

_____

_____

# Anhang 2
# Power-Rituale

Indem Sie die folgenden wirkungsvollen Rituale täglich und bei Bedarf durchführen (sie können vor beziehungsweise nach einem wichtigen Ereignis geringfügig angepasst werden), trainieren Sie Ihren Verstand darauf, jeden Tag und jede wichtige Herausforderung in einem positiven Zustand in der »Leistungszone« zu beginnen und zu beenden.

**Das Morgenritual**
Wenn Sie am Morgen aufwachen, werden Sie als Erstes ein großes Glas Wasser trinken und sich mit Ihrem Tagebuch an einem ruhigen Ort niederlassen – vorzugsweise an einem Ort, der für Ihre Reflexions- und Visualisierungsarbeit reserviert ist – und sich die folgenden Fragen stellen. Schreiben Sie alles nieder, was Ihnen in den Sinn kommt.

- Wofür bin ich wem heute dankbar?
- Auf welche Aktivität freue ich mich heute?
- Was ist mein Daseinszweck, und werden mir meine heutigen Vorhaben helfen, ihn zu erfüllen?
- Wie kann ich meinen Zielen heute näherkommen?
- Mit wem kann ich heute in Kontakt treten, wem kann ich dienen oder danken?
- Entsprechen meine Zielsetzungen weiterhin meiner Bestimmung?

Als Nächstes werden Sie mindestens fünf Minuten lang die Vier-Punkt-Atmung und anschließend mindestens fünf Minuten lang eine bewusste Bewegung praktizieren (ich nehme mir an manchen Tagen bis zu einer Stunde Zeit dafür). Ich bevorzuge Yoga, aber Tai Chi, Chi Gong oder ein kurzer bewusster Spaziergang erfüllen ebenfalls ihren Zweck. Bevor Sie Ihren Tag beginnen, werden Sie Ihren täglichen Fokusplan durchgehen. Nehmen Sie Änderungen vor, falls das nötig ist, um zu gewährleisten, dass er den Antworten auf die morgendlichen Fragen entspricht, und reservieren Sie in Ihrem Terminkalender Zeit für die Arbeit an Schlüsselprojekten oder für das Training.

## Das Abendritual

Lassen Sie sich vor dem Zubettgehen mit Ihrem Tagebuch an einem ruhigen Ort nieder – vorzugsweise an einem Ort, der für Ihre Reflexions- und Visualisierungsarbeit reserviert ist – und stellen Sie sich die folgenden Fragen. Schreiben Sie alles nieder, was Ihnen in den Sinn kommt.

• War ich heute »eingeschaltet« und »in der Zone« oder »ausgeschaltet« und aus dem Gleichgewicht?
• Was trug zu diesem Gefühl bei?
• Welches waren die drei wichtigsten positiven Dinge, die ich heute erreichte oder die heute geschahen? Was lernte ich daraus?
• Gibt es ungelöste Probleme, bei deren Lösung mir mein Unterbewusstsein heute Nacht helfen sollte?
• Was ging heute schief, und wo ist der Silberstreif am Horizont?

Treten Sie jetzt mithilfe der tiefen Zwerchfellatmung oder der Vier-Punkt-Atmung in einen Meditationszustand ein. Begeben Sie sich in Ihr geistiges Fitnesscenter, um Ihre vorrangigen Ziele zu überprüfen und Ihre Visualisierungsarbeit fortzusetzen. Während Sie im geistigen Fitnesscenter sind, legen Sie alle Fragen oder Probleme, die Sie beschäftigen, Ihrem Ratgeber oder Ihrem Unterbewusstsein vor. Achten Sie am nächsten Tag auf Ihre Träume und alle Gedanken, die Ihnen durch den Kopf gehen: Darin finden Sie normalerweise die Antwort.

## Das Ereignisritual

Praktizieren Sie dieses Ritual, wenn Sie vor einer wichtigen Mission, einem Wettkampf oder einer Challenge stehen und in Bestform sein müssen. Haben Sie sich einmal an dieses Ritual gewöhnt, kann es in fünf Minuten abgeschlossen sein. Er wird sich sehr vorteilhaft auf Ihre Leistung auswirken.

Wenn das Ereignis näher rückt (abhängig von Dauer und Schwierigkeit der Herausforderung kann die Vorlaufzeit Tage, Stunden oder Minuten betragen), müssen Sie Schritte unternehmen, um äußere Ablenkungen zu vermeiden (bei manchen Ereignissen, etwa bei einem Wettkampf oder einer Trainingseinheit, steht der Zeitpunkt des Beginns fest, bei anderen kann er nicht genau bestimmt werden, aber das Prinzip lässt sich auf beide Fälle anwenden). Finden Sie also einen ruhigen Ort, wo Sie ungestört sind, vielleicht im Auto oder in einem Raum, in dem Sie allein sein können. Wenn Sie von vielen Menschen umgeben sind, setzen Sie sich einfach hin und schließen Sie die Augen: die Leute werden Sie in Ruhe lassen. Machen Sie sich keine Gedanken darüber, was andere über Sie denken – vielleicht ist der eine oder andere neidisch, weil Sie den Mut haben, sich auf sich selbst zu konzentrieren, anstatt sich am üblichen nervösen Geplapper vor einer Veranstaltung zu beteiligen.

Als Nächstes machen Sie die »Dirt-dive«-Simulations-Visualisierung (Seite 95), um Ihre Leistungsfähigkeit bei dem Ereignis zu erhöhen und Ihrem Feind seinen Schrecken zu nehmen. Der Feind kann ein tatsächlicher Widersacher, die Konkurrenz oder auch Ihr eigener Vorstand sein. Malen Sie sich aus, wie Sie die Situation beherrschen, und stellen Sie sich vor, wie Ihr Konkurrent kapituliert, wie er Ihnen gratuliert oder schwach und wirkungslos bleibt – was immer Ihrer Situation angemessen ist. Im Grunde geht es darum, dass Sie sich selbst als stark empfinden, dass Sie visualisieren, wie Sie die Herausforderung bewältigen, und dass Sie eine Gegenseite sehen, die schwach und leicht zu besiegen ist. Es ist wichtig, dass Sie beide Teile dieser Visualisierung absolvieren, denn wir neigen dazu, unsere Gegner oder Herausforderungen zu überschätzen. Wir müssen sie auf Normalmaß zurechtstutzen und uns selbst aufbauen. Konzentrieren Sie sich auf ihren körperlichen und psychischen Zustand in jeder Phase des Ereignisses, während es sich vor Ihrem inneren Auge entfaltet. Praktizieren Sie die Zwerchfellatmung, während Sie das Szenario in allen Einzelheiten durchspielen. So stimmen Sie sich auf das restliche Ritual ein.

Als Nächstes müssen Sie Ihre Ziele und Ihre Strategie für die Mission oder Herausforderung durchgehen. Stellen Sie sich vor, wie Sie Ihre Ziele mit Leichtigkeit erreichen. Messen Sie Ihre Strategie an der Realität des Augenblicks: Ist sie klar genug, um die KISS-Kriterien zu erfüllen? Sind letzte Änderungen erforderlich? Ist es möglich, die Strategie noch einfacher zu gestalten? Haben Sie Notfallpläne, um auf unvorhergesehene Entwicklungen reagieren zu können?

Leiten Sie zum Abschluss Ihres Vorbereitungsrituals mit einem wirksamen Mantra ein inneres Gespräch ein, um das Ereignis mit einer positiven Einstellung, Ausdrucksweise, Haltung und Geistesverfassung in Angriff zu nehmen. Jetzt können Sie zur Tat schreiten.

**Das Aufbereitungsritual**

Beginnen Sie mit der Übung »Finde den Silberstreif am Horizont«. Wenn Sie damit fertig sind, sollten Sie Ihre Aufmerksamkeit auf eine neue Mission oder Herausforderung richten und sich wieder der Planung und dem Training zuwenden. Dies ist ein sich wiederholender Prozess, aber Sie können ihn in diesem Aufarbeitungsritual einleiten, indem Sie einige Ideen zu den nächsten Schritten festhalten. Als ich am CrossFit Games Open teilnahm, musste ich gründlich darüber nachdenken, ob ich es erneut tun wollte – der Zeitaufwand für die Vorbereitung auf diese einzigartigen Anforderungen ist erheblich, und dieses Training lenkte mich ein wenig von der grundlegenden SEALFIT-Arbeit ab. Eine Kurskorrektur im Anschluss an ein Ereignis kann viele interessante Dinge zutage fördern. Was wäre zum Beispiel, wenn Sie freiwillig eine Herausforderung wie den Iron-Man-Wettkampf annähmen, in Wahrheit jedoch keinen Spaß am Prozess oder am Ereignis hätten? Würden Sie ein weiteres Mal beim Iron Man antreten, nur weil Sie dazu in der Lage sind? Ich würde keine wertvolle Lebenszeit dafür vergeuden, für etwas zu trainieren, das mir beim ersten Mal schon keinen Spaß machte! Welches andere Ziel oder welche Faktor-20-Challenge könnten Sie stattdessen in Angriff nehmen?

Nehmen wir an, Sie wären beim ersten Versuch an einem geschäftlichen Projekt gescheitert. Würden Sie dasselbe erneut versuchen, und wenn ja, wie würden Sie Ihre Vorgehensweise anpassen? Die meisten neuen Unternehmen brauchen drei oder mehr Versuche, um das Produkt oder Ertragsmodell zu finden, das das Unternehmen in Gang bringt. Eine Überprüfung, Neubewertung und Neuausrichtung Ihrer Bemühungen wird Ihnen helfen, auf Kurs zu bleiben und die richtigen Ziele anzupeilen. Achten Sie darauf, sich dabei auch erneut mit dem »Warum« zu befassen und sich vollkommen mit dem neuen Ziel zu identifizieren, um neue Kraft zu tanken, damit Sie entschlossen angreifen können, wenn Sie am nächsten Tag auf das Spielfeld zurückkehren.

# Anhang 3
# Liste empfohlener Bücher

Es folgt eine Liste der Bücher, die mir auf meiner Reise von Nutzen waren. Ich denke, dass sie Ihnen ebenfalls zusagen werden. Die Titel sind lediglich nach Kategorien geordnet.

## Erfolgsdenken und Führungsphilosophie

*Unbeatable Mind* von Mark Divine
*Ganzheitlich handeln* von Ken Wilber
*Der Mensch vor der Frage nach dem Sinn* von Viktor Frankl
*Denke nach und werde reich: Die Erfolgsgesetze* von Napoleon Hill
*Die Gesetze von Reichtum und Erfolg* von Napoleon Hill
*Das Robbins Power Prinzip: Wie Sie Ihre wahren inneren Kräfte sofort einsetzen* von Anthony Robbins
*Innerer Friede – äußerer Friede* von Thich Nhat Hanh
*Das Yogasutra: Von der Erkenntnis zur Befreiung* von Patanjali
*Wie wir denken, so leben wir: As A Man Thinketh* von James Allen
*The Silva Mind Control Method* von José Silva
*Jetzt! Die Kraft der Gegenwart* von Eckhart Tolle
*Großvater – Ein Leben für die Wildnis* von Tom Brown Jr.
*Die 4-Stunden-Woche: Mehr Zeit, mehr Geld, mehr Leben* von Timothy Ferriss
*Die Talent-Lüge: Warum wir (fast) alles erreichen können* von Daniel Coyle
*The Soul of Leadership* von Deepak Chopra
*Leadership and Self-Deception*, Arbinger Institute
*In Search of the Warrior Spirit* von Richard Strozzi-Heckler
*Unleash the Warrior Within* von Richard J. Machowicz
*Thoughts of a Philosophical Fighter Pilot* von James B. Stockdale
*On Killing* von Dave Grossman
*Das Buch der fünf Ringe* von Myomato Musashi
*Die Kunst des Krieges* von Sun Tzu
*The War of Art* von Steven Pressfield

*Ageless Body, Timeless Mind* von Deepak Chopra
*The Answer to How Is Yes* von Peter Block
*Das Geschenk: Wie Sie von heute an glücklicher und erfolgreicher sind* von Spencer Johnson
*An Invented Life* von Warren Bennis
*Jacob the Baker* von Noah benShea
*Die 7 Wege zur Effektivität: Prinzipien für beruflichen und persönlichen Erfolg* von Stephen R. Covey
*The Story of Philosophy* von Will Durant
*Schnelles Denken, langsames Denken* von Daniel Kahneman
*Flow: Das Geheimnis des Glücks* von Mihaly Csikszentmihalyi
*Überfluss: Die Zukunft ist besser, als Sie denken* von Peter Diamandis und Steven Kotler

## Kokoro und Kampfgeist

*The Fighter's Mind* von Sam Sheridan
*Mind Power* von Kazumi Tabata
*Karate-Do: My Way of Life* von Gichin Funakoshi
*One Day One Lifetime* von Tadashi Nakamura
*The Warrior Ethos* von Steven Pressfield
*Born to Run* von Christopher McDougall
*There Is a Spiritual Solution to Every Problem* von Wayne W. Dyer
*Light on Yoga* von B. K. S. Iyengar
*Light on Pranayama* von B. K. S. Iyengar
*Zen Mind, Beginner's Mind* von Shunryu Suzuki
*Die drei Pfeiler des Zen* von Philip Kapleau
*Awakening Spirits* von Tom Brown
*The Intuitive Warrior* von Michael Jaco
*Warrior Mindset* von Michael Asken
*Living the Martial Way* von Forrest E. Morgan
*Die Erfahrung gelebter Spiritualität: Sieben Wegweiser zum Erwachen* von Roger Walsh
*Gates of Fire* von Steven Pressfield
*Unbroken: Die unfassbare Lebensgeschichte des Louis Zamperini* von Laura Hillenbrand

*Der Lange Weg: Meine Flucht aus dem Gulag* von Slavomir Rawicz
*Hart auf hart: Menschen in Extremsituationen oder was mit uns passiert, wenn wir in Panik geraten* von Jeff Wise
*Spec Ops: Case Studies* von Admiral William McRaven
*The Warrior Elite* von Dick Couch
*You Want Me to Do What?* von Jeff Kraus
*The Heart and the Fist* von Eric Greitens

## Fitness und Ernährung

*SEALFIT in 8 Wochen* von Mark Divine
»*What Is Fitness?*« und »*What Is CrossFit?*«, in: *CrossFit Journal* von Greg Glassman
*Starting Strength* von Mark Rippetoe
*Natural Hormonal Enhancement* von Rob Faigin
*The Paleo Solution* von Robb Wolf
*Fixing Your Feet* von John Vonhof

# Verzeichnis der Werkzeuge und Übungen

**Finde deinen Angelpunkt**

Selbstbeurteilung nach der SEAL-Methode
    Teil 1: Definiere deine Grundhaltung, S. 42
    Teil 2: Definiere deine Werte, S. 44
    Teil 3: Entdecke deine Passion, S. 45
    Teil 4: Entdecke deine Bestimmung, S. 46
Stelle dir dein »zukünftiges Ich« vor, S. 48


**Behalte das Ziel im Visier**

Tiefe Zwerchfellatmung, S. 57
Stille Wasser gründen tief, S. 61
Zielgerichtet fantasieren, S. 67
Hinterfrage die Mission, S. 70
Siegen im Kopf
    Teil 1: Der Torwächter, S. 77
    Teil 2: Mentale Neuausrichtung, S. 78
Baue dir ein geistiges Fitnesscenter, S. 79
KISS (Keep It Simple, Smarty), S. 81


**Mach deine Mission wasserdicht**

Die Gestaltung eines wasserdichten Missionsplans
    Teil 1: Wähle ein Ziel aus, das die FITS-Kriterien erfüllt, S. 97
    Teil 2: PROP – gestalte deine Vorgehensweise, S. 98
    Teil 3: Gestalte deine Mission anhand des SMAKK-Verfahrens, S. 99
Das Ideen-Labor, S. 100

## Tue heute, was andere nicht tun wollen

So wandelt man Schmerz in eine positive Haltung um, S. 114
Lasse dich darauf ein!, S. 123
Finde deinen »Faktor 20«, S. 123

## Eigne dir mentale Härte an

Stresssymptome erkennen, S. 128
Wandle deine Emotionen um, S. 133
Vier-Punkt-Atmung, S. 141
Stress in Erfolg umwandeln, S. 142
Welchen Hund fütterst du?, S. 143
Stecke dir SMART-Ziele, S. 144

## Zerschlage es und baue es neu auf

Entschlossenheit zur Gewohnheit machen, S. 163
Abwechslung zur Gewohnheit machen, S. 167
Finde den Silberstreif am Horizont, S. 168
Chancen erkennen, S. 169

## Entwickle deine Intuition

Das KIM-Spiel, S. 176
Schärfe deine Sinne, S. 181
Wecke deine Intuition, S. 188
Bereinige deine »offenkundige Vorgeschichte«, S. 190
Authentische Kommunikation, S. 194

## Denke offensiv – in jedem Augenblick

Ändere deine Worte, ändere deine Haltung, S. 198
Wann man die Regeln brechen sollte, S. 208
Der gelbe Radar, S. 224
Entwickle deine eigenen Standardverfahren, S. 224
BOEH-Schleifen, S. 225

## Anhang 1

Fokuspläne, S. 271

## Anhang 2

Das Morgenritual, S. 277
Das Abendritual, S. 278
Das Ereignisritual, S. 278
Das Aufbereitungsritual, S. 280

# Die Autoren

**Mark Divine** stammt aus dem Oneida County im Staat New York. Er diente 20 Jahre lang bei den Navy SEALs und trat als Commander in den Ruhestand. Er ist der Gründer von SEALFIT, NavySEALs.com und U.S. CrossFit und hat Tausende Anwärter auf die extrem anspruchsvolle Ausbildung bei den Navy SEALs und anderen Spezialeinheiten vorbereitet. 90 Prozent seiner Trainees schaffen die Aufnahme in die Eliteeinheiten, bei denen sie sich bewerben.

An seiner Unbeatable Mind Academy (unbeatablemind.com) unterrichtet Mark die acht Prinzipien der SEAL-Methode. Dieses integrale Schulungsprogramm für Führungskräfte verbindet westliche und fernöstliche Praktiken zum wirksamsten Kurs für Elitesoldaten, Leistungssportler und Führungskräfte aus allen Bereichen.

Mark hat ein MBA-Studium an der Leonard N. Stern Business School der New York University abgeschlossen und im Lauf der Jahre sechs Multimillionen-Dollar-Unternehmen geleitet. Er ist Träger des schwarzen Gürtels in mehreren Kampfsportarten und unterrichtet CrossFit, Yoga und Selbstverteidigung. Der Autor von *SEALFIT in 8 Wochen* und *Unbeatable Mind* lebt mit seiner Frau Sandy und seinem Sohn Devon im kalifornischen Encinitas.

**Allyson Edelhertz Machate** (allymachate.com) ist Mitglied von Phi Beta Kappa und Gründerin von Ambitious Enterprises, einem preisgekrönten Unternehmen, das Verlagen, Agenten und Autoren Textbearbeitungs- und Redaktionsdienste anbietet. Die gebürtige New Yorkerin lebt in Baltimore (Maryland) und führt ein Team zufriedener Mitarbeiter.